Knaur.

Über den Autor:

Christoph R. Hörstel, geboren 1956, war nach Wehrdienst und Studium ab 1985 Sonderkorrespondent der ARD, Nachrichtenmoderator und leitender Redakteur; 2001 Gründung der Regierungs- und Unternehmensberatung Hörstel Networks. Er verfügt über 22 Jahre Erfahrung aus erster Hand in Afghanistan, Pakistan, Kaschmir, Iran und Irak. Verschiedene Lehraufträge und publizistische Tätigkeit als Experte für Islamische Bewegung und Terror.

Christoph R. Hörstel

Sprengsatz Afghanistan

Die Bundeswehr in tödlicher Mission

Knaur Taschenbuch Verlag

Fotos im Text sind aus dem Archiv des Autors

Besuchen Sie uns im Internet:
www.knaur.de

Originalausgabe Oktober 2007
Copyright © 2007 by Knaur Taschenbuch.
Ein Unternehmen der Droemerschen Verlagsanstalt
Th. Knaur Nachf. GmbH & Co. KG, München
Alle Rechte vorbehalten. Das Werk darf – auch teilweise –
nur mit Genehmigung des Verlags wiedergegeben werden.
Umschlaggestaltung: ZERO Werbeagentur, München
Umschlagabbildung: FinePic, München
Karten und Grafiken: Achim Norweg, München
Satz: Adobe InDesign im Verlag
Druck und Bindung: Clausen & Bosse, Leck
Printed in Germany
ISBN 978-3-426-78116-6

2   4   5   3   1

Gewidmet allen Afghanen,
unabhängig von Ethnie, Partei und Geschlecht,
sowie der Bundesregierung
und ihrer Kanzlerin, Frau Dr. Angela Merkel,
die die höchste Verantwortung trägt
für unser Engagement in Afghanistan.

Inhalt

Afghanistan – im Brennpunkt einer sensiblen Region

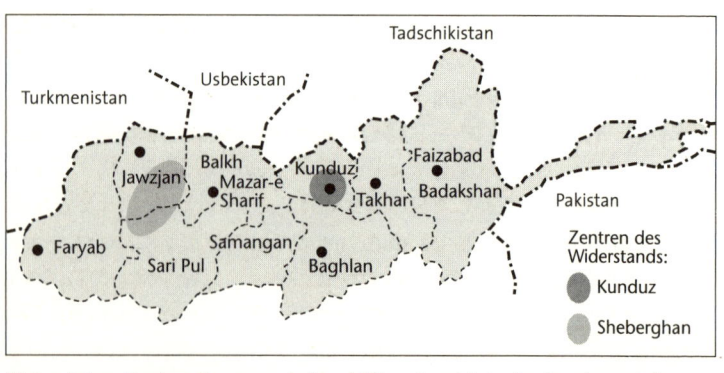

Afghanistan: Regionalkommando Nord (Einsatzgebiete der Bundeswehr)

Vorwort

Als die Bundeswehr Ende 2001 mit einem kleinen Vorauskommando Einzelheiten ihrer Stationierung am Hindukusch erkundete, waren alle guten Mutes: Schließlich schienen die Taliban verjagt, siebenunddreißig Länder inner- und außerhalb der Nato hatten in einer »Anti-Terror-Koalition« zusammengefunden, und das afghanische Volk zeigte sich, zumindest in den großen Städten und soweit man es auf den ersten Blick sehen konnte, hoffnungsfroh: mit Blick auf viele Dollarmillionen der reichsten Länder der Welt, die für den Wiederaufbau ihres Landes fließen sollten. Es dauerte ein wenig, bis man den passenden Namen für die nun einsetzende Terroristenjagd gefunden hatte, nach manchem Hickhack einigte man sich in den USA auf »Operation Enduring Freedom« (OEF). Sprachlich war das trotz der Beschwörung einer »dauerhaften Freiheit« eher ein unglücklicher Griff, denn »to endure« heißt nicht nur »andauern«, sondern auch: »aushalten, ertragen«.

Es ist wohl mehr das Element des Ertragens und Erduldens, das der afghanischen Zivilbevölkerung in den folgenden drei Jahren, zwischen 2001 und 2004, so viel abverlangte, dass sie sich anschließend in stetig wachsender Zahl und in immer mehr Gebieten dem hauptsächlich von den Taliban getragenen Widerstand geöffnet hat. Der Ablauf ist immer gleich, so alt die Welt ist: Zunächst öffnen sich nachts die Türen für durchziehende Widerständler, und im Schutz der Dunkelheit wird Unterschlupf gewährt. Spätestens daraufhin schlagen die US-Streitkräfte und die im Süden operierenden Verbündeten (das sind vor allem Briten, Kanadier, Franzosen, Niederländer, Italiener) gnadenlos zu. Dann erst entsenden die Familienväter und Clanchefs ihre Söhne in den Kampf. Die westliche Berichterstattung weiß außerdem von zahlreichen Fällen spontanen Widerstands zu berichten, der von den Aktivitäten der

Taliban zunächst unabhängig ist, sich jedoch später oftmals in deren Strukturen eingliedert.

Inzwischen sind die Anzeichen dafür, dass die Nato, wie von Experten stets vorausgesagt, am Hindukusch zu scheitern droht, klar zu sehen: Die Zahl der »Zwischenfälle« (gemeint sind: Selbstmordattentate, Straßenbomben und direkte Angriffe) hat innerhalb eines einzigen Jahres (von 2005 auf 2006) um mehr als 160 Prozent zugenommen: von 2400 auf rund 6400 »Vorfälle«.[1]

Im Jahr 2007 dürften sich die Rekordzahlen des Vorjahres noch einmal mindestens verdoppeln, wie Militärquellen, UN-Dienststellen und Nichtregierungsorganisationen (NGOs) melden. Die Unfähigkeit von Zentral- und Provinzregierungen, außerhalb großer Städte für Sicherheit und innerhalb dieser Städte für Ruhe zu sorgen, erinnert an seinerzeit ebenfalls vergebliche Bemühungen der Sowjetunion.

Der Trend und die Zeit arbeiten gegen die Nato. Das liegt an mindestens zwei Problemen:

1. Bei wachsender Unzufriedenheit und einer zunehmenden Zahl von »Zwischenfällen« glaubt die militärische Führung, auf Luftwaffeneinsätze nicht verzichten zu können; unverhältnismäßig hohe Opferzahlen unter der Zivilbevölkerung sind die Folge.[2] Seit dem Frühjahr 2007 häufen sich zudem die Fälle, bei denen nach Berichten von Augenzeugen davon ausgegangen werden muss, dass Zivilisten absichtlich bombardiert werden.

2. Hausdurchsuchungen und andere Kontrollmaßnahmen werden so brutal und rücksichtslos durchgeführt, dass die Bevölkerung von sich aus zu den Waffen greift.[3] Im Gegensatz zu dem durch solche Aktionen ramponierten Image der ausländischen Streitkräfte erfreuen sich die Taliban eines inzwischen fast legendären Rufs, und das nicht nur in ihnen zugeneigten Kreisen. Konnte man die Taliban 2001 noch als »pakistanische Videokassette« denunzieren (auf Knopfdruck in Islamabad ist die Show zu

Ende), gewinnt die politische Agenda der Widerstandskämpfer in den Augen junger und älterer Muslime beinahe täglich an Glaubwürdigkeit. Aber auch das Ausland sieht seine Chancen wieder wachsen – und es nutzt sie, wie mir einer der jungen Taliban-Kommandeure sagte, in Form von Waffenlieferungen aus Russland und China. Vom Iran war dabei nicht die Rede – nur die USA stellen zur Zeit immer wieder einen Zusammenhang zu Teheran her. Unabhängig von solchen Propagandascharmützeln kann es nicht mehr lange dauern, bis mehr schultergestützte Luftabwehrraketen auftauchen, und dann ist der weitere Weg vorgezeichnet: in den Verlust des ersten Krieges der Nato, der begonnen wurde, nachdem die Nato zum ersten Mal in ihrer bis dato relativ erfolgreichen Geschichte den Bündnisfall ausgerufen hatte.

Dies alles versuchen die Bundesregierung und ihre Bündnispartner weltweit nach Kräften zu verschweigen, zu vertuschen, zu beschönigen (siehe exemplarisch das Papier der SPD-Fraktion im Anhang). Doch ohne Unterstützung der wichtigsten Medien haben derartige regierungsamtliche Beschönigungen keine Chance, von der Bevölkerung für bare Münze genommen zu werden. Hier ist vor allem das öffentlich-rechtliche Fernsehen von Bedeutung, das einer jüngsten Untersuchung zufolge[4] den Islam grundsätzlich schlechtmacht. Einseitigkeit ist Trumpf: Ununterbrochen kommen in den Medien unsere eigenen Politiker, die US-Statthalter in Kabul und selbsternannte »Experten« zu Wort, unter denen die Opportunisten zunehmen.
Sozusagen niemals hingegen mutet man dem Publikum die Ansichten der Islamischen Bewegung zu, schon gar nicht ungekürzt, will sagen: unzensiert. Das ist insofern nachvollziehbar, als diese Oppositionellen sich oftmals deutlich klarer ausdrücken als unsere Politiker – und immer wieder auch etwas näher an der Realität sind, die wir offenbar nicht sehen sollen (siehe dazu im Anhang

den unredigierten Wortlaut von drei Interviews mit Widerstands-
führern, die dem Publikum in seltener internationaler Einmütigkeit
von unseren Medien ganz oder teilweise vorenthalten wurden).

Es ist diese Realität aus Kriegsverbrechen, Beschönigung und Me-
dienversagen, die mich nach zweiundzwanzig Jahren Erfahrung
im Land (davon »netto« sechs Monate im Krieg) dazu bewog, Zeit
und Geld zu investieren, um einen umfassenden Friedensfahrplan
zu entwickeln und vorab mit der Kabuler Regierung und der bewaffneten Opposition abzustimmen. Dieser Plan sieht vor, in einer
ausgesuchten Provinz ein Jahr lang die Vertragstreue aller Seiten
in einem Pilotprojekt zu testen (siehe Kapitel 5). Dass dabei Gespräche mit dem gesamten Spektrum des bewaffneten Widerstands –
auch mit den Taliban, aber nicht nur – zunehmend wichtig werden, gibt der Diskussion über einen »Disengagement-Plan« für
Afghanistan eine Bedeutung weit über diese Region hinaus. Das
erscheint dringend nötig, schließlich gärt es in der gesamten arabischen Welt, von der sechzigjährigen Dauerkrise Nahost ganz zu
schweigen.

Die Medien sind sowohl mit meinem Vorschlag für einen mittel-
fristigen, verantwortungsvollen Truppenabbau in Afghanistan als
auch mit meinen Interviews mit der »Nr. 2« des afghanischen Widerstands, Gulbuddin Hekmatyar, und dem getöteten Talibanführer
Mullah Dadullah erstaunlich umgegangen: Ich musste sie regelrecht »zum Jagen tragen«. Das bewog mich schließlich dazu, meinen Verlag Droemer Knaur zu bitten, dieses Buchprojekt praktisch
sofort umzusetzen. Diesem mutigen Hause, seiner Leitung und seinen Mitarbeitern gilt mein Dank.

Zum Schluss drei kurze Anmerkungen:

Verlässliche Zahlen über Tötungen, die Christen und Muslime bis
heute einander zugefügt haben, konnte ich nicht finden. Ich befürchte jedoch, dass die Christen auch in dieser Disziplin Meister
bleiben. Das ändert nichts daran, dass Christen es in muslimischen
Ländern heute meist schwerer haben als umgekehrt Muslime in

christlich geprägten Staaten. Es soll uns lediglich ein wenig in unserer Selbstgerechtigkeit bremsen – und uns vielleicht öffnen für neue Erkenntnisse.

Eine weitere Anmerkung erfolgt in eigener Sache: Ich war einziger Bundeswehr-Freiwilliger meines Abiturjahrgangs (1976) in Bremen, bin Christ und neige manchen Dingen zu, Anti-Amerikanismus jedoch nachweislich nicht. Noch vor zehn Jahren hätte ich jeden, der in meiner Anwesenheit schlecht über die USA sprach, abgebügelt. Aus reinem Zeitmangel halte ich auch nichts von Verschwörungstheorien gleich welcher Art. Fakten jedoch müssen benannt werden dürfen – und dazu gehört zum Beispiel, dass die von den USA geführte Intervention in Afghanistan bereits im April 2001 – und mithin fast ein halbes Jahr vor den Anschlägen vom 11. September, die offiziell der Anlass für diesen Militäreinsatz waren – auf pakistanischem Boden geheimdienstlich vorbereitet worden ist. Das ist erwiesen durch Indizien (siehe Kapitel 2) und durch erstklassige, mir persönlich seit Jahren bekannte direkte Tatzeugen.

Last not least: Wenn ich zwei Wünsche für Afghanistan frei hätte, so wären es diese: Milde und Gerechtigkeit. Gerechtigkeit ab sofort und in Zukunft. Gerechtigkeit ausschließlich in afghanischer Hand für *alle* Afghanen, seien sie innerhalb der Islamischen Bewegung oder außerhalb, gewesene oder jetzige Kommunisten, Sozialisten oder Monarchisten, Bauern oder Drogenwarlords, Alte, Frauen oder Kinder. Und Milde für die Vergangenheit. Denn wer arm ist, ist immer der Getretene (in Afghanistan wie bei uns in Deutschland) – und Verbrechen, die aus solcher Not geboren sind, zumal im Einsatz für Ziele wie Souveränität und Selbstbestimmung, sind anders zu bewerten als die Untaten der Wohlhabenden und Satten.

München, 1. August 2007   *Christoph R. Hörstel*

»Niemand, der auch nur einen Funken Verstand besitzt,
kann begreifen, mit welcher Unfähigkeit alles getan wurde.«[5]
Matt Groening über die Gesamtleistung der Bush-Regierung

KAPITEL 1

Zur Lage in Afghanistan

Es war wie in Hollywood: Der neue amerikanische Chef der »International Security Assistance Force« (ISAF, Internationale Sicherheits-Unterstützungstruppe in Afghanistan) kam im Februar 2007, wollte »den Laden auf Trab bringen« und befahl als Allererstes eine schnelle kleine Offensive, mit Vorankündigung für den bösen Feind – nicht aber für die Verbündeten, deren Meinung auch nicht weiter eingeholt wurde. Größenordnung nichts Existenzielles: 4500 Mann, Luftunterstützung natürlich, Helikopter und Bomber.

Seitdem fragen sich viele Beteiligte (Nato-Regierungen, Kabuler Statthalter, Kommandeure am Hindukusch, Stäbe in Brüssel), ob sie im falschen Film sind. Die Offensive ist gründlich danebengegangen, der Feind stärker denn je, aktiver denn je und erfolgreicher denn je. Nur gehört oder gesehen haben wir diese traurige Bilanz natürlich nie. Wir müssen sie uns selbst zusammenreimen.[6]

Die Lage in Afghanistan kennen unsere Spitzenpolitiker aus Briefings des Bundesnachrichtendiensts (BND). Was sie da erfahren, sagen sie nicht weiter, nicht einmal annähernd, schon gar nicht ihren Bürgern – und sie wenden es auch bei ihren politischen Entscheidungen nicht an.

Stattdessen bekommen wir von ihnen zu hören, dass die Aufbauarbeit in Afghanistan Fortschritte macht, wenn auch nicht genügend,

15

auf jeden Fall aber Schutz braucht und deshalb von uns gesichert werden muss.[7]

Was wir von unseren Politikern nicht hören, müssen wir uns aus den Medien beschaffen. Das ist gar nicht so leicht, denn da gibt es Redakteure, bei denen sieht Afghanistan ganz anders aus als bei ihren Kollegen.[8] Wenn wir hartnäckig sind, suchen wir im Ausland, was in inländischen Medien nicht steht. Was wir dort nicht finden, bekommen wir aus dem Internet und über Netzwerke von Freunden, die sich informiert halten und deshalb nicht warten, ob die eigene Zeitung komplett und wahrhaftig berichtet oder nicht: Sie recherchieren selbst.

Dann kommen die Experten. Wichtigster außenpolitischer »Think Tank« Deutschlands ist immer noch die Stiftung Wissenschaft und Politik (SWP) in Berlin. Hier sind jedoch die Opportunisten auf dem Vormarsch, Personal, das, bevor es sich äußert, erst nachschaut, was das Auditorium hören wollen könnte, und dann versucht, die Wahrheit maßzuschneidern.[9] Experten können aber auch Mitarbeiter von Hilfsorganisationen sein, die vor Ort arbeiten. Zum einen ist das die Deutsche Gesellschaft für Technische Zusammenarbeit (GTZ), doch da die GTZ ein staatlicher Betrieb ist, nämlich der praktische Arm des Bundesministeriums für Wirtschaftliche Zusammenarbeit und Entwicklung (BMZ), stößt man hier in puncto Informationen auf dieselben Höhen und Tiefen, die wir in der Politik auch finden. Bleiben die Nichtregierungsorganisationen (NGOs). Nun überwiegen aber die NGOs, die sich staatlicher Zuschüsse erfreuen, und nach Auskunft des Auswärtigen Amts müssen NGOs 10 Prozent ihrer Gelder selbst sammeln, um weitere 90 Prozent aus öffentlichen Töpfen zu erhalten. Das bedeutet, dass Mitarbeiter der NGOs prinzipiell unter einem ähnlichen Druck stehen wie die der GTZ. Also ist hier auch kein grundsätzlicher Verlass auf die Informationen.

Daraus folgt: Wer objektive und verlässliche Informationen haben möchte, um sich selbst ein Bild von den Dingen zu machen und zu verstehen, wer warum wie handelt, muss sich alles selbst zusammensuchen.

Diese mühsame und kleinteilige Sammelarbeit kann aber nicht jeder leisten, schon gar nicht jeder Politiker. Deshalb neigen Bundestagsabgeordnete dazu, sich auf die Sammelleistungen der dafür angestellten Mitarbeiter ihrer Fraktionen zu verlassen, und auch die niedrigeren Chargen in den örtlichen Untergliederungen haben ihre internen Ansprechpartner in den politischen Parteien. Zwar hätte grundsätzlich jeder politische Entscheidungsträger die Möglichkeit, sich auf eigene Faust in der weiten öffentlichen Welt umzutun und abzugleichen, was er aus den verschiedenen Quellen hört, um sich sein ganz persönliches Bild von der Lage zu machen. Wenn aber die Quellenlage so kleinteilig und zersplittert ist wie beschrieben, wenn die Mehrzahl der Medien so organisiert ist, dass sie die tatsächlichen Gegebenheiten gar nicht mehr unvoreingenommen darstellen können, ohne sich geschäftlich zu schaden, wenn zudem nicht von allen Seiten – von Wirtschaft, Politik und Gesellschaft – strikt auf politische Unabhängigkeit bei der Sammlung und Weitergabe von Informationen geachtet wird, dann kommt es zwangsläufig zu politischen Fehlentscheidungen (siehe Kapitel 3).

Aus diesen Gründen stützen sich die Informationen in diesem Buch im Wesentlichen auf eigene Recherchen. Folgende Methodik liegt der Darstellung zugrunde:

1. Seit Jahrzehnten stütze ich mich zunächst auf meine eigenen Erfahrungen vor Ort, die ich im Gespräch mit allen Seiten gewonnen habe, einschließlich der Gegenseite. Das schließt den bewaffneten Widerstand mit ein, der sich hauptsächlich aus (in der Reihenfolge ihrer Größe) den Taliban, der HIA (Hezb-i Islami Afghanistan = Islampartei) und Al-Qaeda zusammensetzt. Die wenigsten verfügen über einen solchen Zugang, das ist die Besonderheit der vorliegenden Betrachtungen. Informationen

über den »spontanen Widerstand« aus der lokalen Bevölkerung heraus gewinne ich durch Gespräche bei Reisen durch die unruhigen Gebiete Afghanistans, die ich einmal jährlich durchführe. Selbstverständlich sind auch Kontakte in Botschaften, Regierung und Institutionen wichtig.

2. Im Abgleich dieser eigenen Erfahrungen mit der Berichterstattung von Printmedien und der wichtigsten Autoren im TV-Bereich entsteht ein verlässliches Bild, wem bei welcher Darstellung und welcher Beurteilung zu trauen ist. Einen Eindruck von der Glaubwürdigkeit anderer Experten kann ich mir leicht anhand der Homepages ihrer Institute verschaffen.

3. Nicht zuletzt baue ich auf vertrauliche Hintergrundgespräche mit Zeitgenossen, die die berühmten »Zugänge« haben, denen Journalisten so gern nachjagen. Selbstverständlich muss ich damit rechnen, dass auch solche Quellen bestimmte politische Ziele verfolgen, und die so gewonnenen Informationen entsprechend gewichten.

Die Punkte 1 und 3 bilden in gewisser Weise den Rahmen meiner Ansichten; aus den unter Punkt 2 genannten Quellen stammen die täglichen Details, die ich für übernehmens- oder bedenkenswert halte. Das ist die Grundlage und das sind die Quellen, von denen aus ich in diesem Kapitel die Lage in Afghanistan beschreibe (zu Grundinformationen zum politischen Systems Afghanistans siehe im Anhang S. 237).

Ministeriell zuständig für die gesamte Afghanistan-Politik ist in Deutschland in erster Linie das Auswärtige Amt. Hier lesen wir zu Afghanistan:[10]

Deutsches Engagement in Afghanistan

Das Petersberg-Abkommen vom Dezember 2001, die Berliner Afghanistan-Konferenz 2004 und die Afghanistan-Konferenz in London im Januar/Februar 2006 bilden das Fundament für das Engagement Deutschlands in Afghanistan. Auf Grundlage von Bundestagsbeschlüssen wurden neben der diplomatischen Vertretung in Kabul auch deutsche Soldaten und Diplomaten in sogenannten regionalen Wiederaufbauteams in Kunduz, Faizabad und Mazar-e Sharif in Afghanistan eingesetzt.

Deutsche Beteiligung an der Internationalen Sicherheits-Unterstützungstruppe in Afghanistan (ISAF)

ISAF hat seit Dezember 2001 das Mandat, die Staatsorgane Afghanistans bei der Aufrechterhaltung der Sicherheit in Kabul und Umgebung zu unterstützen, so dass die afghanische Regierung, das Personal der Vereinten Nationen und zahlreicher internationaler Hilfsorganisationen in einem sicheren Umfeld arbeiten können. Von Anfang an beteiligte sich die Bundesrepublik Deutschland maßgeblich mit Kräften der Bundeswehr an diesem Einsatz.

Stationierung von Recce-Tornados in Mazar-e Sharif

Am 9. März 2007 beschloss der Deutsche Bundestag in Ergänzung des bereits bestehenden deutschen Beitrages zu ISAF die Entsendung von Aufklärungsflugzeugen des Typs Tornado Recce nach Afghanistan. Zweck der zeitlich befristeten Unterstellung der Flugzeuge unter ISAF-Kommando ist die Ergänzung des ISAF-Gesamtlagebildes. Das bis zum 13. Oktober 2007 befristete Mandat sieht zusätzlich zum bisherigen deutschen Beitrag den Einsatz von bis zu 500 Soldaten vor.

Verlängerung des deutschen Einsatzes in Afghanistan

Die Führung von ISAF liegt seit dem 11. August 2003 bei der Nato. Der Deutsche Bundestag stimmte am 28. September 2006 der von der Bundesregierung beschlossenen Verlängerung der deutschen Beteiligung an der Nato-geführten Internationalen Sicherheits-Unterstützungstruppe in Afghanistan für weitere 12 Monate über den 13. Oktober 2006 hinaus mit großer Mehrheit zu.

Die Präsenz von ISAF hat bisher wesentlich dazu beigetragen, dass die Sicherheitslage in weiten Teilen des Landes nachhaltig stabilisiert werden konnte.

Deutschland ist seit Übernahme der Operation durch die Nato im August 2003 einer der größten ISAF-Truppensteller. Gegenwärtig leisten rund 3200 Soldatinnen und Soldaten der Bundeswehr (erlaubt sind laut Mandat bis zu 3000 plus 500 zusätzlich für den Tornado-Einsatz) in Afghanistan Dienst. [...]

Deutsche Beteiligung: Regionale Wiederaufbauteams

Deutsche Soldatinnen und Soldaten werden in den ISAF-Regionen Nord und Kabul eingesetzt.

Zur Zeit sind insgesamt 25 regionale Wiederaufbauteams (Provincial Reconstruction Teams, PRTs) unter Nato/ISAF-Führung in Afghanistan tätig. *Die PRTs stellen ein neues krisenpräventives politisches Instrument in einem schwierigen Umfeld dar.* Durch ihren ganzheitlichen, zivile und militärische Elemente umfassenden Ansatz stärken sie die Autorität der Zentralregierung in den Provinzen und fördern Stabilisierungs- und Wiederaufbaumaßnahmen im Land.

Die beiden ISAF-PRTs in Kunduz und Faizabad stehen unter deutscher Führung, mit einer zivil-militärischen Doppelspitze. Darüber hinaus stellt Deutschland derzeit den Regionalkommandeur Nord mit Hauptquartier in Mazar-e Sharif.

Das Mandat der Vereinten Nationen

Der Sicherheitsrat der Vereinten Nationen (VN) hat mit der Resolution 1707 (2006) vom 12. September 2006 die Fortsetzung des Mandats für die Internationale Sicherheits-Unterstützungstruppe (International Security Assistance Force – ISAF) in Afghanistan für ein Jahr beschlossen.

ISAF hat seit Dezember 2001 das Mandat, die Staatsorgane Afghanistans bei der Aufrechterhaltung der Sicherheit in Kabul und Umgebung zu unterstützen, so dass die afghanische Regierung, das Personal der Vereinten Nationen und zahlreicher internationaler Hilfsorganisationen in einem sicheren Umfeld arbeiten können. Von Anfang an beteiligte sich die Bundesrepublik Deutschland maßgeblich mit Kräften der Bundeswehr an diesem Einsatz.

Ausdehnung des ISAF-Einsatzes über Kabul hinaus

Auf Ersuchen der afghanischen Regierung und in Übereinstimmung mit der Beschlusslage der Vereinten Nationen wurde beim Nato-Gipfel in Istanbul (28. und 29. Juni 2004) der Grundsatzbeschluss gefasst, den ISAF-Einsatz schrittweise auf ganz Afghanistan auszudehnen. Bis Mitte 2006 operierte ISAF in der Hauptstadt Kabul sowie im Norden und Westen des Landes. *Seit dem 31. Juli 2006 hat ISAF auch die Verantwortung für die Südregion übernommen, und am 5. Oktober 2006 folgte die Ausdehnung auf den Osten, um die dort bislang von der Operation Enduring Freedom (OEF) geleistete Stabilisierungs- und Aufbauarbeit fortzuführen und noch auszubauen.* Damit wurde der Grundsatzbeschluss von Istanbul, den ISAF-Einsatz auf ganz Afghanistan auszudehnen, umgesetzt.

Stand: 18. 5. 2007 *(Hervorhebungen von mir, CRH)*

Um das Bild abzurunden, soll auch noch die Bundeswehr zu Wort kommen:[11]

Einsatz der Bundeswehr in Afghanistan (ISAF)

Nach dem Sturz des Taliban-Regimes einigten sich die größten ethnischen Gruppen Afghanistans im November und Dezember 2001 anlässlich der »Petersberger Konferenz« auf eine »Vereinbarung über provisorische Regelungen in Afghanistan bis zum Wiederaufbau dauerhafter Regierungsinstitutionen« (Bonner Vereinbarung). Damit schufen sie die Grundlage für die Internationale Sicherheitsbeistands-Truppe (International Security Assistance Force – ISAF), deren Aufstellung der Weltsicherheitsrat am 20. Dezember 2001 beschloss. Sie soll im Auftrag der Vereinten Nationen die afghanische Interimsregierung bei der Wahrung der Menschenrechte sowie bei der Herstellung und Wahrung der inneren Sicherheit unterstützen. Darüber hinaus unterstützt ISAF die afghanische Interimsregierung bei der Auslieferung humanitärer Hilfsgüter und der geregelten Rückkehr von Flüchtlingen.

Der Kampf gegen das terroristische Netzwerk Al-Qaeda und gegen die Taliban ist bis heute nicht abgeschlossen. Dieser Kampf ist Aufgabe der Operation ENDURING FREEDOM.

Mandat und Organisation der Friedenstruppe ISAF sind davon strikt getrennt. Der Deutsche Bundestag hat am 22. Dezember 2001 das Mandat für die Beteiligung der Bundeswehr am ISAF-Einsatz erteilt. Am 8. Januar 2002 wurden die ersten deutschen Vorauskräfte nach Afghanistan in Marsch gesetzt.

Ein wesentlicher Teil der ISAF-Operation ist der Betrieb eines Lufttransportstützpunktes in Termez (Usbekistan) nahe der Nordgrenze Afghanistans. […] In Termez werden auch Sanitätskräfte für die schnelle Evakuierung von Kranken und Verletzten aus Afghanistan (MEDEVAC) bereitgehalten.

ISAF kann zu ihrer eigenen Verteidigung wie auch zum Schutz der afghanischen Regierung und der Bevölkerung im Rahmen des Unterstützungsauftrags Waffengewalt anwenden. ISAF ist autorisiert, alle erforderlichen Maßnahmen einschließlich der Anwendung militärischer Gewalt zu ergreifen, um den Auftrag gemäß Resolution des Sicherheitsrates durchzusetzen. Den Soldaten der ISAF wird auch die Befugnis zur Wahrnehmung des Rechts auf bewaffnete Nothilfe zugunsten jedermann erteilt.

Stand vom 10. 7. 2007 *(Hervorhebungen von mir, CRH)*

Insgesamt haben siebenunddreißig Nationen gegenwärtig etwa 35 000 Mann in Afghanistan stationiert. Die USA bieten zusätzlich noch einmal etwa 12 000 Mann auf. Das Ergebnis ist verheerend. Von Sicherheit kann in Afghanistan heute keine Rede mehr sein. Die Taliban haben sich von ihrer Niederlage blendend erholt und stürmen voran.

Mit wenigen aussagekräftigen Zahlen,[12] vorgelegt von US-Generalleutnant Karl Eikenberry, dem Oberbefehlshaber der US-Truppen in Afghanistan, ist die Lage umrissen:

Art der Attacke	2005	2006
Selbstmordattentate	27	139
Straßenbomben	783	1677
Direkt-Angriffe	1588	4542
Gesamt	**2398**	**6358**

Dazu ist zu bemerken, dass sich die Zahl der Zwischenfälle bereits von 2004 auf 2005 ungefähr verdoppelt hatte – und sich im Jahr 2007 noch einmal mehr als verdoppeln wird, wie mir Bundeswehrquellen und andere Experten vertraulich sagen.

Schon am 27. September 2006, einen Tag bevor der Bundestag die Mandatsverlängerung für die deutsche ISAF-Truppe beschloss,

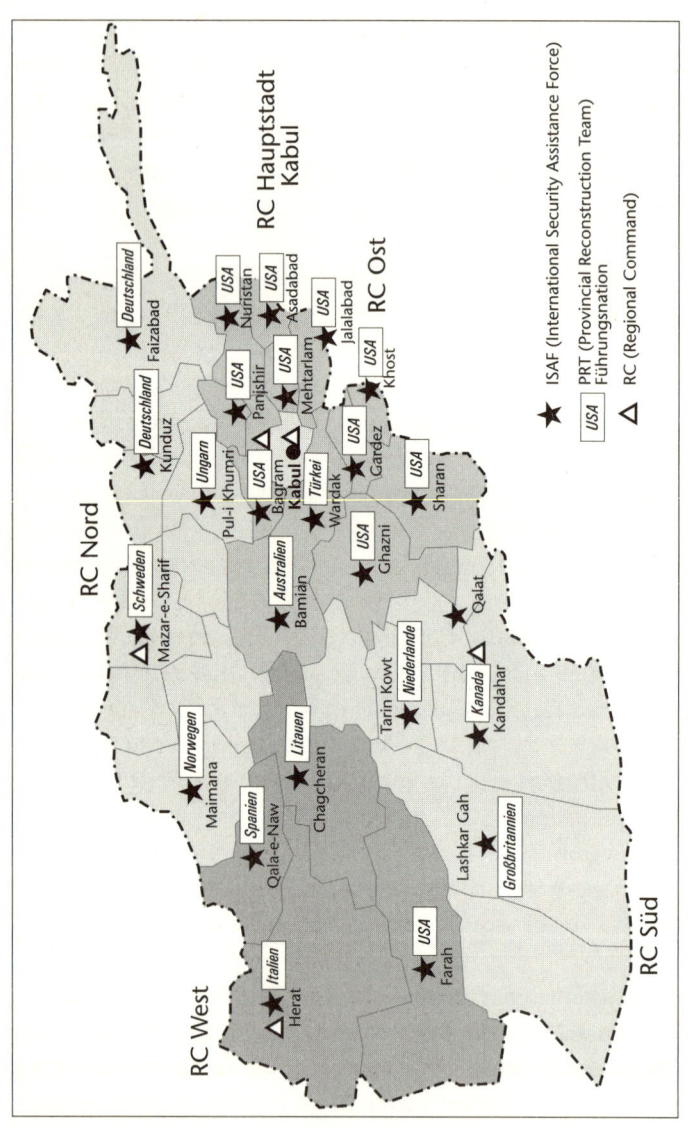

Regionalkommandos der ISAF und Einsatzorte der Regionalen Wiederaufbauteams (PRT)

wurden Parlament und Bevölkerung von einer erheblichen Indis-
kretion beunruhigt: Einzelheiten aus einem streng vertraulichen
Informationsgespräch (»Briefing«), das der neue und allseits sehr
geschätzte deutsche Botschafter in Kabul, Dr. Ulrich Seidt, dem
Auswärtigen Ausschuss des Bundestages gegeben hatte, waren an
die Presse gelangt. Alle Zeitungen berichteten darüber; hier ein
Auszug:[13]

> »Die Lage in Afghanistan ist offenbar so bedrohlich wie nie zu-
> vor. Nach Informationen der *Bild*-Zeitung klärte der deutsche
> Botschafter in Kabul, Hans-Ulrich Seidt, den Auswärtigen Aus-
> schuss des Bundestages am Mittwoch unter strengster Geheim-
> haltung über die wahre Gefährdungslage auf. Am Donnerstag
> wollte das Parlament das Mandat der 2750 Bundeswehrsoldaten
> um ein Jahr verlängern.
> Nach Aussage des Diplomaten könne es passieren, dass die af-
> ghanische Regierung in den nächsten zwölf bis achtzehn Mona-
> ten die Kontrolle über das Land verliert. Es könne zur Katastro-
> phe kommen, sollten die Sicherheitskonzepte nicht entsprechend
> angepasst werden, soll er laut Teilnehmern der Sitzung gewarnt
> haben. Außerdem sei der Süden Afghanistans von den Nato-Sol-
> daten militärisch nicht zu gewinnen, habe Seidt gesagt.«

Der Senlis Council, eine gemeinnützige Experten-Organisation,[14]
die sich hauptsächlich mit Außenpolitik, Sicherheit und Drogenfra-
gen befasst, hat eindringliches Material dazu vorgelegt, wie zwischen September 2006 und Juni 2007 immer mehr Gebiete Afghanistans unter den Einfluss des Widerstands geraten sind; allein in
diesem Zeitraum hat die Zentralregierung rund die Hälfte der noch
von ihr kontrollierten Gebiete verloren.[15] Mit der Veröffentlichung
solcher Daten geht es dem Senlis Council nicht um Fundamental-
kritik an Washingtons Politik. Vielmehr möchte er mithelfen, dass
die Nato den Krieg in Afghanistan gewinnt.

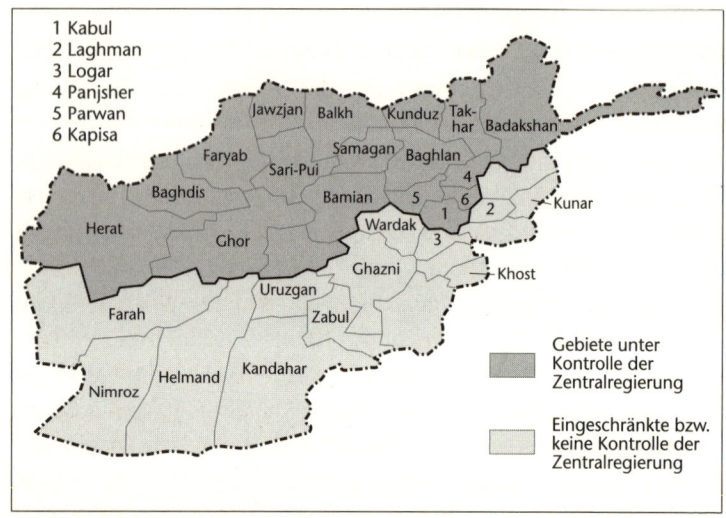

1 Kabul
2 Laghman
3 Logar
4 Panjsher
5 Parwan
6 Kapisa

Jawzjan Balkh Kunduz Tak-har Badakhshan
Faryab Samagan Baghlan
Baghdis Sari-Pui Bamian 5 4 6 2 Kunar
Herat Ghor Wardak 1 3
Ghazni Khost
Farah Uruzgan Zabul
Nimroz Helmand Kandahar

Gebiete unter Kontrolle der Zentralregierung

Eingeschränkte bzw. keine Kontrolle der Zentralregierung

Afghanistan: Sicherheitslage im September 2006

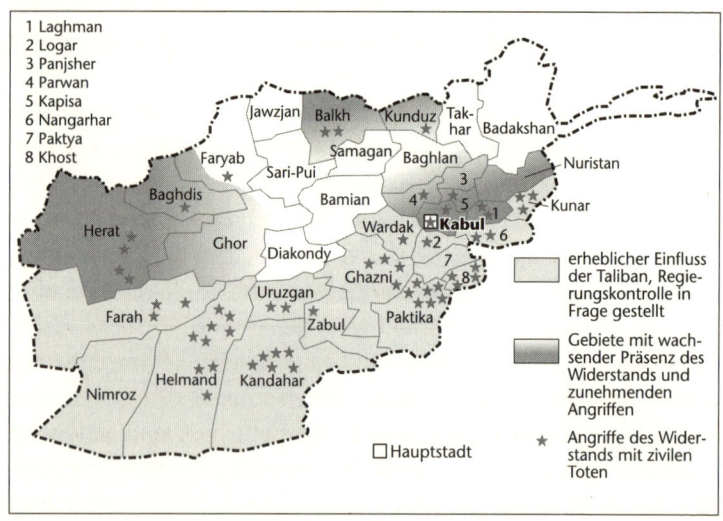

1 Laghman
2 Logar
3 Panjsher
4 Parwan
5 Kapisa
6 Nangarhar
7 Paktya
8 Khost

Jawzjan Balkh Kunduz Tak-har Badakhshan
Faryab Samagan Baghlan Nuristan
Baghdis Sari-Pui Bamian 3 Kunar
Herat Ghor Diakondy 4 Kabul 5 1 6
Wardak 2
Uruzgan Ghazni 7 8
Farah Zabul Paktika
Nimroz Helmand Kandahar

☐ Hauptstadt

erheblicher Einfluss der Taliban, Regierungskontrolle in Frage gestellt

Gebiete mit wachsender Präsenz des Widerstands und zunehmenden Angriffen

★ Angriffe des Widerstands mit zivilen Toten

Afghanistan: Sicherheitslage im Juni 2007

Im Wesentlichen bilden Taliban, Hezb-i Islami Afghanistan (HIA) und Al-Qaeda den afghanischen Widerstand. Die beiden letzteren Gruppen verfügen nicht über viele aktive Kämpfer, vielleicht sind es jeweils nur etwa 500 bis 1000 Leute. Ihr geistiger Einfluss jedoch ist hoch einzuschätzen, vielleicht sogar höher als der der Taliban, die keine im Westen bekannten Theoretiker haben, aber die weit überwiegende Last des Kampfs gegen die fremden Truppen im Land tragen.

Die Zahl der Talibankämpfer schätzt man auf zwischen 5000 und 20 000, meldet AFP.[16] Legt man die Masse der Berichte zugrunde, so kann man realistischerweise wohl von 10 000 bis 15 000 Mann ausgehen. Tausende junger Menschen stehen in Pakistan bereit und drängen an die Front, um als Selbstmordattentäter zu sterben; etwa 50 Prozent von ihnen sollen junge Frauen sein – ein von unserer kulturellen Warte aus eher unerwarteter Beitrag zur Emanzipation.[17]

Um diesen nachdrängenden Widerstandskämpfern Herr zu werden, wollen Außenminister Frank-Walter Steinmeier und Verteidigungsminister Franz Josef Jung noch mehr Truppen als bisher nach Afghanistan schicken.

Und dies, obwohl die deutsche Bevölkerung inzwischen eindeutig nicht mehr hinter dem Afghanistan-Engagement steht, wie eine *Focus*-Umfrage im Juni 2007 ergab: 61 Prozent der über 1000 repräsentativ Befragten sprachen sich für den Truppenabzug aus, nur 36 Prozent waren dagegen.[18] Das zeigt einen klaren Negativtrend; noch im März 2007 waren laut *Spiegel* erst 57 Prozent für den Abzug, während ebenfalls 36 Prozent den Einsatz wie bisher fortsetzen wollten.[19] Doch auch dieser Prozentsatz wird weiter sinken, denn inzwischen gewinnen auch Hardliner unter den Atlantikern wie *Zeit*-Herausgeber Josef Joffe die Einsicht, dass konventionelle westliche Truppen asymmetrische Kriege nicht gewinnen können.[20]

Im Fall der sechs Tornado-Aufklärer, im Fachjargon »Recce-Tornados« genannt (von »reconnaissance« = Aufklärung), die in Ma-

zar-e Sharif, der Hauptstadt der Usbeken-Provinz Balkh, stationiert sind, ist die Ablehnung noch deutlich höher: 77 Prozent, über
drei Viertel der deutschen Bevölkerung also, lehnen den Tornado-
einsatz ab.[21]

Von den Tornados liegt einer mit gebrochenem Bugrad seit Monaten buchstäblich »darnieder«. Der Pilot hatte bei der Landung
die Triebwerke stark gedrosselt, um sie abzukühlen, was ihn vor
hitzesuchenden Raketen schütze sollte. Dadurch hatte sich seine
Sink- und Landegeschwindigkeit jedoch so stark erhöht, dass das
Bugfahrwerk dem verstärkten Aufprall auf die Piste nicht gewachsen war. Das sind Geschichten, die der Dienst am Hindukusch
schreibt.

US-General Dan McNeill sieht klaren Bedarf nach weiteren Truppen. Seinen Gegner allerdings kennt er im Sommer 2007, vier
Monate nach Amtsantritt, immer noch nicht. Zumindest erklärte
er gerade, die gegnerischen Taliban unterteilten sich in mehrere
Sektionen (das ist korrekt), von Hardliner-Kämpfern bis zu locker
assoziierten Kräften, die nur ein wenig Geld verdienen wollten.[22]

Das ist eine eklatante Verkennung der Tatsachen, wie ich aus eigener Erfahrung und Berichten anderer weiß. Der äußere Ring
der Taliban-Streitkräfte besteht nicht hauptsächlich aus Söldnern,
sondern vielmehr aus Dörflern, Gelegenheitskämpfern gewisser-
maßen, die dann zur Waffe greifen, wenn der Feind vorbeikommt,
statt sich als aktive Kämpfer Gruppen anzuschließen, die Aktionen
planen und dort angreifen, wo der Feind steht. Zumindest teilweise
erklärt McNeills Fehleinschätzung, warum die Strategie der »Operation Enduring Freedom« (OEF) und ISAF so erfolglos, genauer:
kontraproduktiv ist.

Der Moral der Truppe ist das nicht förderlich. Besonders bei den
US-Truppen waren die Standzeiten mit 12 Monaten ohnehin schon
sehr lang, und der neue US-Verteidigungsminister Robert Gates
hat sie vor kurzem noch auf 15 Monate verlängert.[23] Da halten die
Soldaten sich finanziell schon mal ganz gern schadlos. Ein »High-

light« soll der Kauf des Gouverneurspostens der Provinz Nangarhar für 100 000 US-Dollar sein; Empfänger: ein US-General.[24]

Die niedrigeren Chargen bedienen sich durch Verkauf ihrer Ausrüstung. Im Angebot sind nicht nur leichte Waffen, Helme, Panzer-
westen, Uniformen,[25] sondern auch Treibstoffe, schwerere Waffen
und Fahrzeuge.[26] Viele Afghanen haben das schon einmal so erlebt: zu Zeiten der sowjetischen Besatzung.

Anders als damals tauchen jetzt jedoch auch sehr sensible Dinge
am örtlichen Basar direkt neben der große US-Basis Bagram bei
Kabul auf, wie die *Los Angeles Times* aufdeckte:[27] Computer, Laptops und haufenweise USB-»Flashsticks«.

Einige davon, schreibt *LA-Times*-Reporter Paul Watson, enthielten
Namen, Adressen und Fotos von afghanischen Agenten, die den
U. S. Special Forces Informationen lieferten. Andere, als »secret«
markiert, enthielten die Ansichten von US-Offizieren, dass die Taliban Basen in Pakistan nutzen, um von dort aus in Afghanistan
zuzuschlagen. Und in den »Memory Sticks« waren unter anderem Daten und Karten vom 1. Dezember 2001 enthalten, einen
Tag nachdem amerikanische und afghanische Streitkräfte ihren
Angriff auf die Al-Qaeda-Festung Tora Bora begonnen hatten.
(Gleichzeitig wurde in Deutschland die erste Petersberger Konferenz abgehalten. Für alle paschtunischen Teilnehmer der Konferenz war das eine ungeheuerliche Geste der Nichtachtung.) Diese
Karten enthielten mögliche Fluchtwege des Al-Qaeda-Chefs. Aber
die Routen begannen in Peschawar, auf der pakistanischen Seite –
und nicht in Tora Bora, wo Osama bin Laden damals offiziell vermutet worden war. Und durch einen lächerlichen Computer-Stick
aus Beständen der US-Army wurde auch Wali Karzai, der Bruder
des afghanischen Präsidenten Hamid Karzai, als größter Drogenwarlord des Landes geoutet.

Zusammenfassend ist zum Vorgehen der Truppe zu sagen:[28] Nato
und ISAF kämpfen in Afghanistan mit kurzfristigen Kommandoaktionen gegen Überzeugungstäter der Dritten Welt, die dort leben

und verwurzelt sind, wo kein Soldat sich auch nur annähernd auskennen kann. Dazu bringen Afghanen eine körperliche Konstitution mit, die der rauhen Natur Afghanistans so gut angepasst ist, dass nur Elitekämpfer diesen Leistungen nahe kommen. Auch das ist eine alte Erfahrung aus Sowjetzeiten.

Der neue Kommandeur McNeill erklärte jüngst,[29] die Zahl der ausländischen Kämpfer sei gestiegen, und die seien deutlich radikaler als ein durchschnittlicher Talib. Einige von ihnen kämen aus arabischen oder asiatischen Ländern. Ganz im Sinne der aktuellen Anti-Iran-Propaganda der US-Regierung fügte er hinzu: »Aber ich habe nichts Klares darüber, dass die Iraner das tun.« Die Beweise fehlen zwar, aber den ins Auge gefassten »Schuldigen« kann man ja schon mal ins Spiel bringen, mag sich der General gedacht haben. AFP stellt denn auch klar, dass für die Beschuldigung, der Iran bewaffne den Widerstand, immer noch keine Beweise vorliegen.

Die Zusammenarbeit unter den Verbündeten ist in solch stressigen Zeiten, in denen sich eine Niederlage abzuzeichnen beginnt, nicht immer leicht. Seine Kollegen jedenfalls hat der General gerade mal einen Monat nach Amtsantritt verärgert, weil er mit 4500 Mann die Frühjahrsoffensive »Maiwand« eröffnet hatte, ohne sich mit den Verbündeten abzusprechen, wie *Spiegel online* und n-tv meldeten.[30] Offiziell ging es dabei um die Absicherung des nahe gelegenen Kadschaki-Staudamms, was eine gute Rechtfertigung für den Verbleib der internationalen Truppen zu sein schien. Viele Afghanen ärgern sich jedoch über die Wahl des Namens »Maiwand«, den sie verehren. Denn an einem Ort dieses Namens nahe der südafghanischen Stadt Kandahar gewannen afghanische Truppen am 27. Juli 1880 eine wichtige Schlacht gegen britische Besatzer. Den Wendepunkt markierte seinerzeit der heldenhafte Einsatz einer jungen Frau, deren Namen jedes afghanische Kind lernt: Malalai: Sie nahm die Fahne auf und trug sie den Kämpfern voran. Heute stehen hier wieder britische Truppen und müssen sich erneut an den Gedanken einer Niederlage gewöhnen.

Zuvor jedoch könnte sich dieser Krieg auf das Nachbarland Pakistan ausweiten, ganz nach dem Muster des Vietnamkriegs, den die USA ebenfalls nicht hatten beenden wollen, bevor nicht auch noch Laos und Kambodscha destabilisiert und durch zum Teil schwere Verluste in die nationale Katastrophe gedrängt waren.

Ein Editorial der *Washington Post,* ein den Demokraten nahestehendes und ebenso Bush-kritisches wie weltweit renommiertes Blatt, demonstriert wohlwollende publizistische Unterstützung für den Fall, dass die US-Regierung sich entscheiden sollte, den Krieg in die pakistanischen Grenzgebiete hineinzutragen.[31] Diese Möglichkeit wollte auch der Sprecher des Weißen Hauses, Tony Snow, nicht ausschließen – was einer Kriegsdrohung gleichkommt.[32] In den pakistanischen Grenzgebieten unterstützen die traditionell unabhängigen und unregierbaren Paschtunenstämme in ihrer überwiegenden Mehrheit die Taliban und gewähren deren Kämpfern sowie Mitgliedern der Al-Qaeda Unterschlupf und Hilfe (siehe Kapitel 2).

Folter und andere Menschenrechtsverletzungen

Noch größere Probleme als die vielfach unbedacht ausgelösten Grenzquerelen macht die Wut, die US-Truppen und manche ihrer Verbündeten durch die wahllose alltägliche Anwendung der Folter erzeugen. Das geschieht nicht nur in den großen US-Stützpunkten, wie eine ausgezeichnete Fotoreportage des Wochenmagazins *Focus* zeigt.[33]

Der neueste Bericht von amnesty international (ai)[34] stellt eine schwere Anklage auch gegen die US-gestützte afghanische Regierung dar:

»Die Regierung und ihre internationalen Partner waren nicht in der Lage, Sicherheit herzustellen, und ein Klima der politischen

Ungewissheit wuchs im Verlauf des Jahres. Bewaffnete Konflikte, gekennzeichnet durch Bombardements und Selbstmordattentate, eskalierten im Süden des Landes. Wenigstens 1000 Zivilisten wurden getötet. Eine schwache Verwaltung, die Macht regionaler Kommandeure und der Einfluss der Drogen haben die Herrschaft des Gesetzes und der Menschenrechte geschwächt. Sicherheitsorgane der Regierung haben ungestraft Menschenrechte verletzt. Es gab kaum Reformen der Justiz, der staatlichen Gewalt und der Sicherheit. Frauen mussten weiterhin Gewalt erdulden. Verteidiger der Menschenrechte, darunter auch Frauen, wurden ausfindig gemacht und getötet.«

Die USA werden beschuldigt, in ihrer Luftwaffenbasis Bagram »weiterhin« 500 Gefangene unter dem Vorwurf festzuhalten, sie stünden in Verbindung zu den Taliban und Al-Qaeda. Amnesty nennt einzelne Fälle von Folterungen, zivilen Opfern von Bombenangriffen und Misshandlungen. Zwar sei die Zahl schwerer Misshandlungen möglicherweise zurückgegangen, doch würden Gefangenen ein ordentliches Gerichtsverfahren und familiäre Kontakte weiterhin verweigert.

Auch die Taliban verletzen Menschenrechte, denn sie betrachten jeden, der nicht auf ihrer Seite sei, als ihren Feind, moniert ai. Misshandlungen, Folter, Hinrichtungen, Bombenattentate mit zivilen Opfern, drakonische Strafen, das sind die wichtigsten Anklagepunkte gegen die Taliban.

Afghanische Nationalarmee (ANA) und Bundeswehr

Vertraulichen Einschätzungen aus Militärkreisen von Nato-Mitgliedern zufolge soll die Afghanische Nationalarmee (ANA) von den ursprünglich bis Juli 2007 anvisierten 70 000 Mann Sollstärke weit entfernt sein; tatsächlich seien es mit etwa 30 000 bis 35 000

Mann nur knapp die Hälfte. Die Truppenzahl nachhaltig zu erhöhen sei nicht möglich, weil die Desertionen genauso hoch seien wie die Rekrutierungen. Präsident Karzai hat deshalb 2006 erklärt, die alte Sollzahl werde bis 2010 erreicht. Wenn die Rahmenbedingungen (zivile Tote bei Nato-Bombardements, wachsende Unterstützung der Taliban durch die Bevölkerung, Ausbreitung der als »höchst unsicher« und »hoch unsicher« bezeichneten Gebiete) sich weiterhin so verschlechtern wie bisher, ist es jedoch ausgeschlossen, dass das zu schaffen ist.

Über die Verluste unter der Zivilbevölkerung gibt es allerhand Zahlen, die sich schon auf den ersten Blick auf die in der westlichen Presse gemeldeten Vorfälle zu beschränken scheinen. Da die »body counts« der USA und ihrer Verbündeten allerdings nur etwa die Qualität der Vietnam-Ära haben, ist der größte Teil der als getötet gemeldeten »Taliban« der Zivilbevölkerung zuzurechnen – und diese Zahl, die irgendwo zwischen 1000 und 2000 liegt, wäre dann noch in Beziehung zu setzen zu den rund 4500 Direktangriffen auf OEF- und ISAF-Truppen, auf die afghanische Nationalarmee (ANA) und die Polizei (ANP), die die Statistik des Generals Eikenberry für das Jahr 2006 nennt. Sollte sich diese Zahl 2007 mehr als verdoppeln, wie Insider erwarten, müsste es 4500 Angriffe allein im ersten Halbjahr 2007 gegeben haben. Und nun sollen wir glauben, dass die Soldaten von OEF und ISAF bei diesen rund 4500 Direktangriffen meistens die Flucht ergriffen haben, so dass die Zahl der bei Gegenschlägen etwa 300 getöteten Zivilisten, von denen wir lesen dürfen,[35] plausibel erschiene? Oder ist es nicht vielmehr so, dass immer dann, wenn die Bodentruppen in Schwierigkeiten geraten, die Luftwaffe gerufen wird, bis das gesamte Umfeld verwüstet in Trümmern liegt, egal, ob Taliban oder Zivilbevölkerung? (Vgl. dazu S. 63 ff.)

Ghulam Totakhyl, Afghanenpolitiker im deutschen Exil, beobachtet täglich die afghanischen Nachrichten. Er beschwert sich:[36] »Die deutschen Medien verschweigen die allermeisten Vorfälle. Seit

Jahresbeginn 2007 hat sich die Zahl der Vorfälle mit zivilen Opfern und die Zahl der Zivilopfer selbst stark erhöht, besonders seit April 2007.« Totakhyl stellt einen engen Bezug dieser Tatsachen zum Einsatz der deutschen Aufklärungstornados in Afghanistan her. (Zu der Frage, wie es zu einer solchen Häufung der Zwischenfälle mit zivilen Opfern durch Nato-Luftstreitkräfte kommen kann, siehe Kapitel 2.)

Den folgenden erschütternden Beitrag lieferte der Vizevorsitzende der Bundestagsfraktion der Grünen und ehemalige Bundesumweltminister Jürgen Trittin:[37]

»Am 8. Mai [2007] hat das afghanische Oberhaus einen bemerkenswerten Beschluss gefasst. Es hat nämlich dazu aufgefordert, alle offensiven Militäraktionen ausländischer Truppen in Afghanistan einzustellen und Aktionen nur noch zusammen mit der Armee und der Polizei durchzuführen. Nun fasst dieses Parlament, das Oberhaus, gelegentlich etwas angreifbare Beschlüsse, aber in dem Fall drückt es einen breiten Konsens in Afghanistan aus, den Präsident Karzai in anderer Weise formuliert hat. Er hat nämlich gesagt: Die Zivilopfer und die willkürlichen Entscheidungen, die Häuser der Leute zu durchsuchen, haben ein inakzeptables Niveau erreicht, und die Afghanen können das nicht länger hinnehmen. – Eine internationale Mission, die sich der Unterstützung Afghanistans verschrieben hat, kann über solche Feststellungen, finde ich, nicht einfach achselzuckend hinweggehen.

Der Hintergrund, wie es zu diesem Beschluss und zu dieser Äußerung gekommen ist, ist ein außerordentlich ernster, ein Zwischenfall – einer von vielen, muss man an dieser Stelle sagen – in der Woche zuvor. In der Provinz Shindand fand eine OEF-Operation statt – ohne Wissen von ISAF. Sie verstrickte sich in einen Hinterhalt und konnte sich nicht wieder zurückziehen. Was tat sie? Sie bat um Hilfe – bei ISAF. ISAF gewährte die selbstverständlich, schickte einen italienischen Hubschrauber mit Wasser und Munition. Das half nicht. Die Kämpfe gingen weiter. Ein weiterer Hilferuf der dort bedrohten OEF-Soldaten – und ein holländisches Kampfflugzeug, eine F 16, bombardierte von diesen Truppen markierte Häuser. Damit war der Kampf vorüber. 136 Tote, darunter allerdings 50 Frauen und Kinder, zum Teil ertrunken auf der Flucht vor den Bomben in einem Fluss, der leider in diesen Tagen Hochwasser führte.

Meine Damen und Herren, dass wir uns nicht missverstehen: Dies ist nicht die Darstellung der afghanischen Seite oder der anderen Kriegsteilnehmer, sondern die Darstellung, die der Kollege Nachtwei, die Kollegin Künast und ich vom ISAF-Hauptquartier von diesem Vorfall bekommen haben. Dort war der Vorfall sehr gut bekannt, weil die gesamten Kampfhandlungen an dieser Stelle von einer Drohne überwacht worden sind.«

Nato-Dienststellen zucken nur mit den Achseln, wenn sie nach dem Beschluss des afghanischen Oberhauses gefragt werden. Die Nato macht in Afghanistan, was sie will – oder vielmehr: was die USA wollen.

Auf Grund der Zahlenlage und der Erfahrungswerte hinsichtlich von Kampfhandlungen der Nato ist anzunehmen, dass im ersten Halbjahr 2007 eher 4000 bis 8000 Zivilisten bei Nato-Luftschlägen ums Leben kamen als 300 bis 600.[38]

Demgegenüber sind im selben Zeitraum vielleicht 500 bis 1000 getötete Taliban zu vermelden – gegenüber 55 toten Auslandssoldaten.[39]

Jürgen Rose, ein aktiver Oberstleutnant der Bundeswehr aus München, der wegen seiner Weigerung, am Einsatz der Tornado-Aufklärer mitzuwirken, größere Bekanntheit erlangt hat, schreibt in einem seiner zahlreichen Zeitungsbeiträge: »Auch General Wolfgang Schneiderhahn, der amtierende Generalinspekteur der Bundeswehr, räumt ein, dass die Bundeswehreinheiten in Afghanistan

›jeden Tag‹ angegriffen werden. Ins Bild passt, dass die Bundeswehr ihren in Afghanistan eingesetzten Soldaten den sogenannten
›AVZ‹ – den ›Auslandsverwendungszuschlag‹ – in der höchsten
Stufe bezahlt, der nur gewährt wird, wenn ›kriegsähnliche Umstände‹ herrschen.«[40]
Die tatsächliche Lage der Bundeswehr in Afghanistan wird auch
durch die Menge der dorthin gelieferten Munition beschrieben,
wie sie auf Anfrage der Linksfraktion vom Verteidigungsministerium offengelegt werden musste (siehe Übersicht S. 37) – jedenfalls
teilweise, denn wie hoch die Lieferungen vom Eintreffen deutscher
ISAF-Truppen in Afghanistan am 2. Januar 2002 bis zum 21. April
2002 waren, bleibt ungeklärt.
Inzwischen haben sich bereits mehrere Dutzend Bundeswehrsoldaten, die ihre Aktivitäten in Afghanistan nicht mehr mit ihrem
Gewissen vereinbaren können, bei ihren Anwälten nach Möglichkeiten für eine anderweitige Verwendung innerhalb der Truppe
erkundigt. Dass die Bundeswehrführung davon nicht begeistert
ist, ist verständlich. Doch das von General Wolf Graf von Bau-
dissin begründete Prinzip der »Inneren Führung« besagt, dass der
»Staatsbürger in Uniform« gerade auch als Soldat seinem Gewissen verpflichtet bleibe und menschen- oder völkerrechtswidrige
Befehle nicht ausführen dürfe. Wenn der Soldat dann noch einen
persönlichen Gewissensnotstand nachweisen kann, muss er von
seinen Vorgesetzten eine andere, »gewissensschonende« Tätigkeit
zugewiesen bekommen – so geschah es im Fall von Jürgen Rose.[41]
Bei fortschreitendem Verfall der Lage in Afghanistan und zusehends eklatanter Aussichtslosigkeit des Einsatzes könnte es also
schwierig werden, Soldaten zu finden, die an den Hindukusch gehen. Denn die Rechtsgrundlage unseres Einsatzes am Hindukusch
ist tatsächlich als »umstritten« zu bezeichnen, ob man das in den
Ministerien wahrhaben möchte oder nicht. Wenn ernsthafte und
gestandene Bundestagsabgeordnete der Union wie Peter Gauweiler und Willy Wimmer dagegen klagen – und sich dabei, weil sie

Munitionslieferungen für den Zeitraum 22. April 2002–18. November 2005 für die deutschen Anteile ISAF in Afghanistan

Munitionsart	Anzahl	Verwendung für
Patrone 20 mm × 139	54 800	Maschinenkanone 20 mm
Patrone 18,2 mm × 67	686	Schrotgewehr
Patrone 18,2 mm × 70	700	Schrotgewehr
Patrone 40 mm	50 016	Granatpistole
Patrone 4,6 mm × 30	103 180	Maschinenpistole MP 7
Patrone 5,56 mm × 45	1 810 470	Gewehr G 36
Patrone 7,62 mm × 51	954 320	Maschinengewehr
Patrone 7,65 mm × 17	500	Pistole für Kuriere
Patrone 84 mm × 245	66	Beleuchtung mit schwerer Pzfst
Patrone 9 mm × 19	705 000	Pistole P8 u. Maschinenpistole
Spreng- und Zündmittel	33 811	Kampfmittelbeseitigung
Kartuschen	20 920	z. B. für Rettungsgerät
Leucht- und Signalmunition	9545	einschl. Täuschkörper für Luftfahrzeuge
Lenkflugkörper	361	Panzerabwehr (MILAN)
Handgranaten	6854	
Handgranate, Übung	40	
Granate, Abschussgerät	218	Nebelwurfkörper
Nichtletale Wirkmittel	270	Reizstoffe; Granatpistole Feldjägereinsatz
Panzerfaust 3	406	Munition mit Abschussgerät

Quelle: Anlage zu ParlSts beim Bundesminister der Verteidigung, Dr. Pflüger, 1680016 VIJ vom 6. Dezember 2005

zu zweit keine Fraktion sind, von der Linksfraktion unterstützen lassen, die dieselbe Klage erhebt –, dann ist der Bogen quer durch das deutsche Meinungsspektrum gespannt.

Dass es innerhalb der Truppe gärt und immer mehr Soldaten sich, unabhängig von der Rechts- und Gewissensproblematik, fragen, ob sie sich da an einem sinnvollen und aussichtsreichen Unternehmen beteiligen, kommt erschwerend hinzu.

Im Einsatz in Afghanistan entwickeln viele von ihnen Stresssyndrome und andere psychische Schwierigkeiten, die oftmals in ernsthafte soziale Konsequenzen münden. Auch zu diesem Thema war eine kleine Anfrage der Linksfraktion (Drucksachennummer 16/2587) eingereicht worden. In der Antwort heißt es, 2005 seien insgesamt 86 ISAF-Soldaten wegen posttraumatischer Belastungsstörungen (PTBS) in Behandlung gewesen.

Oberstarzt Dr. med. Karl-Heinz Biesold vom Bundeswehrkrankenhaus Hamburg, eine anerkannte Kapazität auf diesem Gebiet, erklärte dazu am Telefon,[42] der ISAF-Einsatz sei der mit der größten Häufigkeit von PTBS in der Bundeswehr. Internationale Studien hätten ergeben, dass die Dunkelziffer der betroffenen Soldat/inn/en, die sich nicht beim Arzt meldeten, drei- bis viermal höher liege als die Gesamtzahl der gemeldeten Fälle. Biesold unterschied eine Häufigkeit von 3 bis 5 Prozent bei friedenserhaltenden Maßnahmen, 20 Prozent bei Kriegseinsätzen. Gemessen an der Zahl der eingesetzten Soldaten, habe die Bundeswehr mit jetzt 100 Fällen jährlich eine offizielle Häufigkeit von unter 1 Prozent, er müsse jedoch rein statistisch davon ausgehen, dass sich etwa 800 Fälle melden müssten. Im Bundeswehrkrankenhaus Hamburg würden die meisten PTBS-Patienten behandelt.

Afghanische Nationalpolizei (ANP)

Die Entlohnung der Afghanischen Nationalpolizei (ANP) fällt mit monatlich 60 bis 70 US-Dollar so gering aus, dass Polizisten gewohnheitsmäßig darauf angewiesen sind, sich die zum Lebensunterhalt notwendigen Mittel an ihrem Einsatzort, auf der Straße, zu »beschaffen«. Die daraus erwachsende »Beschaffungskriminalität« treibt unvorstellbare Blüten. In der 28. Kalenderwoche 2007 stahl eine große Bande von Polizisten einen Konvoi von Tankfahrzeugen auf der Strecke von Sangin nach Kandahar, berichtete das afghanische Fernsehen. Erst als das Militär eingriff, kehrte wieder Ordnung ein. Bei uns werden solche Dinge lieber erst gar nicht erwähnt.

Schwerer als solche »Highlights« dürften aber die alltäglichen Rechtsverstöße der Polizei wiegen. Richard Bennett, der Menschenrechtsbeauftragte der Unterstützungsmission der Vereinten Nationen in Afghanistan (UNAMA),[43] führte in einer offiziellen Ansprache vor der afghanischen Polizeiführung und internationalem Fachpublikum in Kabul eine ganze Reihe von polizeilichen Übergriffen an: In afghanischen Institutionen werde gewohnheitsmäßig gefoltert, ohne Bestechung sei keine Freilassung von Gefangenen zu erreichen, immer wieder und auch nach Verbüßen der Haftstrafe würden Frauen und Mädchen unter sechzehn Jahren wegen irgendwelcher Beschuldigungen festgehalten und sexuell ausgebeutet. Weiterhin stellte er fest, Beschuldigungen seien oft falsch, so dass Unschuldige verurteilt würden, während die Schuldigen offenbar genügend bezahlen könnten, um rasch freizukommen.

Aber auch in der Bevölkerung sah Bennett Lernbedarf: Gewalt gegen Frauen bleibe ein Dauerproblem, auch, dass weibliche Opfer einer Vergewaltigung oft wegen Ehebruchs bestraft würden, während die Täter unbehelligt blieben. »Ehrenmorde« würden ungesühnt bleiben. Besonders schwerwiegend seien die Unterlassungen bei innerfamiliärer Gewalt, meinte Bennett. Offensichtlich sind Frauen rechtlos und haben bei dieser Polizei nur sehr geringe Chancen, erst recht dann, wenn sie mittellos sind.

Bennett forderte verantwortliches Handeln nicht nur Einzelner, sondern der gesamten Institution und warnte: »Die Lücke zwischen Gesetzbuch und Gesetzespraxis droht nicht nur die Glaubwürdigkeit der Regierung zu unterminieren, sondern letztlich auch die Effizienz der gegen Kriminalität unternommenen Anstrengungen.«

An seinen Forderungen lässt sich die ganze Misere ablesen, in der der Rechtsstaat Afghanistan fünf Jahre nach Errichtung seiner Interimsregierung unter Karzai steckt:

- Recht auf anwaltlichen Schutz,
- Polizei und Staatsanwaltschaft müssen als Institutionen und für jeden ihrer Mitarbeiter ein strafbewehrtes System der Verantwortlichkeit errichten,
- Anwendung der Menschenrechte bei allen Maßnahmen zur Verbrechensbekämpfung,
- es darf keine willkürlichen Festnahmen, geheimen Inhaftierungen, außerordentlichen Überstellungen, Verweigerung des Rechtsweges, Folter oder andere Misshandlungen, spurlos »Verschwundenen« mehr geben,
- stattdessen: bessere Zusammenarbeit zwischen Staatsanwaltschaft und Polizei, Einrichtung von Datenbanken, bessere Ermittlungsarbeit.

Zuständig für die Polizei in Afghanistan ist eigentlich Deutschland. Diese Aufgabe hat die Bundesregierung jedoch stets als Koordinationsaufgabe verstanden, nicht als Gesamtthema. Infolgedessen hat Deutschland seit 2002 mit 70 Millionen Euro, umgerechnet rund 90 Millionen US-Dollar, 16 000 Polizeioffiziere trainiert, während die USA für 40 000 Mann 862 Millionen US-Dollar bezahlten – umfangreiche Ausrüstung ist hier allerdings eingerechnet. Laut

Auswärtigem Amt (AA) sollen bis Jahresende 2007 bis zu 70 000 Polizisten das Training durchlaufen haben.[44]

Doch mit Training allein sei es wohl nicht getan, meinen Beobachter wie Judy Dempsey von der *International Herald Tribune,* wenn die Polizisten, alleingelassen mit ihrer lächerlichen Entlohnung, zum Spielball millionenschwerer Interessen von Drogenwarlords und schließlich selbst zu einem Teil des großkriminellen Systems würden, das bis in die Spitze des afghanischen Innenministeriums reiche und darüber hinaus (siehe Kapitel 2). Obwohl sich die beteiligten Politiker einig darin sind, wie wichtig dieses Thema für die gesamte Afghanistanmission ist, dauern diese Missstände an.

Und warum unternehmen die Afghanen selbst nichts dagegen? Dass die Regierung in Kabul in so schlechtem Licht erscheint, hat eindeutige und seit langem bekannte Gründe: Da in zwei Dritteln Afghanistans Kämpfe toben und unsichere Zustände herrschen, während in Kabul das blanke Chaos regiert, ist es ausgeschlossen, dass das Land brauchbar verwaltet werden kann. Präsident Karzai gebe freimütig zu, berichtet Professor Barnett Rubin von der Columbia University, New York,[45] dass er durch Geldmangel dazu gezwungen sei, in einer Zwischenlösung ungeeignete, weil korrupte und ihre Macht missbrauchende Kräfte wie Drogenwarlords einzusetzen, wo der Staat allein die Sicherheit nicht aufrechterhalten könne.

Dass die Nato diese Politik nicht bemerkt oder sie unabsichtlich geduldet haben könnte, kann wohl ausgeschlossen werden (zur Rolle der Nato-Staaten bei der Verfolgung dieser katastrophalen Politik siehe Kapitel 2).

Bei allem, was die Menschen in Afghanistan in den vergangenen dreißig Jahren hinter sich bringen mussten, ist es geradezu ein Akt pragmatischer Vernunft, wenn sie zunächst darauf setzen, sich selbst genügend zu bereichern, damit sie sich bei der nächsten Krise möglicherweise aus Hunger und Gefahr, Mord und Totschlag herauskaufen können.

Die neuesten Zahlen von den Opiummohnfeldern lauten:[46] In der Anbausaison 2007 ist die Anbaufläche gegenüber dem Vorjahr um 20 000 Hektar gestiegen – von 165 000 Hektar auf jetzt 185 000 Hektar, 92 Prozent des Weltmarkts werden hier produziert.[47] Und das, obwohl 20 000 Hektar vernichtet werden konnten. 2001, unter den Taliban, war man noch bei 8000 Hektar. Leidtragende sind inzwischen auch die armen Familien der unterbezahlten Produzenten in Afghanistan. In der Provinz Helmand seien 5 Prozent der Bevölkerung heroinabhängig, schätzt der Leiter der einzigen Entzugsklinik der Provinz in der Hauptstadt Lashkar Gah, Dr. Rozatullah Zai.[48]

Die Giftspritzen zur Erntevernichtung sind noch nicht eingesetzt worden, in diesem Punkt konnten sich die USA noch nicht gegen ihre Partner durchsetzen. So sieht das Ganze nun aus wie die alljährlichen Pumpaktionen der Rheinanlieger, wenn im Frühjahr das Hochwasser die Keller volllaufen lässt: Es bringt nicht viel, aber man hat das Gefühl, alles getan zu haben.

Größtes Einzelproblem bleibt der Drogenhandel, sagte denn auch Richard Holbrooke, der frühere US-Botschafter bei den Vereinten Nationen, Ende April 2007, kurz nach seiner Afghanistanreise.[49] Laut Holbrooke gefährdet die mangelnde Beliebtheit des Präsidenten die gesamte Kriegsanstrengung der Nato.

Tatsächlich halten die meisten Afghanen die amtierende Regierung für korrupter als das Regime der Taliban. In einer am 19. März 2007 veröffentlichten Umfrage[50] von Integrity Watch Afghanistan erklärten 60 Prozent der Befragten, die Zustände seien derzeit schlimmer als während der Sowjetherrschaft in den achtziger Jahren oder unter dem Talibanregime in den Neunzigern. Mit Geld könne man Regierungsämter kaufen, die Justiz umgehen oder der Polizei entkommen, erklärte die Organisation. »In den vergangenen fünf Jahren hat die Korruption Ausmaße erreicht, die unter früheren Regierungen nicht bekannt waren«, hieß es in ihrem Bericht. Das will etwas heißen, und zwar nicht etwa wegen der Taliban, die als ungewöhnlich ehrlich galten, sondern wegen der wilden Jahre davor bis zurück in die kommunistischen Zeiten während der Sowjetbesatzung. Als korrupteste Institutionen nannten die Befragten die Gerichte und das Innenministerium.

Die Korruption wirft enorme Gelder ab, die inzwischen zu Auswüchsen im Villenbau in Kabul geführt haben. Ganze Armenviertel müssen plötzlich der Bauwut von ein paar Drogenwarlords weichen.[51] Dass die Ärmsten des Landes überall ihre Häuser verlieren, ist mittlerweile üblich, denn das gesamte Rechtssystem funktioniert nicht mehr, wie bereits der zuständige UN-Berichterstatter und Spezialist für Katasterfragen, Miloon Kothari, am 11. April 2004 ausführlich bei CBC News berichtet hat. Kothari bezog sich vor allem auf den Distrikt Shirpur in Kabul und beklagte sich über Minister der Karzai-Regierung ebenso wie über alle Arten von Kriminellen und Drogenwarlords. Schon ein halbes Jahr zuvor hatte er namentlich den damals amtierenden Verteidigungsminister Marschall Muhammad Qasim Fahim und Erziehungsminister Yunus Qanooni als Landräuber benannt.[52]

Der Präsident

Hamid Karzai wurde 1957 im Paschtunenstamm der Popolzai geboren. Er gilt nicht als politische Größe, sondern verdankt seine Stellung hauptsächlich der Macht der USA und seiner Vergangenheit als Berater des amerikanischen Ölkonzerns Unocal,[53] bevor er sein jetziges Regierungsamt antrat.

Seit seinem Amtsantritt 2002 zunächst als Interimspräsident und später als gewählter Präsident hat er vergeblich versucht, seinen Einfluss in Afghanistan zu erweitern. Durch die ungeschickte Handhabung von Entwicklungshilfe, Militäraktionen und innenpolitische Einflussnahmen seiner alliierten Beschützer sind kleine Erfolge jedoch zunichte gemacht und weitere verhindert worden.

Als besonders schockierend erscheint die nirgends mehr geleugnete Tatsache, dass Wali, der Bruder Karzais, als größter Drogenwarlord des Landes enorme Summen kassiert.[54]

Mitte Juli 2007 enthob Karzai den Gouverneur der Provinz Kapisa, Abdul Sattar Murad, seines Postens, nachdem dieser ihn und die Lage im Land kritisiert hatte.[55] Die Taliban und Al-Qaeda profitierten vom »Autoritätsvakuum«, klagte der abgesetzte Gouverneur daraufhin im US-Fernsehen ABC.

Zehn Minister des Kabinetts haben US-Pässe. Und nicht nur an Wochenenden fragen sich die Mitarbeiter von Botschaften und anderen Institutionen, wie viele Kabinettsmitglieder wohl wieder den Flieger ins glitzernde Dubai genommen haben, um das beiseitegeschaffte Geld zu genießen.

Im britischen Unterhaus wurde die Korruption in Afghanistans Regierung ganz offen und freimütig debattiert,[56] niemand zweifelte daran, dass dies so sei. Inzwischen denken die Alliierten heimlich darüber nach, Karzai zu ersetzen. Das Problem dabei: Er ist immer noch besser bewandert in der (inter)nationalen Politik und besser einschätzbar als jeder mögliche Nachfolger.

Entwicklungshilfe: wachsendes Desaster

Auch im Entwicklungshilfesektor darf der Steuerzahler nicht wissen, worum es wirklich geht. Bestes Zeugnis dafür ist die schönfärberische Darstellung auf der offiziellen Website des Bundesministeriums für wirtschaftliche Zusammenarbeit und Entwicklung (BMZ).[57]

Neuanfang 2001

Seit 2001 stehen Afghanistan und die internationale Gemein-schaft vor der großen Herausforderung, den brüchigen Frieden zu erhalten und zu konsolidieren. Gleichzeitig müssen die wirt-schaftlichen, sozialen und politischen Strukturen des Landes neu aufgebaut werden. *Die ersten Schritte dazu sind getan:* Mit Unterstützung der internationalen Staatengemeinschaft *werden Stabilität hergestellt, staatliche, demokratische Institutionen aufgebaut, die Zivilgesellschaft gestärkt und der soziale und wirtschaftliche Wiederaufbau vorangebracht.* Der 2001 einge-leitete Petersberger Prozess, ein Meilenstein der Demokratisie-rung und Friedenskonsolidierung, fand mit den afghanischen Parlamentswahlen vom September 2005 ein Ende. *Heute sind die wesentlichen demokratischen Institutionen etabliert. Nun gilt es, die bisherigen Erfolge zu konsolidieren* und sich für die wei-tere wirtschaftliche und soziale Entwicklung eines der ärmsten Länder der Welt einzusetzen.

Die afghanisch-deutschen Beziehungen haben eine lange und positive Geschichte, die bis in die Anfänge des 20. Jahrhunderts zurückreicht. Auch deshalb ist Afghanistan ein Schwerpunkt-partnerland der deutschen Entwicklungszusammenarbeit, und die Bundesregierung hat beim Wiederaufbau des Landes eine führende Rolle übernommen. Voraussichtlich wird dieses Enga-gement noch lange andauern müssen, um den demokratischen Neuanfang in Afghanistan zu sichern. *Dafür engagiert sich Deutschland auch durch die Entsendung von Truppen: Bis zu 3000 Soldatinnen und Soldaten beteiligen sich in der internatio-nalen Sicherheitsbeistandstruppe (ISAF) daran, den Frieden in Afghanistan zu sichern.*

(Hervorhebungen von mir, CRH)

45

Der britische Senlis Council hält auch hier erschreckende Fakten bereit, die zeigen, wie sich das gewaltige Ungleichgewicht, das sich im Verhältnis von etwa 10:1 zwischen den Aufwendungen für Militär und der Entwicklungsarbeit manifestiert, an den Menschen in Afghanistan auswirkt:

Hunger	7 Mio., 22 % der Bevölkerung
Unterernährung	20,4 %
Lebenserwartung	44 Jahre
Kindersterblichkeit	13,5 %
Sterblichkeit unter 5 Jahren	25 %
Sauberes Wasser in Städten	38 %
Sauberes Wasser auf dem Lande	7 %
Angemessene sanitäre Einrichtungen	12 %
Alphabetismus	28,1 %[58]
Alphabetismus bei Frauen	15 %

Das Versagen auf afghanischer Seite wird ergänzt durch teilweise nicht genügend systematisches Arbeiten auf der Seite der Geberländer. Die Pressestelle des BMZ konnte mir nicht erläutern, wie sich die bis Ende 2007 angeblich auf 11,3 Milliarden Euro anwachsende Entwicklungshilfe aller Geberländer zusammensetzt; dem stehen mindestens 120 Milliarden Euro für die sogenannte Sicherheit – also: für die immer weniger sichere Lage – gegenüber. Die Zahl 11,3 habe man aus allen Budgets der Geberländer selbst zusammenstellen müssen, erläuterte mir der Sprecher des BMZ am 20. Juli 2007 per Telefon. Wenn die Übersicht über die zur Verfügung stehenden Mittel schon zu wünschen übrig lässt, kann eine abgestimmte Entwicklungspolitik für Afghanistan schon gar nicht existieren.
2007 betragen die deutschen Ausgaben 100 Millionen Euro, gleichzeitig werden bis zu 700 Millionen Euro[59] für unseren Mili-

täreinsatz aufgewendet. Diese 100 Millionen setzen sich wie folgt zusammen:

»Technische Zusammenarbeit« insgesamt: 30 Mio., davon:	
– Energie, Leitungen, Wasserkraft	20 Mio.
– Nachhaltige Wirtschaftsentwicklung (Kredite)	4,2 Mio.
– Wasserversorgung/Abwasser	3,8 Mio.
– Grundbildung (Grundschulen etc.)	1,5 Mio.
– »Good Governance« (Regierungsarbeit)	1 Mio.

»Finanzielle Zusammenarbeit« für Afghanistan Reconstruction Fund als Gemeinschaftsaufgabe fast aller der über 40 Geberländer: 20 Mio.

Außerdem:	
»Stabilitätspakt«	30 Mio.
Polizei-Aufbau	10 bis 12 Mio.
Rest: Auswärtiges Amt	ca. 8 Mio.
– Kleinstprojekte	
– Richterausbildung	
– Kulturaustausch	
Gesamt	**100 Mio. Euro**

Hervorragende und erfahrene Fachleute arbeiten für die Gesellschaft für Technische Zusammenarbeit (GTZ). Man ist auch so weit, dass man inzwischen alle Hilfsprojekte mit der örtlichen Bevölkerung abstimmt.

Trotzdem ist es auch fast sechs Jahre nach Anlaufen der Hilfsleistungen für Afghanistan immer noch nicht gelungen, die Entwicklungsarbeit innerhalb einer afghanischen Provinz in ein strategisches Gesamtkonzept zu bringen. Wenn es daran schon mangelt, kann es auch keine genaue, aus den Distrikten über die Provinzebene von unten nach oben aufgebaute nationale Strategie geben. Wohl aber gibt es grundsätzliche und zum Teil auch ein wenig detailliertere Überlegungen, wo bestimmte Schwerpunkte, auch regional, zu setzen seien. Die Bevölkerung vor Ort hatte allerdings nicht die Chance, an deren Erstellung mitzuwirken.

Dass unter diesen Umständen eine Menge Geld versickert, wäre auch in Deutschland nicht anders. Dass die weitverbreitete Korruption bei solchem Planungsunvermögen erst richtig zulangt, ist ebenfalls klar. Eine Strategisierung der Entwicklungsarbeit, wie seit Jahren gefordert, könnte die Korruption erheblich eindämmen, weil dann alle, auch auf der Provinzseite, besser informiert wären über die exakten Gelder, die Themen und die Zeitrahmen. So aber verschwinden zwei Drittel der gesamten Entwicklungshilfe in der Korruption, schätzt der Interimschef der afghanischen Notenbank, ein Neuseeländer, im persönlichen Gespräch.

Militärisch, politisch, sozial und ethisch ist das Afghanistan-Engagement bisher gescheitert. Der Verlust an Steuergeldern in den Geberländern ist gewaltig, zig Milliarden Euro wurden fehlinvestiert. Viel schlimmer als der finanzielle Verlust ist aber die Gefahr einer Ausweitung des Krieges, auf die wir nicht vorbereitet sind. Der amerikanische Journalist Christian Parenti hat die Lage in Afghanistan in einem am 1. Dezember 2006 erschienenen Beitrag so zusammengefasst:[60] »Dieses Projekt ist verloren – und es wird wohl nichts besonders Gutes nachfolgen.«

Bereits am 21. und 22. November 2002 druckte *The News*, die größte englischsprachige pakistanische Zeitung, unter dem Titel »Das Afghanistan-Experiment droht zu scheitern« zwei ausführliche Beiträge, verfasst vom Autor dieser Zeilen. Nun ist genau das eingetreten. Doch fast alles, was wir hören, sind Beschönigungen.

Auffällig ist, dass darüber kaum öffentlich ehrlich gesprochen wird – und dass nichts Einschneidendes geschieht, um die eklatanten Missstände zu ändern.

Der Konfliktfall Afghanistan ist für Deutschland die gigantischste Verschwendung von Menschenleben und Steuergeldern seit dem Zweiten Weltkrieg. Über die Hintergründe dieser Entwicklung informiert das folgende Kapitel.

* * *

> »Wie geht's zu in der Welt?
> Wie bei einer Schafherde:
> Eins fällt in den Graben,
> Der Rest springt hinterher.«
> Kabir[61]

KAPITEL 2

Die Hintergründe

Die Position der Nato in Afghanistan einzig aus der Lage nach dem mörderischen Anschlag des 11. September 2001 zu betrachten greift zu kurz.

Angefangen vom Perserkönig Kyros II. (600 v. Chr.) über Alexander den Großen (um 300 v. Chr.) bis zu Strömungen des Buddhismus, die in Gegenrichtung bis in den heutigen Iran zogen: Afghanistan blieb immer die Schwelle, die genommen wurde, um weiterzuziehen. Nur Großbritannien verhielt sich historisch ungewohnt: Es präsentierte sich in den letzten beiden Jahrhunderten am Hindukusch als Weltmacht, die an dieser strategischen Zugangsschwelle ihr sonst für jeden Eroberer offen daliegendes indisches Großreich schützen wollte. Britische Rückschläge wie in der Schlacht bei Gandamak (nur einen Arzt ließen die Paschtunenkrieger am Leben, damit er die Nachricht vom Desaster in die Welt hinaustrage) lernt jedes afghanische Kind voll Stolz in der Schule.

Deutschlands enge Freundschaft mit Afghanistan hat ihren Ursprung in der Reise einiger tapferer Soldaten der kaiserlichen Kavallerie durch das wilde und so majestätisch schöne Land. Die kleine Gruppe hatte den Auftrag, mitten im Ersten Weltkrieg Afghanistan zum Abfall von England zu bewegen, um so das unter britischer Herrschaft stehende indische Großreich angreifbar zu machen und in der Region einen kräftezehrenden neuen Kriegsschauplatz für das Vereinigte Königreich eröffnen zu helfen. Dieser Schachzug misslang – aber die Freundschaft zwischen Deutschen und Afghanen wurde eine Erfolgsstory. Bis 2001.

Nach den Engländern kamen die Russen. Im Gefolge der Kubakrise hatten die USA in einem Geheimvertrag mit der Sowjetunion untereinander die Welt in Einflusszonen aufgeteilt. Afghanistan stand somit unter sowjetischem Einfluss, und in den sechziger Jahren haben die USA dies in der Region auch weitgehend respektiert. Doch 1974 begann die Ausbildung junger patriotischer Afghanen aus der aufblühenden islamischen Bewegung des Landes in einem kleinen pakistanischen Fort in der Nähe der berühmten Grenzstadt Peschawar – ich habe die pakistanischen Ausweise der Kämpfer mit eigenen Augen gesehen. Alles, was heutzutage Rang und Namen hat in der Garde der antiamerikanischen Kämpfer, war damals dabei: von Gulbuddin Hekmatyar bis Jalaluddin Haqqani. Das Kalkül der Amerikaner ging auf, die Sowjetunion wurde in einen asymmetrischen Abnutzungskrieg am Hindukusch verwickelt und musste nach zehn Jahren ebenso vergeblicher wie erheblicher Bemühungen auf militärischem und entwicklungspolitischem Gebiet das Land verlassen. Die von den USA dominierte Politik ersparte dem zusammenbrechenden Sowjetreich jegliche Reparationen: für 1,3 Millionen Tote unter den Afghanen und für verödete Landstriche, die nach der Bombardierung in Jahrtausenden gewachsener kunstvoller Systeme zur Bewässerung der Dürre anheimfielen. Stattdessen entstand eine Art Allianz der Einmischungskräfte, in der sich Pakistan, Iran, Russland, die USA, Großbritannien, Saudi-Arabien und andere zusammenfanden und die unter anderem verhindern sollte, dass die islamische Bewegung frei von ausländischer Kontrolle die Macht im Land ergriff. Zehntausende weiterer Opfer und komplette wirtschaftliche und

soziale Stagnation hatte diese Politik zur Folge, die schließlich –
mit US-Unterstützung und operativ in den »erfahrenen und bewährten« Händen des pakistanischen Militärgeheimdiensts ISI (=
Inter-Services Intelligence) – zur Machtergreifung durch die Taliban in fast ganz Afghanistan führte.

Bei einem Vortrag der Hanns-Seidel-Stiftung im Dezember 2003
in München fasste der ehemalige ISI-Chef Asad Durrani das US-
Engagement am Hindukusch während der rund dreißig letzten Jahre so zusammen: Es sei immer um die Kontrolle der Rohstoffströ-

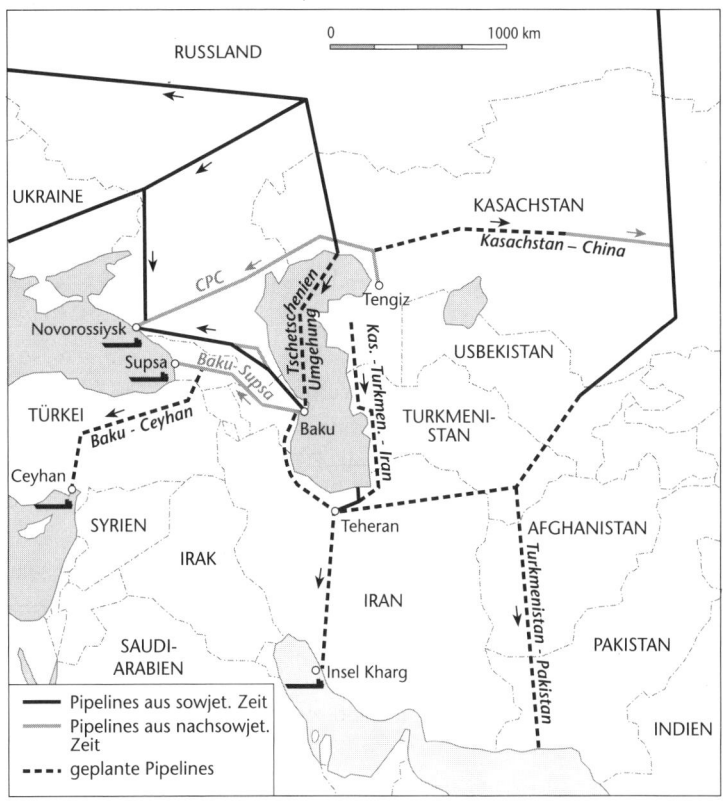

Ölpipelines (bestehende und geplante)

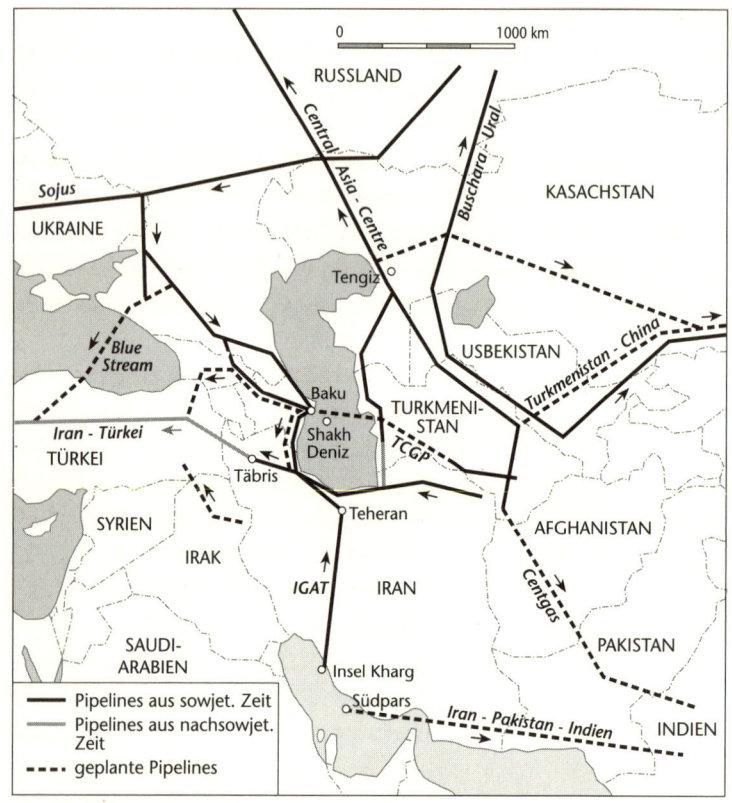

0   1000 km

RUSSLAND

Central Asia - Centre

Buchara - Ural

Sojus

UKRAINE

KASACHSTAN

Tengiz

Blue
Stream

USBEKISTAN

Turkmenistan - China

Baku

TURKMENI-
STAN

Iran - Türkei

Shakh
Deniz

TCGP

TÜRKEI

Täbris

Teheran

SYRIEN

AFGHANISTAN

IRAK

IGAT   IRAN

Centgas

SAUDI-
ARABIEN

Insel Kharg

PAKISTAN

Südpars

Iran - Pakistan - Indien

INDIEN

— Pipelines aus sowjet. Zeit
— Pipelines aus nachsowjet.
  Zeit
- - - geplante Pipelines

Gaspipelines (bestehende und geplante)

me in der Region gegangen. Öl und Gas sollten in US-dominierten
Pipelines aus den ehemaligen südsowjetischen Republiken in den
pakistanischen Verladehafen Karachi gebracht werden und, fürwahr ein »großer« Traum, nach Indien.
Auch der pakistanische Journalist Ahmed Rashid, Korrespondent
des *Daily Telegraph* für Zentralasien und Afghanistan, sieht in der
Kontrolle über die Rohstoffströme ein wichtiges Motiv und un-
terstreicht den Stellenwert, den die Pipelinepläne für die US-Au-

ßenpolitik haben. Vor diesem Hintergrund wird verständlich, dass die USA frühzeitig damit begonnen haben, durch die CIA geheime Kommandoaktionen in Afghanistan durchführen zu lassen, um die Taliban unter Druck zu setzen.

So berichtete die *Washington Post* am 18. November 2001 auf ihrer Titelseite, dass die CIA bereits seit 1997 paramilitärische Operationen im Süden Afghanistans durchführe. Als Verfasser des Berichts zeichnete Bob Woodward, ein durch die Watergate-Affäre berühmt gewordener Journalist der *Post,* der über gute Quellen in den Führungsspitzen von Militär und Geheimdiensten verfügt.

Woodward, dessen Name seit Jahrzehnten für hervorragende Informationen bürgt, nannte Einzelheiten über die Rolle der CIA in der gegenwärtigen militärischen Auseinandersetzung, bei der auch eine paramilitärische Spezialeinheit der CIA eingesetzt wurde, die sogenannte Special Activities Division (SAD). Die Kampfhandlungen dieser Einheit begannen am 27. September 2001. Sowohl Bodentruppen als auch mit Raketen bestückte ferngesteuerte Überwachungsflugzeuge kamen zum Einsatz.

Die SAD, berichtet Woodward, »ist aus Teams zusammengesetzt, die jeweils etwa ein halbes Dutzend Männer umfassen. Sie tragen keine Militäruniform. Die Abteilung verfügt über rund 150 Kämpfer, Piloten und Spezialisten. Sie besteht aus bewährten pensionierten Veteranen des US-Militärs. Seit 18 Monaten arbeitet die CIA mit Stammesführern und Warlords im südlichen Afghanistan zusammen. Die Einheiten der Special Activities Division beteiligten sich am Aufbau eines umfassenden neuen Netzwerks in dieser Region, die das wichtigste Einflussgebiet der Taliban darstellt.«

Ein besonders wichtiger Verbündeter bei diesen Aktivitäten war auch der im Herbst 2001 von den Taliban hingerichtete Abdul Haq, Bruder des späteren afghanischen Vizepräsidenten Abdul Qadir. Robert McFarlane, der ehemalige Nationale Sicherheitsberater der Reagan-Regierung, berichtet darüber in einem Artikel für das *Wall Street Journal* vom 2. November 2001: Demnach hatten zwei wohlhabende Börsenspekulanten aus Chicago, die Brüder Joseph und James Ritchie,[62] McFarlane angeheuert; McFarlane sollte zwei Aufgaben erfüllen: Einerseits sollte er helfen, unter den afghanischen Flüchtlingen in Pakistan Kämpfer gegen die Taliban anzuwerben. Sehr schnell kamen sie dabei auch in Verbindung mit Abdul Haq, denn der ehemalige Kommandeur der Mudschaheddin war eine zentrale politische und militärische Figur in Südost-Afghanistan. So kam es, dass McFarlane im Herbst und Winter des Jahres 2000 mehrmals mit Abdul Haq und anderen ehemaligen Mudschaheddin[63] zusammentraf. Auch die Brüder Ritchie reisten nach Pakistan.

Andererseits sollte McFarlane im Auftrag des politisch hochaktiven Bruderpaars wichtige Kontakte in die US-Regierung herstellen. Nach dem Amtsantritt der Bush-Regierung vermittelte McFarlane denn auch mit Hilfe seines Netzwerks von Beamten des Außenministeriums, des Pentagons und sogar des Weißen Hauses einige Treffen mit Mitgliedern der Republikanischen Partei. Wie die Brüder Ritchie es gewünscht und sich erhofft hatten, unterstützten alle Seiten die Vorbereitung einer Militäraktion gegen die Taliban. Noch während des Sommers 2001, mehrere Monate vor den US-Luftangriffen gegen Afghanistan, reiste James Ritchie mit Abdul Haq und Peter Tomsen[64] nach Tadschikistan, um sich mit Ahmed Schah Massud, dem Führer der Nordallianz, zu treffen. Das Ziel: Massud, letzter verbliebener Widerständler von Rang gegen die Taliban, und Haq sollten ihre militärische und politische Planung im Kampf gegen die Taliban miteinander abstimmen. Seit der Zeit des antisowjetischen Abwehrkampfs gehörte Massud zum Kreis der Geldempfänger des britischen Auslandsgeheimdienstes MI6. Als Geldbote fungierte in der Frühzeit eine ebenso junge wie hübsche britische Krankenschwester, später, nach dem Abzug der Sowjets, kamen auch schon mal abenteuerlustige Exagenten im Alter zwischen sechzig und siebzig zu Besuch.

Laut McFarlane plante Abdul Haq, ab Mitte August 2001 mit den

Operationen in Afghanistan zu beginnen. Die letzten Vorbereitungen musste Haq dann von seiner zweiten Heimat, der pakistanischen Grenzstadt Peschawar, aus treffen, wo die Ritchie-Brüder ihm im Nobelviertel Hyattabad eine großzügige Villa gesponsert hatten. All diese Schritte lagen deutlich vor den Anschlägen vom 11. September.

In den US-Medien heißt es zumeist, die Ritchies hätten auf eigene Faust gehandelt, weil sie sich mit Afghanistan verbunden fühlten. (Der Vater der beiden Brüder hatte dort in den fünfziger Jahren als Bauingenieur gearbeitet, die Familie mit den beiden Söhnen hatte ihn zeitweilig begleitet.) Doch die Einbeziehung derart hochkarätiger ehemaliger Amtsträger und Abgeordneter spricht eine andere Sprache: Es sieht eher so aus, als sei diese Bindung der Ritchies an Afghanistan eine gute Legende gewesen, um unter dem Deckmantel privaten Engagements die Interessen der Bush-Regierung voranzutreiben. Alles deutet darauf hin, dass diese Ambivalenz dem Familienclan um Abdul Haq auch sehr bewusst war. Das gab ihm zunächst ein Gefühl der Sicherheit, das sich jedoch als trügerisch erweisen sollte.

Denn trotz der Einführung durch McFarlane galt Abdul Haq nach anfänglicher Begeisterung in Washington als »unzuverlässig«, weil er mit seinem Einsatz verhindern wollte, dass die USA der mit ihr verbündeten Nordallianz in seiner (rein paschtunischen) Heimatprovinz Nangarhar zu großen machtpolitischen Spielraum gewährte. Das tat er nicht unbedingt nur aus regionalem machtpolitischem Eigennutz, sondern auch, weil er nur zu gut wusste, dass die US-Politik zu einem mörderischen Bürgerkrieg zwischen den beiden wichtigsten Volksgruppen im Südosten Afghanistans führen würde. So haben es mir Mitglieder seiner Familie und andere Beobachter dargestellt, und das erscheint durchaus glaubhaft.

Haq wurde im Oktober 2001 von den Taliban hingerichtet, nachdem er erfolglos versucht hatte, in seiner Heimatprovinz Nangarhar einen Aufstand gegen die Taliban auszulösen. Bis heute macht seine Familie dafür auch die USA und ihre mangelhafte Unterstützung Haqs während der riskanten Aktion gegen die Taliban verantwortlich. Wenn diese Familie sich jetzt, im Jahr 2007, zumindest teilweise gegen die USA stellt, so ist diese politische Entscheidung auch vor dem Hintergrund der Ereignisse Ende 2001 zu sehen.

FAZIT: Die CIA attackierte seit dem Frühjahr 2000 das afghanische Regime – ein Verhalten, das die amerikanische Regierung im umgekehrten Fall als Terrorismus bezeichnen würde. Aber die USA griffen auch zu Drohungen, beispielsweise in einer »track two« genannten Verhandlungsrunde, zu der hochrangige ehemalige Offizielle der »6 + 2-Gruppe« auf Einladung von Francesc Vendrell, dem neuen Afghanistan-Sonderbeauftragten des UN-Generalsekretärs, in einem Berliner Hotel zusammenkamen. Pakistans Exaußenminister Niaz Naik nahm ebenfalls teil und berichtete von handfesten Kriegsdrohungen der US-Vertreter gegen die Taliban-Regierung.[65] Und der französische Geheimdienstexperte Jean-Charles Brisard gab in einem Interview die Formulierung eines der eingeschalteten US-Offiziellen so wieder: »Die Taliban mögen den von den USA angebotenen Goldenen Teppich [Entwicklungshilfe, Aufbauleistungen, Wirtschaftsvorteile; *Anm. d. Autors]* akzeptieren – oder sich unter einem Bombenteppich begraben lassen.«[66] Dieses aggressive Vorgehen der USA, zu dem Kommando-Kampfaktionen ebenso gehörten wie diplomatische Drohungen, ging den Anschlägen von 9/11, die das World Trade Center zum Einsturz brachten und das Pentagon beschädigten, demnach um mehr als ein Jahr voraus.

Weit wichtiger und interessanter als die Nadelstiche der Sonderkommandos sind jedoch die umfangreichen diplomatischen und politischen Schritte, die die USA unternahmen, um dem Rest der Welt unmissverständlich klarzumachen, dass Washington in Bezug auf die Kontrolle der Pipelines keinen Spaß versteht. *Le Monde Diplomatique* hat diese Vorgeschichte in ihrem Januar-Heft 2002

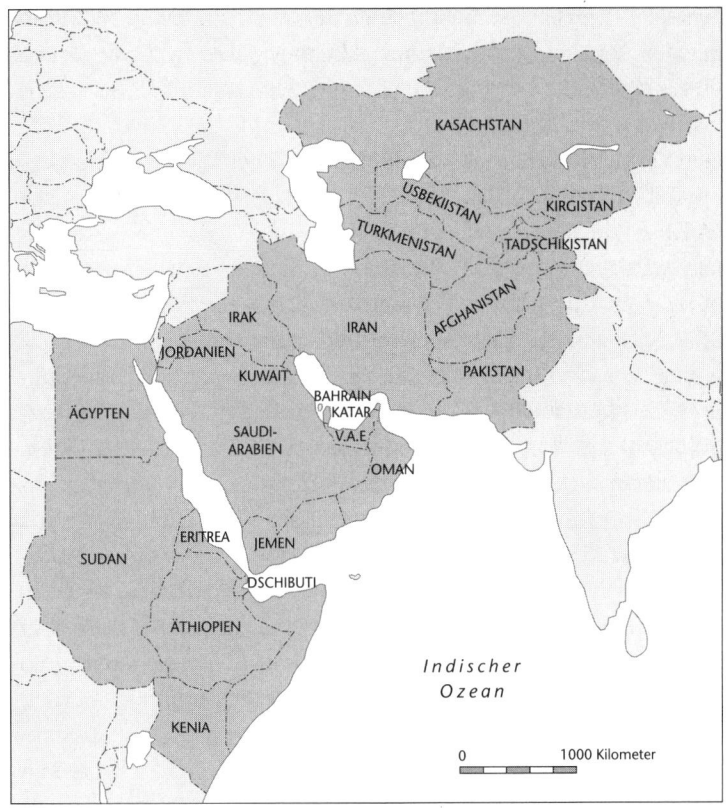

Zuständigkeitsbereich des US-Central-Command

zusammengetragen und beleuchtet.[67] Heraus kommt eine lange Litanei von Fehlschlägen, die sämtlich mit der Weigerung der Taliban zusammenhängen, Osama bin Laden an die USA auszuliefern. Bin Laden wiederum, der wohl die Kolonialisierung der kompletten Region und damit auch seiner saudischen Heimat durch die USA und ihre Verbündeten vorhersah, hat sich in diesen Jahren amerikanischer Machtausdehnung im Bereich des sogenannten Central Command immer weiter radikalisiert.

Neuere Pläne für eine Gaspipeline, die Indien via Pakistan aus iranischen Quellen versorgen soll, gewinnen jetzt, im Hochsommer 2007, langsam Kontur – und stoßen selbstverständlich auf starke Gegnerschaft der USA.[68]

Wie die Geschichte zeigt, sind solche Entwicklungen jederzeit geeignet, militärische Angriffe der USA gegen die Akteure auszulösen. Bereits in der »Carter-Doktrin«, die der damalige US-Sicherheitsberater Zbigniew Brzezinski 1979 maßgeblich gestaltete, werden die vitalen Interessen der USA so definiert, dass auch die Sicherung der Energierohstoffbasis einbezogen ist. Sollte es jedoch zu einem US-Angriff auf den Iran kommen – und die Wahrscheinlichkeit dafür wächst zusehends –, wären sofort alle Kriegsteilnehmer im benachbarten Afghanistan Mitkombattanten in diesem neuen Krieg am Persischen Golf. Die Bundesregierung hat sich auf diese Möglichkeit überhaupt nicht vorbereitet – sie würde mit den gegenwärtigen Abmachungen und in dem Moment, da die USA von ihren Gewohnheitsrechten Gebrauch machen, zu denen umfassende US-Transitrechte zu Wasser, zu Lande und in der Luft sowie die Nutzung der US-Militärbasen auf unserem Gebiet gehören, völkerrechtlich sofort in den Kombattantenstatus »hineinrutschen«.[69]

Ein weiteres Motiv für das militärische Engagement in Afghanistan ist die fortschreitende Einkreisung Irans und Chinas, zu der US-geführte Besatzungskräfte in Afghanistan einen entscheidenden Beitrag leisten. Willy Wimmer, CDU-Bundestagsabgeordneter und ehemaliger Staatssekretär im Verteidigungsministerium, hat sich zu diesem Thema im März 2007 in einem spektakulären Interview geäußert, das leider – wie so vieles – in der öffentlichen Wahrnehmung untergegangen ist:[70]

»Wir müssen feststellen, dass die Situation in Afghanistan aus dem Ruder gelaufen ist. Die Taliban, aber auch die terroristische Organisation Al-Qaeda hätten ohne die Unterstützung der

Vereinigten Staaten, Saudi-Arabiens und Pakistans nie entstehen können. Die Amerikaner haben sich ihre Bedrohung selbst geschaffen. Und der politische Anspruch, den ich in diesem Zusammenhang habe, ist der, dass mir das Leben deutscher Soldaten zu schade ist, um für die Fehler von Verbündeten aufs Spiel gesetzt zu werden. Solidarität kann nicht so weit gehen, dass wir für das Fehlverhalten Dritter die Unversehrtheit unserer Soldaten gefährden. […]

Der afghanische Präsident Karzai hat mir vor wenigen Wochen unter sechs Augen gesagt, die Amerikaner hätten den Krieg vor drei Jahren zu Ende bringen können. Ich stelle mir die Frage, warum das nicht geschehen ist. […]

Wenn wir heute vor einer Bedrohung stehen, die gleichwohl größer ist als noch vor fünf Jahren, dann kann etwas in der Politik nicht stimmen. Vielmehr müssen wir uns fragen, welcher unserer Bündnispartner welche Interessen im Zusammenhang mit dem Krieg in Afghanistan hat. Gibt es Verbündete, die den Konflikt wirklich beenden wollen, oder gibt es auch andere, die sich auf Dauer in dieser Region aus ganz anderen Gründen festsetzen wollen?

Ich komme viel in der Welt herum, und ich konnte schon in den neunziger Jahren feststellen, dass die Vereinigten Staaten ein strategisches Interesse an dieser Region hatten. Ausgehend von der Frage, wie aus Zentralasien Erdgas und Erdöl zur Versorgung Indiens herangezogen werden kann – und zwar nach Möglichkeit unter Vermeidung von Trassen, die durch den Iran führen. Mir stellt sich die Frage, ob man uns aus diesen übergeordneten strategischen Gründen für Jahrzehnte in Afghanistan binden will.

Wenn dies so ist, dann hat das mit dem ursprünglichen Charakter der Nato nichts mehr zu tun. Zu Ihrer Frage nach dem Ausstiegsszenario: Zu einer Bestandsanalyse muss – wie schon erwähnt – die Frage nach den Intentionen der Beteiligten gehören.

Ich kann mich noch gut daran erinnern, dass in den neunziger Jahren von der afghanischen Führung immer wieder davon gesprochen wurde, dass man einen Krieg gegen Pakistan führen wolle. Und von der pakistanischen Seite wurde eine Menge unternommen, um den Konflikt in Afghanistan weiter köcheln zu lassen. Wir machen den Fehler, dass wir alles unter dem Sammelbegriff Taliban in einen Topf werfen. In Wirklichkeit ist alles viel komplizierter, als dies öffentlich immer dargestellt wird. Solange ich dieses komplizierte Geflecht nicht sauber untersucht habe und daraus politische Schlüsse ziehe, befürchte ich, dass wir uns eher mit der Frage beschäftigen müssen, ob ein Ausstieg verhindert werden soll, und nicht mit der Frage, ob man den Ausstieg aus dem Krieg in Afghanistan haben will.«

Das dürfte die in der gebotenen Kürze präziseste, seriöseste und offenste Darstellung der Realität in Zentralasien sein, die bisher zu finden ist.

Ein Verlierer der Kriegshandlungen in und um Afghanistan steht schon fest: Pakistan. Die Grenzprovinzen des Landes werden in den kommenden Monaten stark destabilisiert werden, der Krieg schwappt über die afghanische Grenze.[71] Im Verlauf des Jahres 2007 könnte es zu einem Wahlsieg der Parteien der islamischen Bewegung in Pakistan kommen – eine weitere Folge des Krieges an der Grenze.

Grundlage des Scheiterns am Hindukusch: die US-Luftwaffendoktrin

Die Berichterstattung über zivile Opfer des US-Bombardements auf Afghanistan setzte praktisch sofort nach Beginn des Krieges am 7. Oktober 2001 ein. Dabei ist immer wieder von Kollateralschäden die Rede. Noch in der aktuellen Diskussion des Jahres

2007 mit der scharfen Kritik von Präsident Karzai an den amerikanischen Lehnsherren klingen die Themen Fahrlässigkeit, Inkaufnahme und Unabsichtlichkeit klar an.

Bei diesen Begriffen handelt es sich aber leider um sachlich nicht gedeckte Beschönigungen, die von Unkenntnis der gültigen US-Militärdoktrin für den Luftkrieg zeugen. Ein komplettes Durcheinander in der Berichterstattung ist die Folge: Je nach politischer Ausrichtung eines Mediums ertönt die US-Kritik schwächer oder stärker. Kaum ein Medium[72] jedoch meldet, was Sache ist: Absicht. Offen erklärte, dokumentierte, begründete strategisch eingesetzte Absicht.

Als einziger westlicher Reporter mit einem neuen »Taliban-Visum« für volle Bewegungsfreiheit im Lande nach 9/11 habe ich in meinen Reportagen und Interviews per Satellitentelefon immer wieder mit den Redakteuren der Sender darüber gesprochen, dass ich die Bombentreffer am Wegesrand gemeinsam mit der lokalen Bevölkerung daraufhin untersucht habe, ob irgendwelche militärisch wichtigen Ziele direkt dort oder in der Umgebung gewesen seien. So systematisch ich auch viele Trefferplätze untersuchte – bis zu einem Radius von 500 Metern, den abzusuchen ich mir vorgenommen hatte, fand ich ausschließlich zivile Ziele. Ein innerhalb dieses Radius getroffenes ziviles Ziel konnte kein »Kollateralschaden« sein, war meine Überlegung. Ein Treffer mitten in ein rein ziviles Umfeld von über 60 000 Quadratmeter Größe – das musste ein »Irrtum«, ein »Ausrutscher« sein. Davon jedoch gab es zu viele, erst recht in Anbetracht der Tatsache, dass der Weltöffentlichkeit (wie üblich) »chirurgische Schläge« gegen die »militärische Infrastruktur« der Taliban angekündigt waren.

Die Tatsache, dass alle Afghanen, die ich sprach, von derartigen Bombentreffern auf zivile Ziele berichten konnten, weitab von militärischer Notwendigkeit, wie sie die Genfer Konvention vorsieht, diese Tatsache brachte mich zu der furchtbaren Schlussfolgerung, dass es sich nur um Absicht handeln konnte.[73]

Inzwischen habe ich Jürgen Roses Beitrag im *Freitag* entnehmen können, dass die Bekämpfung ziviler Ziele dem Luftwaffengeneral John A. Warden zu »danken« ist. In einem bereits 1995 veröffentlichten Beitrag zu dem bei der Air University Press, dem Verlag der US-Air Force, erschienenen Band *Battlefield of the Future. 21st Century Warfare Issues* (sinngemäß: »Das Schlachtfeld der Zukunft. Themen der Kriegführung im 21. Jahrhundert«) hat Warden, damals noch Oberst (Colonel), aus Angriffen auf die Zivilbevölkerung ein System gemacht, das ohne internationale Zivilschutzregeln auskommt, da es, wie er ausführt, ohne die Beachtung solcher Regeln viel effizienter ist.

Warden sagt: »Im Gegensatz zu Clausewitz ist die Zerstörung des feindlichen Militärs nicht das Wesen des Krieges. Wesen des Krieges ist, den Feind zu überzeugen, unsere Position zu akzeptieren, und *seine militärischen Truppen zu bekämpfen ist* bestenfalls ein Mittel zum Zweck und schlimmstenfalls *eine totale Verschwendung.*«[74] Im selben Dokument stellt Warden fest: »Unser primäres Interesse ist, ein Verständnis dessen zu erhalten, was nötig ist, um einem Feind unerträgliche Kosten aufzuerlegen oder ihn strategisch oder operationell zu lähmen.«

Danach untersucht Warden die Organisationsstruktur der verschiedensten »Systeme« – und ihrer möglichen Feinde. Dann arrangiert er diese Tafel in Form eines Ringsystems, das wohl den soldatischen Sehgewohnheiten bei der Zielsuche besser angemessen ist. Wissenschaftlich ist das Ganze keineswegs, wie mehrere Absolventen von Wardens Militärakademie später schrieben, aber es sieht praktischer aus. Diese schattenhafte akademische Debatte täuscht nicht darüber hinweg, dass Wardens Gedanken zur Kriegführung strikt an allen internationalen Konventionen vorbeigehen. Artikel 54 des Zweiten Zusatzprotokolls zur Genfer Konvention verbietet es, »für die Zivilbevölkerung lebensnotwendige Objekte« anzugreifen oder zu zerstören. Wer absichtlich – oder besser: *vorsätzlich* – humanitäre Einrichtungen angreift, ist ein Kriegsverbrecher.

Systemeigenschaften

	KÖRPER	STAAT	DROGEN-KARTELL	ENERGIE-UNTERNEHMEN
FÜHRER	Gehirn · – Augen Nerven	Regierung – Kommuni- kation – Sicherheit	Anführer – Kommunikation – Sicherheit	Zentrale Steuerungseinheit
LEBENSWICHTIGE VORAUSSETZUNGEN	Nahrung/ Sauerstoff – Umwand- lung i. d. Organen	Energie (Elektrizität, Öl, Nahrung), Geld	Koka-Quelle plus Umwandlung	Input (Hitze, Wasser), Output (Strom)
INFRASTRUKTUR	Gefäße, Knochen, Muskeln	Straßen, Flughäfen, Fabriken	Straßen, Luftwege, Seewege	Strom- leitungen
BEVÖLKERUNG	Zellen	Menschen	Anbauer, Verteiler, Verarbeiter	Arbeiter
ABWEHR- MECHANISMEN	Leukozyten	Militär, Polizei, Feuerwehr	Bewaffnete Kämpfer	Reparaturtrupp

Das Erschreckende für jeden, der Amerika zugetan ist oder war: *Keiner* der Diskutanten von Wardens Thesen geht darauf ein, dass hier nicht nur grundlegende, weltweit gültige rechtliche Verhaltensregeln im Kriegsfall über den Haufen geworfen werden, sondern dass es auch um die Grundstruktur unseres gesellschaftlichen Denkens geht, um den Grundkonsens, der besagt: Schwächere werden nicht angegriffen. Wer eine Waffe hat, greift damit nicht wehrlose Gegner an. Schon gar nicht macht er das zum erklärten Prinzip.

Im üblichen Hollywood-Western wartet der Held stets, bis der andere den Colt zieht, dann zieht er schneller, tötet und siegt. Ausnahmen sind nur erlaubt, wenn der Gegner mehrfach überlegen ist. *Das* ist der gesellschaftliche Kontext in den USA. General Warden

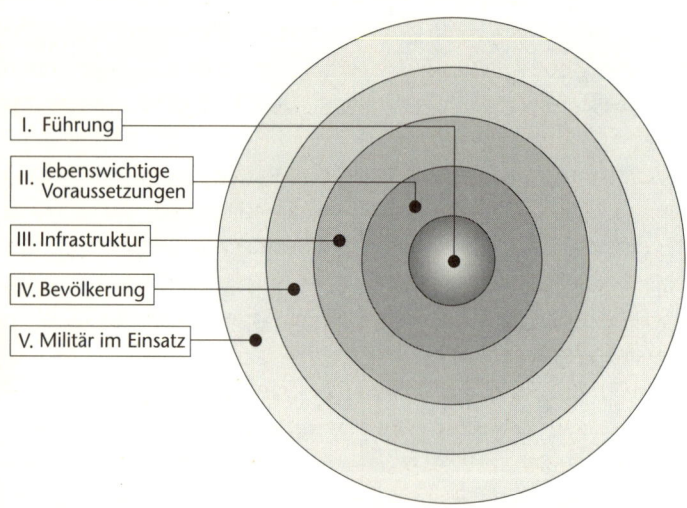

Zielprioritäten für den strategischen Luftkrieg

steht außerhalb. Philosophisch (und rechtlich) gehört er eher in den Kontext der irakischen Selbstmordbomber, die Marktplätze in Blut tauchen.

Für Warden stellt die schutz- und wehrlose Zivilbevölkerung nach eigener graphischer Darstellung ein deutlich effizienteres Ziel dar als das feindliche Militär.[75] Kurz: Es geht ums Gewinnen um jeden Preis.

Nach Wardens Planungen haben die USA die beiden Golfkriege 1991 und 2003 geführt: CentCom-Chef General Norman Schwartz-kopf hatte Warden ausgewählt, und seitdem gilt seine Strategie als Grundlage der amerikanischen Luftkriegsdoktrin. Das wird auch in dem bis heute gültigen »Air Force Doctrine Document« (AFDD) Nr. 1 von 1997 deutlich,[76] das sich in einer melodramati-schen Präambel luftwaffenseitig ausdrücklich auf die von Warden konzipierte »Operation Desert Storm« bezieht. Noch im Frühjahr 2006 beklagte ein Luftwaffenmajor in »Camp Falludjah«,[77] dass es für »Counterinsurgency«-Maßnahmen keine angemessene Spe-zialdoktrin gebe und zur Niederschlagung eines Aufstands immer noch die als ungeeignet empfundene AFDD 1 angewendet werden müsse.

Warden ist also nicht »irgendein« Luftwaffengeneral, seine Ideen haben maßgeblichen Einfluss, wie nicht zuletzt auch daraus zu er-sehen ist, dass er später Direktor von »Checkmate« wurde, einem Think Tank des Pentagons für Luftkriegsstrategie.[78] Und genau auf die oben beschriebene Weise haben die USA offenbar auch in Af-ghanistan zugeschlagen.

So handelt die einzig verbliebene Supermacht, die stark genug ist, um fair zu sein und rechtmäßig vorzugehen, so handelt unser wich-tigster Verbündeter – und nicht etwa Mullah Omar, dem wir das unbedingt zugetraut hätten. Wohlgemerkt: Auch die Taliban haben Menschenrechte verletzt, sehr häufig sogar – aber sie haben dies nicht mit einer sauber gezeichneten, aber zweifelhaften Graphik zum System und zur Strategie erhoben.

Das Bombardement der Anlagen des Roten Kreuzes in Kabul am 16. und am 26. Oktober 2001 mag hier beispielhaft erwähnt sein.[79] Es gab zerstörte Lagerhäuser mit wichtigen humanitären Gütern,

Tote und Verletzte, die Angaben über die Zahlen schwanken. Hinterher, wenn die Medien nachfragen, heißt es in einem Pentagon-Statement zum Beispiel: »Die amerikanischen Streitkräfte wussten nicht, dass das IKRK [Internationale Komitee vom Roten Kreuz] eines oder mehrere Lagerhäuser nutzte.« Dagegen meldete der amerikanische Fernsehsender NBC unter Berufung auf einen hochrangigen Offizier der US-Streitkräfte, dass die amerikanische Luftwaffe die entsprechend völkerrechtlichen Regularien deutlich gekennzeichneten Lager des IKRK in Afghanistan vorsätzlich bombardiert hatte, damit die dort deponierten Lebensmittel und Hilfsgüter nicht den Taliban in die Hände fielen.[80]

Das ist die aggressive Logik der Doktrin der »präemptiven«[81] Kriegführung: Der böse Feind *könnte* ja *möglicherweise mit Vorbereitungen beginnen*, um … Rechtlich, das heißt kriegsvölkerrechtlich und völkerrechtlich, sieht die Sache einfach aus: Präemptiv bedeutet kriegsverbrecherisch.

Das IKRK erklärte, jedes seiner bombardierten Lagerhäuser sei auf dem Dach mit einem großen Roten Kreuz markiert gewesen. Die Angriffe seien um 1 Uhr Mittags erfolgt, also im besten Tageslicht.[82]

Als ich in Kabul ankam, sah ich im Trümmerfeld, dass die Kreuze, rot auf weißem Grund, einen Durchmesser von mindestens fünf bis sechs Metern aufwiesen. Ich war schockiert, wie ordentlich und groß die Bemalung war, denn zuvor war ich mir sicher gewesen, dass das Bombardement ein Irrtum gewesen sein musste. Jetzt wusste ich nicht mehr, was ich denken sollte.

Die US-Luftwaffe bombardierte auch das Kabuler Büro des arabischen Fernsehsenders Al Jazeera, der mehrfach Interviews mit Osama bin Laden ausgestrahlt hatte. Seinerzeit war nicht klar, ob dies zufällig oder absichtlich geschah,[83] doch seit den zahlreichen gezielten Schlägen gegen arabische Sender und deren Korrespondenten während des Irakkriegs und danach mag niemand mehr an Zufall glauben.

Eines Nachts während meiner Kabuler Tage schoss dann ein amerikanischer Apache-Hubschrauber über einem reinen Wohngebiet eine Rakete ab. Diese Raketen sind keine Präzisionswaffen. Wer sie über einem Wohngebiet auslöst, hat eine intensive Ausbildung erhalten und weiß genau, was er tut. Die Rakete traf ein Teenager-Ehepaar, das tags zuvor geheiratet hatte. Die beiden jungen Leute starben in ihrem Bett. Auch in diesem Viertel war ich intensiv unterwegs, ging durch jeden Garten und durch jedes Haus: nirgendwo ein militärisches Ziel. Die Bewohner öffneten mir alle Türen und begleiteten mich, um ihren Nachbarn meine Mission zu erläutern. Eine Bombe schlug genau zwischen dem Nobelviertel Wazir Akbar Khan und den sowjetischen Plattenbauten des »Micro-Rayon« ein, fünfzig Meter von jedem Massivhaus entfernt – aber mit großer Präzision in den einzigen Wasserleitungsknotenpunkt in Kabul. Den Völkern der Welt erklärte Washington unterdessen weiterhin ungeniert, mit »chirurgischen Schlägen« werde die Militärstruktur der Taliban »ausgeschaltet«. Die Taliban hatten Fahrzeuge zum Wasserholen, die Zivilbevölkerung nicht.

In dem Ort Khanabad nahe Kunduz, einem vorwiegend von Paschtunen bewohnten Landstrich im Norden Afghanistans, sollen allein 100 Menschen in einem Hagel von Streubomben ums Leben gekommen sein. Die britische Zeitung *The Independent* berichtete, amerikanische Bomben hätten in mehreren afghanischen Städten bis zu 500 Zivilisten getötet.[84] Die Begründung für dieses völkerrechtswidrige Morden klingt, als wollte man einen Freibrief für ein derartiges Vorgehen in Anspruch nehmen: Eine Zivilbevölkerung nach westlichen Maßstäben existiere in Afghanistan nicht, da alle Stämme bewaffnet seien und jeder zu jeder Zeit Waffen tragen könne.[85] Mit dieser Begründung könnten dann allerdings auch afghanische Kämpfer US-Bürger in den USA töten, da sich diese auch jederzeit bewaffnen können.

Diese Art der Luftkriegsführung ist offenbar »Überzeugungsarbeit« à la Warden. Der Luftwaffengeneral versetzt sich in seiner

Studie in den Feind hinein: »Wenn Sie auch nur entfernt rational denken, dann stimmen Sie sofort zu.« (Gemeint ist: der Ansicht des angreifenden Amerikaners. Damit wäre das Kriegsziel schon erreicht.)

In Afghanistan jedoch gab es gar keinen Feind mit einer nennenswerten verletzbaren Struktur. Und dass die Taliban nicht nach unserer Ratio, sondern nach ihrem Glaubensverständnis handeln, hatten die USA ja in vielen und jahrelangen Kontakten erfahren dürfen. Nach dem Kriterium der Zugehörigkeit zur islamischen Bewegung waren diese einfachen Menschen zuvor ja auch ausgesucht worden, um bestimmte US-Interessen in der Region zu fördern. Mullah Omar kann nicht lesen und schreiben, heißt es – wie etwa 80 Prozent seines Volkes.

Bei einer Gelegenheit entschieden die Taliban dagegen sehr rational, doch da war es den USA auch nicht recht: Als sie im Pipelinegeschäft die argentinische Firma Bridas Oil gegenüber der US-Firma Unocal bevorzugten, handelten die Taliban durchaus ehrenwert, nämlich im nationalen Interesse. Sie weigerten sich nämlich, den von dem US-Riesen für absolut notwendig befundenen Weltbankkredit in Höhe von 100 Millionen US-Dollar aufzunehmen. Der Bridas-Geschäftsplan hingegen kam ohne solche internationalen Strangulierungsmittel aus – und bot auch keine Bereicherung in Form der erwähnten »goldenen Teppiche«. Dies alles ist bei dem berühmten Journalisten Ahmed Rashid[86] nachzulesen.

Jeder Afghane hat 2001 verstanden, dass die Luftangriffe zum guten Teil Terrorangriffe waren, um das Volk einzuschüchtern, soweit es zu den Taliban stand. Dieses Kalkül ging jedoch nicht auf. Die bitterarmen Afghanen saßen einfach wie zu Sowjetzeiten in ihren Lehmhütten und erwarteten gefasst den Tod, der vom Himmel fiel.

Wichtiger noch ist der zweite Teil des US-Kalküls, der noch weniger aufging: Wer *nicht* auf Seiten der Taliban stand, sollte dadurch überzeugt werden, sich gegen die Taliban zu erheben. Doch auch das geschah nicht. Jeder Afghanistankenner weiß, warum: Nach fünfundzwanzig Jahren Krieg ließ sich das afghanische Volk durch ein paar Bomben nicht mehr kujonieren.

2007 und im Jahr davor haben die USA die Beschießung ziviler Wohngebiete, in denen sie Talibankämpfer vermuten, deutlich verstärkt. Mit absolut kontraproduktivem Effekt: Die örtliche Bevölkerung hat sich nicht gegen die Taliban gestellt, sie hat ihnen nicht das nächtliche Obdach verwehrt, und sie verrät sie auch nicht – wenn nicht gerade Folter angewendet wird, und manchmal widerstehen die Menschen sogar dann. Stattdessen ist das Gegenteil eingetreten: Die Taliban operieren freier und haben ihre Einflusszonen stark erweitert.

Es ist der geradezu klassische Fehler: Auf ISAF- und Nato-Seite wechselt das Führungspersonal schneller, als die Erkenntnisse reifen.

General Warden jedenfalls und seine Ideen verfangen nicht am Hindukusch, das ist die prinzipielle Erkenntnis. Warum diese Methoden dann trotzdem ad infinitum weiter angewendet werden, das bleibt das Geheimnis unserer amerikanischen Freunde. Die wissen, dass sie damit der Radikalisierung und den Taliban direkt in die Hände arbeiten. Daran wird auch die soeben erklärte Anpassung des Vorgehens der Luftwaffe nichts ändern: Man wolle künftig auch leichtere Bomben mit »nur noch« 250 Kilogramm Sprengstoff einsetzen und außerdem mit dem Einsatz warten, bis die Kämpfer der Taliban ein Gelände mit Zivilbevölkerung verlassen hätten, äußerte sich Nato-Generalsekretär Jaap de Hoop Scheffer in einem Interview mit der *Financial Times*.[87] Wer nun glauben sollte, damit wäre doch alles bestens geregelt, sei auf die jahrzehntelange Praxis der Nato verwiesen, auf von der Bevölkerung der Nato-Partner geäußerte Befürchtungen und Kritik mit Lügen, Beschwichtigungen und Beschönigungen zu antworten.

Dafür konnte ARD-Reporter Christoph Maria Fröhder im jüngsten Irakkrieg 2003 einen hieb- und stichfesten Beweis liefern:[88] Im

Widerspruch zu mehrfach geäußerten Beteuerungen benutzten die USA alte statt der versprochenen neuen Clusterbomben – und das, wie Fröhder nachwies, auch noch über einem reinen Wohngebiet.

Am Ende des Beitrags zum Scheffer-Interview der *Financial Times* ist als Nato-Kommentar zum Tod von afghanischen Zivilisten Folgendes zu lesen: »Am Freitag [27. 7. 2007], das hatte ein afghanisches Parlamentsmitglied gesagt, seien 50 bis 60 Zivilisten einem Kampf zwischen Nato und Taliban in der Provinz Helmand zum Opfer gefallen – hauptsächlich wegen der Bomben der Allianz. Doch die Nato sagte, ihr seien solche Zahlen über zivile Opfer nicht bekannt.«

In dieser wie in vielen anderen solcher Meldungen ist nachzulesen, wie Informationen nach Nato-Art einfach vom Tisch gewischt werden: Wir wissen davon nichts. Doch die afghanischen Medien hatten darüber berichtet. Und weltweit, auch in Deutschland, hatten Medien diesen Vorfall aufgegriffen. So gesehen erscheint das angebliche Einlenken der Nato in der Wahl der Angriffsmethoden wie eine PR-Maßnahme.

Sollte es tatsächlich zu den geschilderten militärischen Vorgehensänderungen kommen, würden diese kaum zu einer deutlichen Verringerung der zivilen Opfer führen. Die nächsten Wochen werden es zeigen: dass die Nato nun tatsächlich das Leben afghanischer Zivilisten schont, erscheint völlig unwahrscheinlich. Faktisch bewirkt das Vorgehen der Nato bisher eher eine Eskalation.

Der Verdacht, hierbei handle es sich um eine Eskalations*strategie,* liegt nahe. Dafür spricht auch ein weiteres Indiz: Aus welchem anderen Grund sollte man sich schon von der Bausubstanz her in allen wichtigen Camps auf zig Jahre Präsenz vor Ort einrichten? Das hat man getan, weil man aus übergeordneten strategischen Gründen vor Ort ist, völlig unabhängig von den Wünschen der Völker und von der politischen oder militärischen Entwicklung.

Das Nordwaziristan-Abkommen mit den Taliban

In Peschawar, der berühmten pakistanischen Grenzstadt auf dem Weg nach Afghanistan, erlebte der Widerstand seit 2005 eine erstaunliche Blüte. Alle Führungskräfte schienen genügend Geld zu haben oder zu erhalten. Alle Debatten und Verabredungen fanden offen am Telefon statt, genauer: am Handy. Und offenbar jeder hat seinen pakistanischen Geheimdienstler, dem er Bericht erstattet. Oder auch einem amerikanischen?

Der Handy-Boom erstaunt, schließlich können die USA alle Telefone abhören, die Nutzer exakt lokalisieren. Dass dies gelegentlich auch geschieht, zeigt ein Bericht des *Daily Outlook Afghanistan:*[89]

>»Pakistans Sicherheitskräfte haben mitgeteilt, dass es ihnen gelungen ist, acht Al-Qaeda-Mitglieder festzunehmen, die offenbar an dem Versuch beteiligt waren, Präsident Musharraf zu töten und seine militärgeführte Regierung zu stürzen. Die Festnahmen erfolgten durch Nachrichtendienste, die Mobiltelefonanrufe zurückverfolgten, mit denen Bombenzünder aktiviert werden sollten, gab Innenminister Aftab Ahmed Khan Sherpao bekannt.«

Wenn derart schwierige Operationen möglich sind, ist es höchst bemerkenswert, dass Taliban, Al-Qaeda und andere gewohnheitsmäßig und intensiv Mobiltelefone nutzen, offenbar ohne Festnahmen befürchten zu müssen.

Bemerkenswert ist auch, dass gleichzeitig ein weiteres Entgegenkommen für den afghanischen Widerstand mit Brief und Siegel vereinbart wurde: Am 5. September 2006 unterzeichnete der zuständige pakistanische »Political Agent«, sozusagen der »Kreisrat« dieses Stammesgebiets, Dr. Fakhr-i-Alam, das sogenannte Nordwaziristan-Abkommen mit den Taliban. Sieben Mitglieder ihrer örtlichen Ratsversammlung zeichneten gegen. Die mächtigsten Taliban-Kommandeure, die steckbrieflich gesucht werden, ließen sich dabei durch »Repräsentanten« vertreten, schreibt die pakistanische Tageszeitung *Dawn*.[90] Das Drei-Seiten-Dokument war zuvor von einem einheimischen Abgeordneten der pakistanischen Nationalversammlung, Maulvi Nek Zaman, vorgetragen worden. Es enthält laut *Dawn* 16 Punkte und 4 Unterpunkte, die den kompletten Gesichtsverlust für Pakistan, und damit auch für die USA und alle »Anti-Terror-Krieger«, unmissverständlich festhalten – obwohl das Dokument bisher nicht öffentlich ist:

- Ausländer (Al-Qaeda), die im Geltungsbereich leben, müssen das Land verlassen. Wer das nicht kann (Steckbrief), darf bleiben, wenn er sich friedlich aufführt, die Gesetze und das Abkommen respektiert.

Ein Freibrief für alle Al-Qaeda-Kämpfer mit dem dringenden Bedürfnis nach einer Ruhepause.
Diese unglaubliche Vereinbarung hatte ein ebenso unglaubliches Nachspiel. ABC-News-Blogger Brian Ross schrieb,[91] Pakistans Generalmajor Shaukat Sultan Khan, immerhin der Sprecher von Präsident Musharraf, habe in einem Telefoninterview mit ABC News gesagt, Osama bin Laden werde in Pakistan nicht verhaftet, wenn er sich friedlich verhalte. Der General dachte natürlich an sein eigenes Land zuerst und wollte das Abkommen nicht schon am Tag danach gefährden. Aber da hatte er die blank liegenden amerikanischen Nerven unterschätzt.
Der ehemalige »Nationale Koordinator für Sicherheit, Infrastrukturschutz und Antiterrorismus«, Richard Clarke, der am 11. September 2001 die Gegenmaßnahmen der einzelnen amerikanischen Behörden und Ministerien koordinierte, schoss auf dem gleichen Sender (ABC) sofort zurück, die Taliban und Al-Qaeda hätten offenbar mit Pakistan einen wirksamen Freiraum ausgehandelt. (Clarke wurde berühmt durch seine Schilderung der Geschehnisse[92] von 9/11, die ihn zum Bush-Abtrünnigen machte und ihn 2001

zum Jobwechsel innerhalb der Regierung und 2003 zum Rücktritt veranlasste.)

Das konnte Pakistan so nicht auf sich sitzen lassen, wenn nicht ein Entrüstungssturm aus Amerika über das Land hinwegfegen sollte. Also erklärte der pakistanische Botschafter in Washington, was bei derartigen Gelegenheiten stets erklärt wird: Die Äußerung sei aus dem Zusammenhang gerissen. Wenn Osama auftauche, werde er festgenommen und vor Gericht gestellt.

Der dadurch aufgebrachte ABC-Blogger Ross veröffentlichte umgehend die Verschriftung des Interviews – Leugnen unmöglich.

Auch Präsident Bush war die Sache mit dem Abkommen einen Kommentar wert gewesen, allerdings schon am Tag der Unterzeichnung, dem 5. September 2006: Die Vereinigten Staaten und ihre Alliierten arbeiteten zusammen, »um den Terroristen die Rückzugsgebiete zu verwehren, die sie in den unregierten Gebieten überall auf der Welt suchen«. Derartige Äußerungen bezeichnen professionelle Politikbeobachter als »Sprachregelung«.

Bezeichnend ist auch die deutsche Nicht-Berichterstattung (Näheres siehe Kapitel 3). Der zuständige ZDF-Korrespondent beispielsweise leugnete bis Juli 2007, dass es je ein Waziristan-Abkommen gab, und erklärte auf Befragen, Zeitungsberichte dazu habe er nie gesehen und könne er auch nicht auftreiben.

Hier die weiteren Regelungen, die dieser Vertrag enthält:

- Die Infiltration militanter Kräfte nach Afghanistan soll beendet werden.
- Die Regierung unternimmt keine weiteren militärischen Boden- oder Luftoperationen gegen die Widerständler.
- Die Streitkräfte ziehen von den Kontrollposten in der Region ab und werden durch paramilitärische Stammestruppen »Khasadar und Levy ersetzt«. Mit dieser Rückzugsaktion tritt das Abkommen in Kraft. (Der *Dawn*-Reporter schreibt hier, die Truppen

hätten sich bereits am Tag der Unterzeichnung weitgehend in Camps und in das malerische alte britische Tochi Scout Fort in Miramshah zurückgezogen.)

- Beide Seiten, Pakistans Armee und »Militante«, wie sie dort genannt werden, werden einander die Waffen, Autos und Kommunikationsmittel (Handys!) zurückgeben, die sie im Verlauf verschiedener Operationen einander abgenommen hatten.
- Stammesälteste, Mudschaheddin (Militante) und der Stamm der Utmanzai stellen sicher, dass niemand Sicherheitskräfte und staatlichen Besitz angreift.
- Es wird keine gezielten Tötungen und keine »Parallelverwaltung« im Kreis Nordwaziristan geben. In diesem Distrikt gilt das Gesetz des Staates.
- Militante werden nicht in besiedelte Nachbardistrikte gehen.
- Die Regierung wird Gefangene, die bei Gefechten festgenommen wurden, freilassen und nicht wieder verhaften.
- Alle Vergünstigungen, die den Stammesangehörigen gewährt wurden, werden wieder in Kraft gesetzt.
- Unbeteiligten Stammesangehörigen zahlt der Staat eine Entschädigung für den Verlust an Menschenleben und Besitz während der jüngsten Kämpfe.
- Waffentragen ist erlaubt – jedoch nur leichte Handwaffen, kein schweres Gerät.
- Ein Komitee aus zehn Männern: Älteste, Mitglieder der politischen Verwaltung (»Kreisrat«) und Geistlichkeit, ist einberufen, um die Einhaltung des Abkommens zu überwachen.

Fachleute sprechen allein wegen dieser letzten Klausel, die Geistliche in politische Gremien einbindet, bereits von einer offen gebilligten Einführung des islamischen Staates in Nordwaziristan.
Der versprochene finanzielle Ausgleich kam rasch zur Sprache. Talibansprecher Abdullah Farhad, der an der Feier nicht teilnehmen konnte, weil er steckbrieflich gesucht wurde, meldete sich

(per Satellitenhandy »von einem nicht näher bezeichneten Ort«, wie *Dawn* schreibt) und erklärte, die Regierung habe versprochen, 10 Millionen Rupien (rund 170 000 Euro) als Entschädigung zu bezahlen, wenn sie es versäumen sollte, die beschlagnahmten Waffen und Autos zurückzugeben. Farhad erklärte weiter, es gebe keine ausländischen Kämpfer (das ist die offizielle Umschreibung für Al-Qaeda) in der Provinz.

500 Offizielle, Militärs, Älteste und Kämpfer sahen zu, sagen die Berichte, schwerbewaffnete Talibankämpfer bewachten die Zeremonie. Pakistans Generalmajor Azhar Ali Shah präsidierte bei der Unterzeichnung des Vertrags und umarmte danach die Talibanführer. Anwesenden Journalisten war es allerdings nicht erlaubt, Bilder zu machen. Wahrscheinlich hätten sich sonst 80 Prozent der Anwesenden vermummen müssen. Mit Sicherheit jedoch hat der mächtige pakistanische Militärgeheimdienst ISI Filmmaterial erstellen lassen; das machen die Generäle immer so. Ob sie das Material der CIA zur Begutachtung überlassen, ist nicht bekannt.

Der Kontrakt sah mit Zustimmung höchster Nato-Generäle und Talibanchef Mullah Omar,[93] vor, dass die Taliban und ihre Bundesgenossen in Nordwaziristan, unmittelbar angrenzend an Afghanistan, praktisch und buchstäblich ihr eigenes Reich bekamen, während sich alle pakistanischen Streitkräfte aus dem Gebiet zurückzogen, die bisher, wenn auch mehr schlecht als recht, den Deckel auf dem Dampfkessel der Region gehalten hatten.

Das im Abkommen verankerte Verbot, die Grenze zwecks Militäraktionen zu überqueren, wirkt für Kenner der Region eher rührend. Hier ist zu bedenken, dass diese Grenze

- für die Menschen in der Region, deren Stämme, Clans und Familien seit Jahrhunderten auf beiden Seiten der Grenze leben, keinerlei Trennungswirkung entfaltet,
- täglich vieltausendfach überquert wird,
- in großen Teilen niemals ganz genau festgelegt war.

Damit wird klar, dass dieses »selektive Übertrittsverbot« bei gleichzeitiger Erlaubnis zum Waffentragen sowie Annullierung der Überwachung wie eine Aufforderung wirken muss: Macht, was ihr wollt.

Die harsche Reaktion der Weltpresse ließ nicht auf sich warten (außer in Deutschland): Das Abkommen sei der Versuch Pakistans, das Gesicht zu wahren angesichts des Eingeständnisses, dass es nicht in der Lage sei, das Gebiet zu kontrollieren, kritisierte die *New York Times*.[94] Wenn man weiß, dass Pakistan in den Jahren zuvor in Kämpfen mit den Taliban bis zu 3000 Mann verloren hatte,[95] versteht man besser, wie es zu dem Abkommen kam. Durch den Vertrag von Nordwaziristan verschob sich das Sterben auf die andere Seite der Grenze, nach Afghanistan hinein.

Auffällig kühl kommentierte den Vertrag US-Außenamtssprecher Sean McCormack: Man hätte es lieber gesehen, wenn Pakistan die Kontrolle über das Gebiet behalten und nicht in die Hände lokaler Stammeskräfte gelegt hätte. Dann machte McCormack ein bisschen meisterhaftes Gerede, das jeden zuhörenden Journalisten zum Einschlafen brachte, um schließlich ein ganz weites Feld zu eröffnen mit seiner Schlussbemerkung, er glaube, es handle sich bei dieser Grenzgeschichte um ein historisches Problem Pakistans.[96]

Kommentar:
Damit war für jeden Journalisten klar: Darüber wird nicht berichtet, in den USA interessieren die historischen Probleme Pakistans weniger. Man wird ja schon mit den aktuellen nicht fertig!

Tatsächlich jedoch ist die Kühle von McCormacks Kommentar eine kleine Sensation: Schließlich war es in den Jahren zuvor ein essenzieller Bestandteil der US-Politik, Pakistan dazu zu bringen, die Grenze zu schließen. Die Resultate dieser Politik: hohe Verluste der Sicherheitskräfte (bis zu 3000 Mann) und eine deutliche Verschlechterung des innenpolitischen Klimas in Pakistan,

TADSCHIKISTAN

AFGHANISTAN

Nordgebiet

Swat

Dir

Bajaur
Agency

Mohmand
Agency

Mardan

● **Kabul**   **Jalalabad** ●

Charsadda

INDIEN

Khyber *Agency*   *Peshawar*

Kurram
Agency

Hangu

Orakzai Agency

Kohat

● **Islamabad**

Nord-
Waziristan

Bannu

Lakki
Marwat

Süd-
Waziristan

Tank

Punjab

Dera Ismail
Khan

PAKISTAN

Belutschistan

	offiziell unter Kontrolle der Taliban		von den Taliban bedrohte Gebiete
	faktisch unter Kontrolle der Taliban		unter Bundesverwaltung stehende Stammesgebiete

Pakistan: Grenzgebiete zu Afghanistan

79

bis hin zu mehrfachen Mordversuchen an Präsident Musharraf.
Wollte McCormack vielleicht genau den inneren Rückzug der
Medien, sprich: ihre Abwendung von diesem Thema, erreichen,
um die Kehrtwendung in der Grenzpolitik zu verschleiern?

Einen Monat später – eine Erklärung

Es war vorherzusehen: Taliban und Al-Qaeda nutzten ihre neue
Freiheit und Sicherheit und konnten die Zahl ihrer grenzüberschreitenden Attacken um das Dreieinhalbfache steigern. Eine solche Steigerung bleibt natürlich nicht verborgen. Damit nicht unkontrollierte Reaktionen die Öffentlichkeit beunruhigen, muss für
die Öffentlichkeit eine plausible Erklärung her, weshalb trotzdem
alles seine Richtigkeit hat. Man beschuldigt also Pakistan, nicht
genug getan zu haben und die Sache nicht im Griff zu haben. Das
hilft auch für den Fall, dass Beschuldigungen von der Heimatfront
kommen, man habe die Sache selbst nicht im Griff … Pakistans
Präsident Musharraf jedenfalls ist den Refrain mit der Beschuldigung als »zwielichtiger Bundesgenosse« und so weiter schon gewohnt und spielt seine Rolle gut.

Fortsetzung des Berichts

Wie Bruce Loudon, der sehr zuverlässige und gut vernetzte Reporter des *Australian,* weiter berichtet, habe der damalige Nato-ISAF-
Kommandeur, der Brite David Richards, in der ersten Oktoberwo-
che 2006 Präsident Musharraf in Islamabad besucht.
Richards habe bei dem Besuch gegen das Abkommen von Nordwaziristan protestieren wollen. Das erscheine absolut plausibel,
weil zu diesem Zeitpunkt, genau einen Monat nach Inkrafttreten
des Abkommens, der Druck auf die im afghanischen Grenzgebiet

zu Nordwaziristan stationierten Truppen durch unkontrolliert aus Pakistan anmarschierende Talibankämpfer stark gestiegen sei.

Richards habe sogar die Zustelladresse von Talibanchef Mullah Omar in Quetta, der zweiten wichtigen pakistanischen Grenzstadt im Westen des Landes, bei sich gehabt und sie ursprünglich Musharraf unter Protest überreichen wollen, schreibt Loudon.

Kommentar:

Einen solchen Protest hätte jeder verstanden nach den sagenhaften Erfolgen der Taliban während eines einzigen Monats. Wie aber ist zu verstehen, dass der General keinerlei Protest von sich gab? Dass er nicht, unabhängig vom Waziristan-Abkommen, zumindest die Festnahme des zweitwichtigsten Terroristen in Afghanistan forderte? Loudon scheint mit denselben Hintergrundinformationen ausgestattet worden zu sein wie viele andere Blätter, die einen ähnlichen Tenor aufwiesen, jedenfalls legte er sich die Erklärung für diesen Vorgang wie folgt zurecht:

»Es scheint, als sei das Abkommen [...] Grundlage einer Übereinkunft mit dem Ziel, Frieden zu machen und den Taliban den Weg zur Regierungsbeteiligung in Kabul zu öffnen. [...]

Präsident Musharraf hat General Richards mit seinem Motto überzeugt: Wenn du sie [die Taliban, Anm. des Autors] nicht schlagen kannst, schließ dich ihnen an!«

Kommentar:

Der Beobachter ist erstaunt: Spricht General Richards hier ernstlich über einen sicheren Hafen für Al-Qaeda, für deren angebliche Bekämpfung weltweit inzwischen mindestens 1 Billion Euro geflossen sind, im Irak eine Zweidrittelmillion Menschen gestorben sind – und 21 Bundeswehrsoldaten in Afghanistan? Und dann wird, ganz offiziell, genau die Grenze geöffnet, die vorher unter hohen Verlusten und Zahlungen von 1 Milliarde

US-Dollar jährlich an Pakistan und andere zuvor mühsamst
und lückenhaft gesichert worden war? Was zunächst laut US-
Außenministerium ein »historisches Problem« sein sollte, heißt
nun: »... schließ dich den Taliban an«? Das wäre eine komplette
Kehrtwendung in der Afghanistan-Politik! – Oder eben, wie den
wissbegierigen, aber etwas kurzzeitig denkenden Journalisten
der Region im Oktober erklärt wird: »ein Einstieg in einen Ver-
trag, der die Taliban an eine Machtteilhabe bringt«.

Es kam, wie es wohl geplant war: Den Friedensgedanken nahmen
alle Journalisten positiv auf, die gesamte Presse hatte diese Linie
im Herbst 2006 ruhig akzeptiert. Die Nato hatte dem Nordwaziristan-Abkommen zugestimmt, das war annehmbar, das klang nach
Management und vorsichtiger Annäherung. Vergessen war plötzlich, dass man seit 2001 für Gesamtkosten von etwa 150 Milliarden US-Dollar ebendiese Taliban von der Macht vertrieben hatte,
die man jetzt so zuvorkommend und gastfreundlich in Nordwaziristan beherbergen wollte – um sie wieder an der Macht in Kabul
zu beteiligen.

Doch rechtzeitig zum Frühjahr 2007 wechselte das Nato-ISAF-
Kommando, und General Dan McNeill aus den USA übernahm.
Und was machte er, nachdem Taliban und Al-Qaeda im mit US-Er-
laubnis geöffneten und unkontrollierten Nordwaziristan den Winter über gut geruht hatten? Eine Offensive!

General Eikenberry hatte mit den Horrorzahlen über die Zunahme
der Zwischenfälle von 2400 auf 6400 (siehe Kapitel 1) das Terrain
gut vorbereitet. Aber Eikenberry verfügte noch über weitere Informationen. Jetzt erst kamen die verheerenden Zahlen heraus, die
der Anlass waren für General Richards unterbliebenen Protest im
Oktober in Islamabad: eine dreieinhalbfache Steigerung der grenzüberschreitenden Attacken!

Kommentar:

Das klingt gut: »grenzüberschreitende Attacke«. Das klingt nach Überwachung, nach Alles-im-Griff-Haben. Dazu passen die genauen Zahlen,[97] eine Steigerung von 40 auf 140 Angriffen in einem Zweimonatszeitraum. Keiner hat gefragt: Woher wissen die USA eigentlich so genau bei einer Attacke, dass diese, genau diese Attacke die Folge einer »Grenzüberschreitung« ist? Und wenn die USA das tatsächlich alles so gut im Griff haben, dass sie das so genau angeben können, warum greifen sie dann nicht an, wenn die Taliban die Grenze gerade erreicht haben? Mitten im Niemandsland, wo keinerlei lohnendes Attentats- oder Angriffsziel ist?

Bestimmte Konsequenzen dieses »talibanfreundlichen« Vorgehens der Nato und Pakistans erscheinen unausweichlich. Wer die Grenze und Nordwaziristan in dieser Weise öffnet,

- lockt auch solche Kämpfer an, die vorher nicht Zuflucht in Pakistan gesucht hätten,
- erweitert somit den Kreis der Talibankämpfer,
- destabilisiert auf diese Weise die Grenzregion,
- sorgt in letzter Konsequenz für das Erstarken des gesamten Widerstands.

Sollen wir wirklich glauben, die für diese Strategie Verantwortlichen hätten das nicht absehen können? Wenn sie es aber absehen konnten, welches Ziel verfolgen sie dann mit der Verschlimmerung der Lage am Hindukusch?

Fortsetzung des Berichts

Auf die Zahlenangaben von General Eikenberry folgte also die Offensive von General Dan McNeill. Wir schreiben Februar 2007. Der Nato-Gipfel in Riga hatte es bereits im Herbst 2006 in kluger Voraussicht beschlossen: mehr vom Gleichen! Also: mehr Truppen und mehr Entwicklungshilfe.

Kommentar:

Aber nicht zu viel Entwicklungshilfe. Weil es ja derartig unruhig ist, dass man für die Sicherheit der Helfer fürchten muss. Nicht so viel mehr, dass die Lage damit schlagartig verändert werden könnte, wie zum Beispiel durch eine Verdreifachung. (Selbst dann lägen die Militäraufwendungen immer noch dreimal höher als der stark erhöhte Entwicklungs- und Aufbaubeitrag.) Deutschland stockt von 80 auf 100 Millionen Euro auf. Das schafft keine Änderung der Eskalation – aber es kommt beim Volk gut an.

Die Eskalationspolitik, von General McNeill mit seiner Offensive tatkräftig unterstützt, führte zu dem vorhersehbaren Ergebnis: Die Kämpfe intensivierten sich, die Koalitionstruppen kamen unter Druck, mehr Soldaten wurden benötigt. Auch ein lokales Friedensbündnis mit den Taliban, das »Abkommen von Musa Qala«, starb am 4. Februar 2007 durch einen amerikanischen Luftangriff auf einen Verwandten des Taliban-Vertragspartners (alle Einzelheiten siehe S. 91).
Doch in Pakistan bleibt alles ruhig, das Nordwaziristan-Abkommen hält. Pakistan hat sich erfolgreich von der US-Eskalationsstrategie abgekoppelt. Jedenfalls bis Juli 2007, bis zur Krise um die Rote Moschee (Lal Masjid, siehe S. 86 f.) in Pakistans Hauptstadt Islamabad, einer Kunststadt, die hauptsächlich von den feinen Villen der Diplomaten und den Dienstgebäuden von Regierung und Botschaften geprägt wird.

Krieg bald auch in Pakistan?

Der Zusammenhang zwischen den Ereignissen in Islamabad und jenen an der unruhigen Grenze zum nördlichen Nachbarn Afghanistan besteht darin, dass die Moschee während vieler Jahre von Sympathisanten der Taliban geführt wurde. Die Moschee bot auch Schulmöglichkeiten für Jungen und Mädchen, wobei das Schwergewicht auf eine religiöse Erziehung gelegt wurde, die weitgehend den Beifall der Taliban fand.

Als die Schülerinnen Anfang Juli 2007 ein bekanntes chinesisches Bordell in der Nähe stürmten und die Prostituierten auf die Straße warfen, griff die Polizei ein. Die stürmische Jugend zog sich in die Moschee zurück und verschanzte sich dort am 3. Juli, Schüsse fielen von den Mauern, Polizei und Militär verloren einige Männer. Normalerweise hätte in Pakistan und schon gar im Ausland kein Hahn nach derartigen Vorkommnissen gekräht. Aber diesmal spielten sich diese Dinge unter den Augen der entsetzten Diplomaten in der ruhigen grünen Villengegend der Stadt in großer Nähe zu Regierungsgebäuden und zum Hauptquartier des mächtigen ISI ab.

Auch die internationale Situation war ungünstig, fast im Wochentakt ermahnten die USA ihren schwierigsten und kompliziertesten Alliierten, im »Krieg gegen Terror« mehr Härte gegen »Islamisten« zu zeigen. Obendrein war Pakistans Präsident ohnehin in Schwierigkeiten mit der gesamten Gerichtsbarkeit des Landes: nicht nur wegen seiner Wiederwahl,[98] sondern auch wegen 400 Fällen verschwundener angeblicher Al-Qaeda-Sympathisanten. Er musste fürchten, abgesetzt zu werden.[99]

Aus den USA kam die Aufforderung, vorsichtig vorzugehen. Doch Musharraf ließ schießen, bombardieren und mit militärischen Einheiten erobern. Die Folge: offiziell 103 Tote, möglicherweise mehr als 160, darunter Schülerinnen und Schüler, Kämpfer, Lehrer und der stellvertretende Schulleiter, ein Bruder des kurz zuvor noch bei einem Fluchtversuch verhafteten Direktors. Die islamische Bewegung in Pakistan ist in Aufruhr. Aus den Stammesgebieten werden Selbstmordattentate gemeldet, 280 Tote binnen zehn Tagen nach der Erstürmung der Moschee sind zu beklagen, zumeist Angehörige der Sicherheitskräfte. Die Taliban erklären, sie fühlten sich an das Nordwaziristan-Abkommen nicht mehr gebunden,[100] der zuständige Provinzgouverneur Muhammad Orakzai will es retten und verlegt sich aufs Verhandeln. Ergebnis: offen. Aber es darf vermutet werden, dass die Situation weiter eskaliert. Die USA haben indirekt gedroht, in Pakistan militärisch einzugreifen.[101] Diese Geste kommt zu einem Zeitpunkt, an dem auch ein Krieg gegen Iran wieder stärker debattiert wird.

Das Abkommen von Musa Qala

Zwei Tage nach dem Nordwaziristan-Abkommen gab es ein weiteres originelles Verhandlungspaket. Es sollte Ruhe schaffen, wo vorher britische Einheiten den Krieg lokal begrenzt verloren hatten: in der Distrikthauptstadt Musa Qala in der Paschtunenprovinz Helmand.[102] Dieser Distrikt ist das weltweit größte zusammenhängende Anbaugebiet von Opiummohn, allein 20 Prozent der Weltproduktion werden hier erzeugt. Die Briten hielten, auf Wunsch von Präsident Karzai, im Stadtzentrum von Musa Qala eine Position besetzt, von der aus sie die Stadt kontrollieren und verwalten sollten. Genau dies jedoch versuchten die Taliban mit ständigen Angriffen zu verhindern. In zwei Monaten blieben nur ganze drei Tage beschussfrei. Dadurch wurde die Ortschaft nicht nur zum Schauplatz ständiger militärischer Zusammenstöße mit Schießereien, Granatenbeschuss, Luftwaffeneinsatz, sondern auch unbewohnbar und damit letztlich ein Misserfolg der als Verwaltungsaktion angesetzten britischen Truppenpräsenz.
400 Menschen mussten aus dem Ortskern fliehen. Das gab den

angreifenden Taliban immer freieres Schussfeld, die Briten konnten sich in ihrem für militärische Zwecke gänzlich ungeeigneten Stadthaus nicht wehren und verzeichneten binnen zweier Monate acht Tote. Besonders unerfreulich und militärisch unbefriedigend für die britische Seite: Nach den Attacken gelang es zuallermeist nicht, die Angreifer aus der Stadt selbst zu identifizieren.

Doch es waren die Leiden der Zivilbevölkerung, die die Schritte zur Lösung der Probleme in Gang brachten, wenn man den Berichten Glauben schenken darf: Die mit wichtigen Talibankämpfern stammesmäßig verwandten Dorfbewohner nahmen schließlich über ihren Ältestenrat mit den Briten Kontakt auf und handelten einen Vertrag aus.

Allein damit war bereits das Scheitern der Nato-ISAF-Mission an diesem exponierten Fleckchen Erde programmiert. Die Gründe dafür liegen auf der Hand:

- Jeder militärisch einigermaßen erfahrene Kommandeur hätte schon nach wenigen Tagen mit Schießereien erkennen müssen, dass die Position der Briten in ihrem Stadthaus militärisch und vor allem humanitär unhaltbar war.

  Die Verkürzung der Debatte auf den militärischen Aspekt der britischen Truppenpräsenz, wie in der Berichterstattung geschehen, ist zutiefst inhuman. Die ausführliche Schilderung der Leiden und der Tapferkeit der kleinen britischen Garnison erscheint wie der vor hundert Jahren erfolgte Niedergang des britischen Empire im Westentaschenformat. In fast allen Berichten wird kaum oder gar kein Wort verloren über die Leiden der Zivilbevölkerung, die Unterkünfte der 400 Flüchtlinge, die Tragödien in den zerrissenen Familien und Clans, von denen ein Teil nur in Ruhe leben wollte – während ein anderer nachts Briten töten ging.

- Hätten die Briten wirklich Fürsorge für die afghanische Ortsbevölkerung walten lassen, hätte klar sein müssen, dass militärische Auseinandersetzungen aus der Ortschaft unverzüglich herausgezogen werden mussten.

- Eine Verlagerung des Schauplatzes aus dem Ort heraus hätte jedoch bedeutet, dass die britischen Truppen sich aus der Ortschaft völlig zurückziehen, die man damit den Talibankräften praktisch kostenfrei überlassen hätte.
- Folglich musste klar sein, dass ohne eine umfassende Einigung mit den Taliban zur friedlichen Koexistenz kein Entwicklungsfortschritt für diese Ortschaft zu erzielen war.

Doch sowohl Präsident Karzai als auch die ISAF-Truppenführung können das Land und seine Leute nicht einschätzen. Sonst hätte Karzai niemals auf den Gedanken kommen können, die ausländischen Truppen zu *verpflichten,* die Ortskerne besetzt zu halten. Im Mittelalter, als es noch Stadtmauern gab, genügten an den wenigen Ausfalltoren kleine Posten, um genau zu kontrollieren, wer aus und ein geht. Das wäre die einzige realistische Chance gegen die lokale Taliban-»Infiltration« gewesen.

Diese Geschichte lehrt: Verträge wie der oben beschriebene zwischen den Dorfältesten von Musa Qala und der Provinzregierung von Helmand (ausgehandelt unter Mitwirkung der ISAF-Truppenführung) sind nur dann sinnvoll, wenn die Gegenkräfte (zum Beispiel Taliban, HIA, Al-Qaeda) so schwach sind, dass die örtliche Bevölkerung damit problemlos alleine fertig werden kann. Wenn das aber nicht so ist, dann delegiert eine solche Vereinbarung die Verantwortung für die öffentliche Sicherheit in unziemlicher Weise auf dafür allein kräftemäßig und meistens auch organisatorisch ungeeignete Institutionen. Das ist in höchstem Grade unverantwortlich und feige, denn es bedeutet nichts anderes, als dass man die Menschen vor Ort mit ihren Problemen in einem schlecht regierten Land alleinlässt.

Im Fall Musa Qala haben ISAF und Provinzregierung der Dorfbevölkerung einen unhaltbaren und nicht lebbaren Vertrag aufgebürdet, nur um selbst besser dazustehen. In dem Vertrag, der ja nicht etwa zwischen den Taliban und den britischen Truppen geschlossen wurde, sondern zwischen den Dorfältesten und der Provinzführung, wurden eine Reihe Abmachungen getroffen, die sich so umschreiben lassen: Die Provinzführung versuchte unter entsprechendem Druck aus Kabul, so viel zentrale Staatlichkeit wie möglich in den Vertrag einzubringen. Die Dorfältesten, unter Druck durch die Taliban und unter dem Eindruck des täglichen Leidens der Bevölkerung, versuchten, auf jeden Fall zu einer vertraglichen Vereinbarung zu kommen, die sie von der tödlichen Anwesenheit der britischen Truppen befreien würde.

Das Abkommen sah vor, dass die Stammesältesten die Verwaltung des Stadtzentrums übernahmen. Unter den britischen Gewehrläufen und mit den Taliban im Nacken akzeptierten die Dörfler so tatsächlich Vertragsbedingungen, die den Vertrag schon im Moment der Unterschrift obsolet machten, weil entweder die Dörfler sich als unfähig erweisen würden, die Bedingungen einzuhalten – oder die Taliban als unwillig, ihnen Folge zu leisten. Die vierzehn Punkte des Vertrags verpflichteten die Dorfschaft unter anderem:

- die afghanische Nationalflagge anzunehmen (die Talibanflagge ist weiß)
- »ihr Bestes« zu tun, um die Bestimmungen der afghanischen Verfassung zu erfüllen und »Sicherheit und Gesetz« aufrechtzuerhalten
- Bewaffneten den Zutritt nach Musa Qala zu verwehren *(das konnte ja nicht einmal der Staat Pakistan im Fall Nordwaziristan gewährleisten – und hier sollte eine derart wichtige Aufgabe von Dörflern übernommen werden, während Provinzregierung und ISAF sich ruhig zurücklehnten?)*
- örtliche Stammeskräfte als Hilfspolizei (ANAP = Afghan National Auxiliary Police) zu rekrutieren
- dafür zu sorgen, dass Regierung, NGOs und Sicherheitsfirmen

freien Zugang nach Musa Qala haben und nationale wie internationale Sicherheitskräfte den Ort ungehindert passieren können
- staatliche Steuern zu erheben
- Wiederaufbau und Entwicklung zu fördern.

Dieser Vertrag wurde am 7. September 2006 von Provinzgouverneur Mohammad Daud und fünfzehn Stammesältesten der vier wichtigsten Unterstämme aus der unmittelbaren Umgebung des Distriktzentrums (nicht einmal des gesamten Distrikts) unterzeichnet. Das Papier galt damit in einem Radius von 5 Kilometern um das Zentrum von Musa Qala – und genau da lag ein Problem, das die Sache später zum Scheitern bringen sollte: Das Vertragsgebiet war nicht hinreichend genau festgelegt.

Erstaunlich trotzdem und ein guter Beweis für die Vertrauenswürdigkeit der Taliban in Vertragsdingen: In den kommenden Monaten wurden alle Bedingungen erfüllt oder zumindest bearbeitet, während die Waffen schwiegen.

Dann jedoch funkte die Zentrale dazwischen und wechselte den Gouverneur aus. Der neue wollte weisungsgemäß die Autorität der Zentrale gegenüber den Stämmen stärken. Das führte zu Unruhen – Unruhen wieder einmal, die durchaus vorherzusehen gewesen waren.

Am 31. Januar 2007 wurde ein Verwandter des örtlichen Talibanchefs Abdulghaffur zusammen mit zwanzig Kämpfern bei einem US-Luftangriff getötet. Die US-Streitkräfte behaupteten, der Angriff sei außerhalb des Vertragsgebiets erfolgt. Dabei ist diese Frage nahezu unwichtig, weil auch die USA inzwischen gelernt haben dürften, dass das paschtunische Stammesgesetz Blutrache nicht nur genehmigt oder gutheißt, sondern *erfordert*. Abdulghaffur jedoch widersprach der US-Darstellung und sagte, der Schlag sei innerhalb der Vertragszone erfolgt.

Also zog Abdulghaffur am 1. Februar unter Bruch des Vertrags mit 200 bis 300 Mann in Musa Qala ein und hisste dort die weiße

Talibanflagge. Vier Tage später unternahm die US-Luftwaffe die nächste Attacke, bei der er ums Leben kam. Damit war der Vertrag faktisch »erledigt«, wenn auch nicht rechtlich.

Nun gibt es auch auf der britischen Seite gewichtige Stimmen, die den USA eine Intrige und Obstruktion vorwerfen und ihnen absichtsvolles Handeln unterstellen. Diese Stimmen haben gute Argumente, beweisbar sind die Anschuldigungen selbstverständlich nicht.

Das Abkommen von Musa Qala war ein höchst wichtiger und wertvoller Lehrstoff, zumindest für alle Beteiligten. Dass der Vertrag falsch angesetzt und falsch durchgeführt und politisch sowie militärisch falsch begleitet war, nimmt der guten Absicht nichts. Es bedeutet nur in aller Schärfe, dass jeder Versuch, das gewaltige Versagen der Koalitionsländer am Hindukusch zu reparieren, ohne scharfe Durchgriffsmöglichkeiten bei allen US-Dienststellen zum Scheitern verurteilt bleiben muss. In einem solchen Fall ist dem betroffenen Land nur zu raten, seine Truppen restlos aus Afghanistan abzuziehen. Im Fall der Briten fragt sich allerdings, warum sie jemals dort hingeschickt wurden – 53 Prozent der britischen Bevölkerung waren schon im September 2006 dagegen, sagt die BBC[103] –, denn bei dem leidgeprüften afghanischen Volk konnte die Rückkehr seiner ehemaligen Besatzer nur sofortige Abwehr erzeugen. Solche Reaktionen wollte man zu diesem Zeitpunkt und bei dieser heiklen Mission wohl zuallerletzt wecken. Falls man nicht eine ganz andere Agenda hatte – zum Beispiel eine Eskalations- und Hegemonialstrategie …

Fazit zur vorsätzlichen Eskalationspolitik

Die Fakten belegen, dass das, was der CDU-Bundestagsabgeordnete Wimmer über den Willen der USA angedeutet hat, die Lage gezielt zu eskalieren, exakt der Politik am Boden in Afghanistan entspricht. Während diese Zeilen geschrieben werden, am 23. Juli 2007, hat Nato-ISAF-Kommandeur Dan McNeill im Lichte von zwei spektakulären Entführungsfällen erklärt, zwei weitere deutsche Brigaden in Afghanistan wären gut.[104]

Wofür aber werden diese Brigaden benötigt, wenn man mit wenigen gut gezielten politischen Handgriffen die ganze Eskalation umgehend aus der Welt schaffen könnte? Warum wird nicht alles getan, damit ein Friedensplan (wie zum Beispiel der in Kapitel 5 vorgestellte) zum Zuge kommt?

ANA – Desertionen, niedrige Disziplin, Menschenrechtsverstöße

Für die Beurteilung der Sicherheitslage in Afghanistan sind neben den Alliierten von ISAF und OEF die Sicherheitsinstitutionen des Landes entscheidend. Hier gibt es erhebliche Defizite, die beim jetzigen militärischen und politischen Stand der Dinge »systemimmanent« sind, das heißt: Solange ein von der Gunst der USA abhängiger Präsident wie Karzai in Kabul die »Regierungsgeschäfte führt«, wird es kaum Fortschritte geben.

Die Afghanische Nationalarmee (ANA) befindet sich dank intensiver amerikanischer Bemühungen um Bezahlung, Ausrüstung und Training mittlerweile zwar in einem etwas besseren Zustand, sagen alle Quellen – insbesondere seit der Monatssold der Rekruten von ursprünglich 50 US-Dollar auf 70 US-Dollar gesteigert wurde und für Kampfeinsätze bis zu 150 US-Dollar gezahlt werden[105] –, doch bleiben die Probleme grundsätzlich bestehen (und der effektive durchschnittliche Sold bleibt bei 110 US-Dollar, während nach Expertenmeinung 150 US-Dollar nötig wären, um die Truppe beisammenzuhalten).

Ein neues Papier des Nato-Parlaments[106] meldet, Kämpfer der Taliban könnten bis zu 12 US-Dollar pro Tag verdienen. Nach aller Erfahrung erscheint das für die Masse der Kämpfer aber eher nicht glaubhaft. Materielle Fragen spielen in der islamischen Bewegung zwar durchaus eine Rolle, jedoch nicht eine entscheidende, sonst gäbe es die Bewegung nicht mehr. Der Senlis Council, eine auf Sicherheits-, Entwicklungs- und Drogenpolitik spezialisierte Denkfabrik, legte in Ottawa eine Studie vor, nach der ein junger Kämpfer der Taliban 200 US-Dollar pro Monat erhält.[107] Der Betrag erscheint hoch, jedoch nicht außerhalb der finanziellen »Reichweite« der Taliban.

Der Nato-Parlamentsbericht nennt keine Desertionszahlen für die ANA, die britische Zeitung *Guardian*[108] dagegen sehr wohl: ungefähr 20 Prozent, gemeint ist: pro Jahr. Die Einheiten hätten teilweise nur 50 Prozent ihrer Sollstärke, heißt es da. Was der *Guardian* dann aus dem harten Truppenalltag schildert, lässt allerdings manchen Raum für Spekulationen, ob verlässliche Zahlen über Truppenstärken und Desertion überhaupt zu haben sind, wenn Soldaten oft für Wochen verschwinden und auch Vorgesetzte nicht wissen, ob sie jemals wieder zurückkommen. Sanktionen bei derart grenzenlosen Disziplinverstößen würden nicht erfolgen, berichtet der Reporter, offenbar aus Furcht, die Soldaten sonst ganz zu verlieren. Positive Stimmen aus der Nato über die Leistung der ANA und eine guten Resonanz in der Bevölkerung widersprechen der Entwicklung der allgemeinen Sicherheitslage und dem wachsenden Rückhalt der Taliban in der Bevölkerung.

Schließlich ist die Beachtung der Menschenrechte[109] ein echtes Problem innerhalb der ANA. Gefangene, die kanadische Truppen der ANA übergeben, verschwinden, kanadische Medien sorgen sich um die Rechtslage bei Auskunftsersuchen, die kanadische Einheiten nach Übergabe ihrer afghanischen Gefangenen entgegen den Äußerungen des kanadischen Verteidigungsministers Gordon O'Connor offenbar gar nicht mehr stellen können.

Dass Gefangene sogar im Gewahrsam von Nato-Einheiten ums Leben kommen können, ist bekannt – und wie wir seit der Veröffentlichung der Guantanamo-Memoiren des Bremers Murat Kurnaz wissen, ist mit Sicherheit Folter einer der Gründe für diese Todesfälle. Auch deutsche Soldaten, die schon dort waren, geben unumwunden zu, sie seien sich sicher, dass auf der großen US-Basis Baghram bei Kabul gewohnheitsmäßig gefoltert werde. Aussagen ehemaliger Gefangener bestätigen diese Angaben.

Reporter berichten außerdem, dass die ANA auch bei Aktionen gegenüber der Zivilbevölkerung Menschenrechte missachtet.[110] Die den Taliban nahestehenden Bevölkerungsteile in Afghanistan, nach Schätzungen eines in der *FAZ* zitierten westlichen Entwicklungshelfers etwa zwei Drittel der Gesamtbevölkerung,[111] sehen die ANA als Erfüllungsgehilfen der US-Interessen und das ANA-Personal als Kollaborateure an. Bei den Taliban vielfach und grundsätzlich bei den Al-Qaeda-Kämpfern gelten die Soldaten als gottlose Verbrecher. Gefühle einer gewissen »Restsolidarität« werden zumindest in den offiziellen Talibanerklärungen unterdrückt. Jedoch können auch Soldaten sich bei den Taliban gewisse Hoffnungen auf Schonung machen, wenn sie ihre Taten bereuen und sich den Taliban anschließen. Desertionen aus den Reihen der Taliban ahnden diese dann allerdings zumeist mit der Todesstrafe.

Die Lage der Polizei

Besonders desolat ist die Lage bei der Afghanischen Nationalpolizei (ANP). So hat schon die vom Westen (und auch von der Friedrich-Ebert-Stiftung) unterstützte Organisation TLO (= Tribal Liaison Office, ein innenpolitischer CIA-Zulieferer) in einem Geheimbericht für die niederländische Botschaft in Kabul Ende 2005 festgestellt, dass ohne Zustimmung des örtlichen Drogenwarlords niemand ANP-Offizier werden kann.

Inzwischen liegt die gesamte Misere des Drogenthemas offen zutage: Größter Drogenwarlord ist der Bruder des Präsidenten Karzai,

Wali. Der zweitgrößte ist der ehemalige Verteidigungsminister Fahim, der allein ein Drittel der Opiumernte des Landes kontrolliert, die ihrerseits nach Angaben der UNO 92 Prozent des Weltmarkts ausmacht.

Das gesamte Drogenthema ist nicht zu verstehen, wenn man nicht den weltweit führenden Forscher auf diesem Gebiet zur Kenntnis nimmt: Alfred McCoy.[112] Seine Erkenntnisse lassen sich wie folgt zusammenfassen: Die USA bezahlen manche ihrer weltweiten Verbündeten mit informellen, jederzeit widerruflichen Lizenzen für freie Produktion von und Handel mit Drogen aller Art. Einer der international bekanntesten Nutznießer war Panamas General Manuel Noriega, der seine Lizenz erst verlor, als er den Hegemonieansprüchen der USA in die Quere kam.

Professor Barnett Rubin erklärt kurz und treffend das afghanische Innenministerium und das Gerichtswesen zum Problem. Aus dem Verteidigungsministerium kämen altgediente Soldaten ins Innenressort. Ihre Kreise bieten dann wiederum der Drogenszene Schutz, die die Polizeiposten praktisch verauktioniert. Den »Zuschlag« erhält normalerweise, wer, so Professor Rubin, 100 000 US-Dollar für einen Halbjahresvertrag als Distriktpolizeichef (= Verwaltungseinheit unterhalb der Provinz) in einem Drogendistrikt bieten kann. Normalerweise ist das ein Job, der 60 US-Dollar im Monat einbringt.[113] Durch solche Praktiken wird die Drogenszene in der Regierung immer mächtiger. Insofern ist klar, warum das Geschäft blüht – sogar bis der Abnehmermarkt in Europa kollabiert: Nur wenn die Anbauflächen wachsen, werden neue Distrikte für die Führungsschicht lukrativ.

Damit ist die deutsche Aufbauarbeit für die Polizei fast hinfällig. Es fehlt auch so schon der Ansatz für eine Struktur, die dem Drogengeschäft Herr werden könnte, von der immensen Belastung jeder Institution durch die hohe Versuchung zur Korruption ganz zu schweigen. Ausweg? Nicht in Sicht.

Dass Deutschland wegen seiner Ausbildung für die Polizei in die

Kritik gerät, wirkt etwa so lächerlich und verfehlt, wie Pakistan vorzuwerfen, seine knapp 2500 Kilometer lange Grenze mit Afghanistan nicht im Griff zu haben. Dass die EU schließlich weitere 200 Trainer entsendet, erscheint unter diesen Bedingungen zumindest sinnlos, wenn nicht gar als Placebo für die heimische Politik gedacht. Dass gar die USA, deren Regierungen über Jahrzehnte dieses politische »Efeu-System« der schleichenden Machtübernahme durch örtliche Drogenzaren mit CIA-Lizenz erfunden haben, die weitaus meisten Polizisten trainieren – und zwar mit dem Akzent aufs Exerzieren, was sich für eilig durchreisende Beobachter rein optisch sicher hübsch ausmacht –, das alles weist auf Sprengstoff hin, der eines Tages die Nato erschüttern könnte,[114] wenn unter das Afghanistan-Engagement ein Schlussstrich gezogen werden muss.

Leistungen und Fehlleistungen der Karzai-Regierung

Es ist ein unglückliches Gemisch aus vier verschiedenen Konstellationen, dem Präsident Karzai seit Amtsantritt gerecht werden muss.

1. Ausgangspunkt ist, dass Karzai nicht im Traume hätte daran denken können, dieses Amt jemals zu erlangen, wenn er die Weltmacht USA nicht hinter sich gehabt hätte. Einem solchen Mann schließen sich tatsächliche oder potenzielle Spitzenkräfte, die über eine eigenständige persönliche Glaubwürdigkeit verfügen, nicht gerne an. Es ist, in historisch schwieriger Lage, ein gewaltiger Unterschied, ob der Präsident eines Landes eine weithin respektable Führungspersönlichkeit mit Rückhalt in der eigenen Bevölkerung ist oder ein »nicht verhandelbarer Vorschlag« der mächtigsten Besatzungsmacht.

2. Für jeden Präsidenten Afghanistans kommen dann die üblichen beiden Problemstellungen des Landes hinzu, die jederzeit an

irgendeinem Ort in Querelen und bewaffnete Fehden ausarten können:

a) ethnische Gegensätze,

b) lokaler und regionaler Eigensinn, der in Afghanistans Geschichte tief verwurzelt ist.

3. Vielleicht das schwierigste Thema ist die ideologische Zerrissenheit des Landes, das erst, in den achtziger Jahren, blutig um die Entscheidung gerungen hat, ob es den Kommunismus akzeptieren oder eher traditionell verwurzelten Wegen in einen stark islamisch geprägten Staat folgen sollte – und das jetzt, knapp zwanzig Jahre später, seit 2001, mit der Möglichkeit ringt, das westliche Modell anzunehmen oder erneut dem Weg der wieder erstarkenden islamischen Bewegung zu folgen. Das sind gewichtige Themen für ein bitterarmes Land der »Dritten Welt«, das innerhalb von zwanzig Jahren mit der Invasion zweier Supermächte fertig werden muss; welthistorisch sicherlich ein einmaliger Fall. Diese derart unterschiedlichen politischen Positionen, die hier um Anhänger und Macht ringen, sind mit unseren wesentlich geringeren Differenzen zwischen SPD und CDU nicht entfernt zu vergleichen.

4. Nicht zuletzt, so betonen alle Kenner der afghanischen Probleme immer wieder gebetsmühlenartig, ist Afghanistan als Drittweltland auch noch mit allen mit dieser Entwicklungskategorie verbundenen Schwierigkeiten behaftet: Hunger, Bildungsmangel, Kriminalität und Korruption, Schwäche der Institutionen.

Ganz sicher ist diese Häufung gewaltiger Probleme eine Besonderheit. Man darf sich nicht wundern, dass in Afghanistan alles langsamer und schwieriger vonstatten geht, zumal die vielen Ausländer, die in die Tagespolitik gelegentlich schlecht abgestimmt hineinreden, zum Teil selbst zwei ebenfalls sehr verständliche Hürden überwinden müssen: zu begreifen, worum es geht und wie es geht. Und manchmal müssen sie gerade dann ihren nächsten Job woanders antreten, wenn sie eben erst gelernt haben, was und wie es in Afghanistan *nicht* geht.

Regierungs- und Staatssystem

Die Entwicklung Afghanistans musste unter diesen Umständen weit weniger demokratisch ausfallen als von unseren Politikern dargestellt. Peter Scholl-Latour sagte denn auch nur:[115] »Da ich als Augenzeuge die Farce der Parlamentswahlen in Kunduz und Faizabad im vergangenen Herbst beobachten konnte, komme man mir nicht mit dem Argument der Demokratie.«

Die »Farce« bestand in einer Wahlbeteiligung deutlich unter 50 Prozent, im Verbot von Parteien, in einer undurchsichtigen Vorauswahl der Kandidaten und einem Ergebnis, das zumindest einer Partei zum Durchbruch verhalf: 20 Prozent der Abgeordneten im Volkshaus (Wolesi Dschirga) sollen in Drogengeschäfte verwickelt sein. Bei einer Nachfrage zum Wahlergebnis der Provinz Uruzgan, der Heimat des flüchtigen Talibanchefs Mullah Omar, erfuhr ich aus dem BND-Umfeld, dass dort bis zu zwei Drittel der Bevölkerung den Taliban nahestehen könnten. Im Wahlergebnis spiegelt sich das nicht wider.[116]

Seit der Verabschiedung der Verfassung von 2004 ist Afghanistan eine Islamische Republik mit einem präsidialen Regierungssystem. Der Präsident muss mindestens vierzig Jahre alt, Muslim und Afghane sein. Er wird direkt vom Volk für eine Dauer von fünf Jahren gewählt. Der Bewerber nominiert zwei Vizepräsidentschaftsbewerber. Nach zwei Amtszeiten ist es dem Präsidenten verwehrt, wieder zu kandidieren. Der Präsident ist Staats- und Regierungsoberhaupt und Oberbefehlshaber der militärischen Streitkräfte. Zu seinen Befugnissen gehören außerdem die Bestimmung seines Kabinetts sowie die Besetzung von Positionen im Militär, in der Polizei und Provinzregierungen mit der Zustimmung des

Parlaments. Faktisch wurde mit der Verfassung die Scharia, das islamische Rechtssystem, wieder eingeführt, da nach Artikel 3 der Verfassung kein Gesetz im Widerspruch zu den Grundlagen des Islam stehen darf.

Die exorbitant starke Stellung des Präsidenten ist Karzai als Statthalter der US-Interessen nicht nur auf den Leib geschneidert, hierin spiegelt sich auch der überzogene Optimismus der Truppensteller wider, allen voran die USA. Sie waren bei der Konzeption dieser »Präsidialdemokratie« offenbar zunächst davon ausgegangen, dass der Präsident seine Stellung nach der Amtsübernahme rasch würde festigen können. Sollte das wider Erwarten nicht der Fall sein, wären alle nötigen Maßnahmen leicht von der Kabuler US-Botschaft auszuarbeiten, dem Präsidenten zur »Absegnung« zuzuleiten und auf diese Weise der Prozess zu überwachen. Genau so hatten es zwanzig Jahre zuvor auch die Sowjets gemacht.

Dieses Präsidialsystem verhindert eine dringend notwendige demokratische Verankerung der Provinzgouverneure im Volk und bedarf dringend der Verfassungsänderung. Der jetzige Zustand spielt den Interessen der Taliban bestens in die Hände, die das Volk vom »politischen System Kabul« abtrennen wollen, was bereits weitgehend gelungen ist.[117]

Die Nationalversammlung ist die Legislative von Afghanistan und besteht aus zwei Häusern: der Wolesi Dschirga (Haus des Volkes) und der Meschrano Dschirga (Haus der Älteren). Das Parlament (Wolesi Dschirga) besteht aus 249 Sitzen, wobei 68 für Frauen und 10 für die Nomadenminderheit der Kuchis vorbehalten sind. Das wurde jedoch nicht eingehalten, nicht alle Kuchi-Abgeordneten sind tatsächlich Nomadenangehörige. Die Abgeordneten werden durch direkte Wahl bestimmt, wobei die Anzahl der Sitze im Verhältnis zur Einwohnerzahl der jeweiligen Provinz steht. Es müssen mindestens zwei Frauen pro Provinz gewählt werden.

Eine Legislaturperiode dauert fünf Jahre. Auf dem Stimmzettel erscheinen der Name, das Foto und das Symbol des Bewerbers, dem keine Verbindung zu bewaffneten Organisationen erlaubt ist – was ebenfalls nicht eingehalten wurde. Die Mandatsträger erhalten keine Immunität vor dem Gesetz.

Die Meschrano Dschirga besteht zu je einem Drittel aus Delegierten, die von den Provinz- beziehungsweise Distrikträten für vier Jahre bestimmt werden, sowie zu einem Drittel aus Abgeordneten, die vom Präsidenten bestimmt werden, wobei die Hälfte aus Frauen bestehen muss. In der Meschrano Dschirga sitzen nach Überzeugung vieler ebenfalls eine ganze Reihe Geschäftemacher aus der Drogenszene. Auch ehemalige Provinzgouverneure, die sich auf ihrem Posten aus verschiedenen Gründen als unhaltbar erwiesen hatten, wurden hier untergebracht. Längst nicht alle Ernennungen von Karzai für dieses Gremium finden den Beifall der Beobachter. Barnett Rubin, der wahrscheinlich weltweit führende Afghanistanspezialist, sagt dazu: »Im Übrigen haben die Vereinigten Staaten Karzai auch keine ausreichenden Mittel an die Hand gegeben, um den afghanischen Staat zu stärken – was gleichzeitig zu einer Schwächung der Taliban geführt hätte. Karzai entwickelte eine eigene Kurzzeitstrategie. Er verbündete sich mit korrupten Machthabern vor Ort – mit negativen Auswirkungen auf den Aufbau eines soliden afghanischen Staates.«[118]

Die Judikative setzt sich aus dem Stera Mahkama (Oberster Gerichtshof), dem Berufungsgericht und niederen Gerichten für bestimmte Zuständigkeiten zusammen. Die Stera Mahkama hat auch die Befugnisse eines Verfassungsgerichtshofs.

Rubin erklärt: »In einigen Gebieten Afghanistans gibt es einen Parallelstaat der Taliban, und die Einheimischen wenden sich immer öfter an deren Gerichte. Diese haben den Ruf, effektiver und fairer zu sein als das korrupte staatliche System.«[119]

Rubins Bilanz zur Lage und zu möglichen Auswegen könnte realistischer – und deprimierender – nicht sein:[120]

»Eine bloße Kurskorrektur wird nicht ausreichen, um zu verhindern, dass das Land ins Chaos abgleitet. Nur eine dramatische Aktion kann den Eindruck ändern. […]

Wenn, wie einige Quellen behaupten, die Taliban dabei sind, ihre Maximalforderungen fallenzulassen, und gegen die erneute Einrichtung von Al-Qaeda-Basen Garantien geben, dann könnte die Regierung ihren Einzug ins politische System diskutieren. […]

Eine einigermaßen effiziente Verwaltung in Afghanistan zu schaffen ist ein langfristiges Projekt, das voraussetzt, den bewaffneten Konflikt zu beenden. […]

Doch haben jüngste Krisen […] die Notwendigkeit kurzfristiger Übergangsmaßnahmen unterstrichen. […]

Geberländer haben [2005/06, Anm. d. Autors] rund 500 Millionen US-Dollar für schlecht aufgesetzte und unkoordinierte technische Hilfe ausgegeben. […]

Die Zukunft der Nato hängt von ihrem Erfolg in dieser ersten Truppenstationierung außerhalb Europas ab.«

* * *

»Die Politik ist die Unterhaltungsabteilung der Industrie.«
Frank Zappa

KAPITEL 3

Das gefährlich geschönte Bild

Fehlleistungen der Medien

Die Bundesrepublik Deutschland gehört derzeit zu einer größeren Zahl von Staaten in aller Welt, die sich im Krieg befinden, nämlich im sogenannten Krieg gegen Terror. Alle Beteiligten, die mit der Öffentlichkeit zu tun haben, wissen, dass Informationspolitik ein Teil der Kriegführung ist, und stehen entsprechend unter Druck. In der Praxis bedeutet das: Es wird gelogen, dass sich die Balken biegen. Je höher und differenzierter organisiert eine Gesellschaft, desto besser wird auch gelogen. Somit ist klar, dass zum Beispiel die Taliban uns im Lügen in Jahrzehnten nicht erreichen werden, auch wenn es in den Botschaften und anderswo immer wieder klug wirkende Menschen gibt, die das behaupten. Auch diese Behauptung ist und bleibt: nur eine Lüge mehr.

Inzwischen gibt es zahlreiche Hinweise auf einen weiteren Zusammenhang, der erwähnt werden muss: Zur öffentlichen Meinungsbildung gehört auch, dass bestimmte Aktionen, zum Beispiel Terroranschläge, durch geeignet erscheinende Berichterstattung breit zur Kenntnis genommen werden. Sollten diese Aktionen nun aber nicht in der gewünschten Form und Farbe zeitgerecht zur Verfügung stehen, muss man sie eigenhändig ausführen (lassen), damit sie wie benötigt in der Berichterstattung auftauchen können. Eine nicht so geringe Anzahl Explosionen im Irak zum Beispiel geht nach allem, was wir wissen, »auf unser eigenes Konto« und wurde, so unglaublich es auch klingen mag, beispielsweise von amerikanischen und britischen Geheimdiensten ausgeführt.[121] Die Fälle sind zahlreich, gelegentlich schwierig aufzuklären – und oft hoch wirksam in der Öffentlichkeit.

Ganz Europa einmal durchgeschüttelt hat die Geschichte um ein Agentennetz der Nato, das für den Fall aufgebaut worden war, dass die Sowjetunion den Kontinent überrennen würde. Die Operation wurde unter dem Stichwort »Gladio« (von lat. das Schwert)[122] bekannt und führte sogar 1990 zu einem wütenden Beschluss des Europaparlaments,[123] denn ein paar von den Agenten hatten schon mal ohne Sowjetüberfall ein bisschen gezündelt …

Russland startete den 2. Tschetschenien-Krieg mit einer Serie fingierter Attentate auf Wohnhäuser in Moskau.[124] Die BBC meldete am 5. Dezember 2002[125] einen Fall, in dem vermutet wird, dass der israelische Premier eine Al-Qaeda-Gruppe in Palästina und im Libanon »erfand«.

Doch die wahrscheinlich folgenreichste Operation deckte der rührige und weltweit anerkannte Pulitzer-Preisträger Seymour Hersh im März 2007 im *New Yorker* auf: einen Plan der USA, gemeinsam mit den Saudis (Kontaktmann: Bush-Intimus Prinz Bandar) Al-Qaeda-Gruppen in Nahost zu etablieren, um den Iran zu schwächen, die Region wunschgemäß zu destabilisieren und damit eine Lage zu schaffen, die jederzeit und nach Belieben »militärisches Eingreifen« notwendig erscheinen lassen könnte.[126] Später, im Mai 2007, erklärte Hersh auf CNN,[127] die im Nordlibanon bis zum Redaktionsschluss dieses Buches (August 2007) aktive angebliche Al-Qaeda-Gruppe »Fatah Al-Islam« sei eine aus diesem US-Komplott heraus gegründete Gruppe.

Irgendwann in der Kindheit wurde wahrscheinlich jeder von uns schon einmal beim Lügen erwischt. Das ist in der Politik nicht anders: Es gibt Unfälle, etwas geht schief. So kommt dann manchmal ein Zipfelchen der Wahrheit ans Licht, vor der uns unsere mitfühlenden – und vor allem: vorausfühlenden – Regierungen gern verschont hätten.

Wie der politische Druck sich auf die Arbeit der Redaktionen überträgt, darüber gibt es inzwischen viele gelehrte und weniger gelehrte Werke. Die banalste Form ist, dass eine Zeitung, die bestimmte Dinge »nicht ins Blatt hebt« wie gewünscht, beim nächsten Regierungsflug an Bord leider keinen Platz mehr findet, woraufhin die schön bebilderte Reisestory mit dem Hintergrundgespräch bedauerlicherweise exklusiv der Konkurrenz vorbehalten bleibt.

Das mächtigste Medium bleibt jedoch das Fernsehen. Wie die Dinge im »Öffentlich-Rechtlichen« laufen, weiß fast jeder, weil der Parteienproporz weithin diskutiert wird. Wer, wie der Autor, vierzehn Jahre lang als freier Reporter und in Festanstellung mit einem dieser Häuser intensiv zu tun hatte, kann alle notwendigen Lieder auswendig. Einer, der jetzt dort Chefredakteur geworden ist, war einmal mein Redaktionsleiter, als ich noch Moderator war. Als ich einmal in einer Sendung den Satz des US-Popstars Frank Zappa zitieren wollte, der als Motto diesem Kapitel vorangestellt ist, griff der Chefredakteur in spe ein und strich die Sentenz.

So kommt denn die gute alte *Tagesschau* zu ihrem Spitznamen »Tagessau«: weil man nur hineinsieht, um festzustellen, welche Sau nun wieder durchs Dorf getrieben wird – zur Herstellung der beabsichtigten Nachrichtenlage ...

Erfahrungen mit Journalismus

Meine erste Erfahrung mit Journalisten war überraschend. Gerade von meinem ersten Afghanistantrip zurückgekehrt, lag ich im Oktober 1985 noch wohlig in den Kissen, als das Telefon klingelte. »Tuck«, meldete sich eine dunkle Stimme. Der Name war so kurz, dass ich keine Zeit hatte, wach zu werden. Ich musste nachfragen. »Tuck, Tagesthemen!« Da war ich wach.

Es stellte sich heraus, dass mein gesamtes Material einen Schönheitsfehler hatte: Die Bilder waren toll – aber die Tonspur war leer.
Dr. Murkes gesammeltes Schweigen. Eigentlich konnte ich dankbar sein. Kollegen hatten mir erzählt, dass sie bei der Rückkehr
aus Afghanistan ihr gesamtes Material loswurden, während sie unter der Dusche standen oder im Hotelzimmer oder auf dem Weg
zum Verkauf. Klapp, ging die Tür auf, ein bisschen Gewurschtel,
klapp, ging die Tür wieder zu, weg war die Filmtasche. Restlos.
Das machten die Sowjets, um zu verhindern, dass die Welt ihrem
Morden zusah. Ich hatte gut aufgepasst – und trotzdem verloren.
In Hamburg erwartete mich dann Jay Tuck, Auslandsplaner der
Tagesthemen. Auf dem Weg ins Hörfunkarchiv erzählte er mir
höchst anschaulich von seiner eigenen Sendung beim NDR-Hör-
funk, ein paar Jahre zuvor. Im kleinen Archivstudio ging's dann
los: Klang das MG so? Oder so? Der Hubschrauber, der Jagdbomber? Die Explosion? Und dann wurde alles abgemischt, komplett
mit Grillenzirpen und Vogelzwitschern: »Atmo« eben.
Jay Tuck hatte in den USA vor seiner Einberufung in den Militär-
dienst angegeben, er wolle in Deutschland arbeiten. Damit kam
er zu uns und musste so nicht zum Dienst nach Vietnam. Er war
wohl der einzige der 26 000 ARD-Angestellten mit einem amerikanischen Pass.
Zu Navina Sundaram, die als gebürtige Inderin dem Führungsland
der sowjetfreundlichen Blockfreien-Bewegung entstammte, hatte
Tuck ein ausgesprochenes Konkurrenzverhältnis. Gut, dass wir
darüber trotzdem noch zur Sendung kamen.
Die *Süddeutsche Zeitung* druckte damals zwei lange Beiträge von
mir. Beim zweiten schlug der Schlussredakteur zu. Ohne Rück-
frage änderte er die Grundaussage meines langen und faktenrei-
chen Beitrags nahezu ins Gegenteil. Ich hatte geschrieben, dass
der afghanische Widerstand nachts fast das ganze Land beherrscht
und tags die Sowjets nirgendwo sicher sind. Außerdem schrieb ich:
»Nur wer einen eigenen starken Glauben hat, kann verstehen, was

die Mudschaheddin bewegt.« Das war schlecht, Journalisten haben mit Glauben meistens nichts am Hut, möglicherweise auch deswegen kommt mit den Taliban kein belastbarer Kontakt zustande. Und 1985 war die bloße Andeutung, die Sowjets könnten am Hindukusch verlieren, schlicht zu früh.

Ich sag's mal ganz trocken: Die Nato wird, wenn sie nicht in den nächsten sechs Monaten bis Anfang 2008 eine 180-Grad-Wende schafft – und danach keinen Fehler mehr macht –, ebenso scheitern wie die Sowjets. Ist zu früh. Ich weiß.

Jedenfalls mussten für das Afghanistanbild der *Süddeutschen*[128] viele kleine Stellen in meinem Text verändert werden. Der Schlussredakteur hatte damit kein Problem. Ich schon, protestierte beim Chefredakteur – und wurde gefeuert.

Das war der Grund, warum ich dann zur ARD ging. Bilder lassen sich nicht fälschen, dachte ich. Heute weiß ich das besser. Bilder lassen sich auch schneiden, Interviewpartner lassen sich auswählen, Kamerapositionen können richtig hässlich machen …

Meine tollen Bilder von Hekmatyar »im Pulverdampf« auf der Vierlingsflak kaufte der *Stern* und zahlte gut. Nur drucken tat er sie nicht. Dafür schrieb eine Redakteurin, die bei Hekmatyar zu Hause in Peschawar im kurzen Röckchen erschien und ihm Rauch ins Gesicht blies, er sei ein Luxus-Widerständler und nie an der Front, wo seine Leute starben.

Kurz nach meiner Rückkehr aus Afghanistan 1985 rief ich Bekannte an und besprach meinen Plan, mit Hilfe der gut organisierten Widerständler eine Medienorganisation aufzubauen, um die von den Sowjets errichtete Mauer des Schweigens zu durchbrechen, die Greuel dieser Supermacht weltweit bekannt zu machen und anzuprangern.

Etwa zehn Tage darauf sammelte der bekannte Kommunistenhasser Gerhard Löwenthal durch Spendenaufrufe im ZDF 2 Millionen Mark als finanzielle Basis für die Umsetzung dieser Idee ein. Er hat es zwar nie geschafft, damit Bilder zu machen und in die Welt zu bringen, aber er war in den Medien. Afghanische Widerständler wurden eingeflogen und auf einem Truppenübungsplatz der Bundeswehr mit Übungshandgranaten auf »Feuerfestigkeit« getestet. Einfach mit an die Front zu gehen wäre viel billiger gewesen. Der Bundesnachrichtendienst lief heiß; es war toll, wie viele Leute, fernab vom Krieg, plötzlich ganz wichtig waren. Schließlich musste der Spendentopf des ZDF in eine amerikanische Organisation in Peschawar eingebracht werden, die dann tatsächlich allerhand geliefert hat.

Bei meinen Freunden von ITN (Independent Television News Ltd., der große Privatsender neben der öffentlich-rechtlichen BBC) in England traf ich die »Ikone« der britischen TV-Berichterstattung aus dem Afghanistankrieg gegen die Sowjetbesatzung: ITN-Korrespondent Sandy Gall. Im Vollgefühl seiner Wichtigkeit betrat er den kleinen Schneideraum, in dem ich emsig tätig war. Zur Aufmunterung sagte er: »The Muj«, das war bei unseren britischen Freunden damals die Insider-Abkürzung für die Mudschaheddin, »The Muj«, sagte er, »are crazy!« Die Mudschaheddin sind verrückt.

Ich war absolut humorlos. Ich sagte, es gehe um tiefe Überzeugungen, um eine weltweit aktuell nicht gekannte Opferbereitschaft – und um die Tatsache, dass die Sowjetunion chancenlos war. »Verrückt« fand ich, dass wir diese Menschen und ihr Anliegen weder verstehen noch ernst nehmen wollten – immerhin half ihr Sterben uns Deutschen beim Ringen mit der untergehenden Sowjetunion um die Verwirklichung der deutschen Einheit, und weltweit half das Opfer der Afghanen bei der Überwindung des Kalten Krieges. Gall und ich sahen uns nie wieder. Seine Tochter gleichen Namens schreibt vorzüglich (und exakt so einseitig wie benötigt) in der *New York Times*.

1989, während meiner Zeit als ARD-Sonderkorrespondent im von den sowjetischen Truppen befreiten Afghanistan, rief mich eines Morgens mein »Betreuer« vom pakistanischen Militärgeheimdienst ISI (Inter Services Intelligence) an. (Die Geschichte dieses später durchaus freundschaftlichen Verhältnisses wird auf S. 153 f. erzählt. Damals hatte ich mich für einige Monate dem BND verpflichtet und war auf dessen Vermittlung an den ISI gekommen. Das versetzte mich in die logistisch hervorragende Lage, mich jederzeit an die pakistanisch-afghanische Grenze begleiten zu lassen, Taxi-Service inklusive.)

»Wir machen eine Tour nach drinnen«, sagte also mein ebenso netter wie fleißiger Betreuer, »die afghanische Regierung tagt. Kommen Sie mit?« Es handelte sich um die damals vom Widerstand gebildete Gegenregierung, die nach internationaler Anerkennung strebte, die sie nicht bekam (außer von Pakistan und Saudi-Arabien und wenigen anderen Staaten der Region).

Natürlich kam ich mit. Das war eine amtlich erwünschte PR-Kiste, nicht interessant, aber nützlich. Ich wollte vor allen Dingen erfahren, wer die anderen Agenten unter den Journalisten waren. Denn vom ISI an Bord genommen wurde man nur mit »Botschafts-Clearing«. Und das gab es nur gegen Leistung …

Wir waren sechzig Leute. Niemand hinderte mich daran, alles zu filmen. Ich habe also ein Videoband mit sechzig Journalisten aus aller Welt darauf, die zumindest irgendwann einmal für den Geheimdienst ihrer Heimat gearbeitet haben müssen. Es war eigentlich schon fast interessanter festzustellen, wer nicht dabei war – es waren wenige.

Einer in der Truppe hatte den Beinamen »CIA«, nennen wir ihn Michael Donne. Wir hatten einmal ein Bier zusammen getrunken. (Ein mir sehr lieber und mutiger Kollege, Rory Peck, war auch dabei. Er kam 1993 bei den Unruhen in Moskau ums Leben. Auch seine tapfere Frau Juliet bleibt unvergessen. Sie starb Anfang 2007 an Krebs.) Donne fand mich vor allem interessant, weil ich Zugang zu Hekmatyar hatte und er nicht. Eines Tages rief er mich an und bot mir 5000 Dollar an für Informationen über Aufenthaltsorte Hekmatyars. Ich protestierte wegen des geringen Honorars. Und sagte ihm: »Wenn ihr Hekmatyar töten wollt, besorgt euch die Infos bitte ohne mich!«

Eigentlich war Donne ein netter Kerl, und als typischer Ami hatte er auch eine »Macke« oder zwei. Bei einem Bier erzählte er von Plänen, die Widerständler mit Ultraleichtflugzeugen auszurüsten, mit denen sie dann die in der südostafghanischen Hauptstadt Jallalabad verschanzten kommunistischen Truppen angreifen sollten. Ein anderer verrückter Plan lief darauf hinaus, Bomben mit ferngesteuerten Modellflugzeugen ins Ziel zu transportieren.

1993 waren wir dann schon mitten in der Zeit, in der es schwierig wurde, vernünftige Berichte über oder aus Afghanistan zu machen. Mein langes Interview mit Hekmatyar als Ministerpräsident wurde nie gesendet (siehe Kapitel 4). Ich konnte damals niemandem verständlich machen, dass in Afghanistan wichtige Dinge passierten, die wir nicht einfach übergehen sollten.

Damals war ich Nachrichtenmoderator beim MDR, im 3. Programm der ARD, damals noch im »blauen Container« in Dresden: mdr-aktuell. Sollte jemand vorhaben, TV-Arbeit in Ostdeutschland zu machen: Ein netteres Publikum gibt's nicht.

1999 hängte ich den Journalistenjob, der mir zunehmend unangenehm geworden war, an den Nagel und ging in die Industrie.

Ende Oktober 2001 stöberte mich *Focus* bei einer Kundenberatung auf, nicht ahnend, dass ich nicht mehr im Geschäft war, und fragte, ob ich mir zutraute, von den Taliban ein Visum zu erhalten. Ich sagte zu – aber die Zusammenarbeit blieb rätsel- und bruchstückhaft. Geradezu niederschmetternd war die Resonanz bei den vielen TV-Sendern weltweit, die in Islamabad festsaßen und kein Visum bekamen. Mit phantastischen Folgen: Ein mir persönlich bekannter Journalist bot dem Taliban-Botschafter Mullah Saeef 2 Millionen Mark in Medikamenten und Bargeld an. CNN soll 100 000 US-Dollar für drei Tage geboten haben. Der Mullah lehnte alles ab. Er ist nicht wohlhabend, bis heute nicht. Er ist einfach nur ein ehrlicher Talib mit einem sagenhaft großen Bart.

Bei meinen Versuchen, meine Reise zu »vermarkten«, kam ich auch ins CNN-Büro in Islamabad: eine riesige Suite im Hotel Marriott, vollgestopft mit Technik, Laptops und alten Kaffeetassen. Ich sprach mit einem der Mitarbeiter, als plötzlich die Chefkorrespondentin Christiane Amanpour hereinkam. Jemand musste ihr gesagt haben: »Guck dir den mal an, der glaubt, er kommt da rein.«

Sie sah mich an in meinem Afghanen-Outfit, in Tarnfarbe auch noch, und sagte dann, überraschend ähnlich wie Jahre früher Sandy Gall: »It's a crazy game, isn't it?«

Es war wohl einfach ein Gesinnungstest. Ich fiel natürlich durch, weil ich nicht mitspielte. Meine Antwort: »Entschuldigung, es ist weder verrückt noch ein Spiel. Es ist blutig – und es ist ein Verbrechen.«

Amanpour nahm sozusagen Haltung an und entschuldigte sich. Ich nahm es locker, machte eine beschwichtigende Geste, legte aber nach: »Ich war hier zu sowjetischen Zeiten, und jetzt komme ich her, und wir machen den gleichen Mist wie die Sowjets.«

Wir redeten noch dies und das – aber ich spürte, dass das kein Auftrag würde, und zog weiter. Kein Sender, kein einziger Sender wollte von mir Informationen oder Bilder. Ich zog durch ungefähr dreißig Büros, verwies auf frühere Zusammenarbeit mit ABC, mit NBC, TF1, YLEIS (Finnland), alles sinnlos. Niemand wollte ein Bild vom Kabul der Taliban. Das nennt man im journalistischen Fachjargon »ausblenden«. Die Taliban waren gar nicht da. Man warf einfach nur Bomben ab. Das sollte wohl nicht auch noch gefilmt oder beschrieben werden. Ich schrieb die Heimatredaktionen an, um die Eitelkeit der Journalisten vor Ort zu umgehen, die keine Konkurrenz wollten. Sinnlos.

Mit Journalismus hatte das wenig zu tun. In dieser Profession gibt es eine Regel, die da lautet: audiatur et altera pars – auch die andere Seite muss gehört werden. Nur halten sich viel zu wenige daran.

Schließlich war ITN bereit, unsere Verbindung aus früheren Zeiten war möglicherweise zu eng für ein Nein. Sie kauften auch Interviews mit mir – aber nicht alle. Es wurde genau vorbesprochen, was ich zu sagen hatte. Bei General Abdul Rashid Dostum zum Beispiel kamen wir nicht zusammen. Mir war klar, dass die US-Führung sich nicht nur auf die Nordallianz stützen wollte, sondern auch auf Dostum, den ebenso skrupellosen wie selbstherrlichen Usbekenführer. Also fragte ich den Redakteur, der mich am Telefon für ein Interview zum Thema Dostum verpflichten wollte: »Ja, der Dostum, wissen Sie, was der hier in Kabul für einen Beinamen hat?« Nein. »Gilam Jam«, sagte ich, »›der Teppichhändler‹. Dieser Spitzname stammt noch aus den wilden neunziger Jahren, als Dostum nicht nur die wertvollen jahrhundertealten Teppiche des Nationalmuseums für seine Kommandeurszelte plünderte, sondern sogar die Lichtschalter aus dem Königspalast Darulaman abschrauben ließ.«

»Well, oohm, we call you, if we need anything«, kam es daraufhin leicht irritiert aus London. Natürlich wurde das an diesem Tag kein Interview.

Beim ZDF war ich schon vor Reisebeginn gewesen. Da passierte mir ein Malheur, das ich noch aus Kinderzeiten kenne, wenn es darum geht, auf keinen Fall ein bestimmtes Wort zu sagen. Weil es dabei um einen Trick ging, wie man einen Redakteur auf Fachwissen testet, will ich ihn hier verraten.

Frage: Wissen Sie, wie man erkennt, ob eine Szene, in der eine Waffe abgefeuert wird, »echt« ist, also aus einer tatsächlichen Kampfsituation kommt – oder ob sie nicht echt, also gestellt ist? Antwort: am Hintergrundgeräusch. Ist die abgefeuerte Waffe auf der Tonspur die einzige, die da Lärm macht, hat jemand eigens für die Kamera ein paar Kugeln verschwendet. Ist aber Gegenfeuer oder bei Luftabwehrgeschützen ein anfliegender Jäger zu hören, dann war da tatsächlich »etwas los«. (Es gibt noch einen kleinen Zusatztrick, der wird nicht verraten.) Also hatte ich mir vorgenommen, den ZDF-Mann auf keinen Fall zu fragen: »Wissen Sie, wie man …«

Und kaum hatte ich sein schönes Büro in Mainz betreten und eine lockere Begrüßung hinter uns gebracht, brach es aus mir heraus: »Wissen Sie …« Und natürlich wusste er es nicht, das bekam sein Mitarbeiter mit, der mich zu ihm geleitet hatte. Natürlich bekam ich keinen Vertrag, nicht einmal eine schriftliche Absichtserklärung, gar nichts. Es hieß einfach: Melden Sie sich, wenn Sie da sind. (Mehr dazu siehe Kapitel 4.)

Was westlicher Journalismus insgesamt leisten kann, habe ich dann in Kabul gelernt, als die Stadt in die Hände der Nordallianz fiel. An einem Tag war ich mit meinem Dolmetscher wieder mal stundenlang durch die Stadt gefahren und hatte mit vielen Menschen gesprochen. Die Stimmung war ruhig, man war eher vorsichtig, aber auch neugierig.

Offenbar hatte es jedoch so etwas wie ein natoweites Briefing gegeben. Jedenfalls packten an einem einzigen Tag in Kabul 300 Journalisten, die mehr oder weniger alle zusammen mit der Nordallianz in die Stadt gekommen waren, ihre Utensilien aus, fuhren irgendwo hin, und prompt begannen junge Leute in Jeans zu posieren, junge Frauen stolzierten etwas unnatürlich ohne ihre Bukras[129] an Kameras vorbei – und irgendwo muss es auch zu einer Tanzeinlage gereicht haben, die so gar nicht zu der zurückhaltenden und nachdenklichen Stimmung passte, die ich mit meinem Dolmetscher erlebt hatte. Ganz zu schweigen von abgelegten Bukras.

Ich fragte ihn abends, ob wir einen Fehler gemacht hätten, ob er denn einen tanzenden Afghanen gesehen habe. »Ja«, sagte er in seiner höflichen und ruhigen Art, »in der Hotelhalle. Man hat ihm 50 Dollar dafür gegeben.« Überall auf der Welt sah Kabul wie eine begeisterte Stadt aus, im Freudentaumel über die Befreiung.

Ich schrieb auch Beiträge für die *Bild*-Zeitung, die dafür blendend zahlte. Weniger strahlte ich, als ich eine Woche später las, dass man mir die Freudentaumel-Story, die ich nicht bringen wollte, weil ich sie nicht erlebt hatte, dann einfach »redaktionell untergeschoben« hatte.

Für mich war das Ganze eine Erfahrung wie in einem Alptraum. Wenn Medien sich nicht mehr korrekt verhalten, wenn sogar die gute alte BBC mit ihrem sagenhaften Stolz auf ihre Tradition plötzlich wie ein Frontsender klingt, von primitiven Kriegstreibern wie Fox News ganz zu schweigen, dann sagt die Journalistennase: Wie müssen die Institutionen eines Landes von innen aussehen, das einen derartigen Nachrichtenschrott klaglos schluckt?

Die bis heute andauernde Ignoranz in Sachen Islam; die phantastische Einseitigkeit der Berichterstattung zu den damit verbundenen Themen; der offensichtliche Unwille, die eigene Regierung korrekt und umfassend zu kritisieren; die Beförderungspolitik, die die schwächeren und folgsameren Kandidaten vorzieht, weil auch die Vorgesetzten vor Problemen stehen; die rasante Ausdünnung der Möglichkeiten zur Eigenrecherche, so dass man auf Agenturmeldungen von schwacher Qualität angewiesen ist: Das alles ist der Qualität der journalistischen Arbeit abträglich.

An Beispielen dafür herrscht kein Mangel:[130] Die palästinensische Hamas ist immer »radikal-islamisch«, die Gegenseite niemals »radikal-zionistisch«. Hamas ist immer »Iran-gestützt«, Israel niemals »US-gestützt«. Sozusagen niemals interviewen wir für die wichtigste Nachrichtensendung dieser Republik, die *Tagesschau* um 20 Uhr, einen Hamas- oder Hisbollah-Führer. Das war schon so, als die Hamas-Regierung noch frisch im Amt war. Ein Auszählen gegen die Anzahl der Interviewsequenzen mit Palästinenserpräsident Mahmud Abbas verliefe verheerend, also unterbleibt es selbstverständlich.

Unsere Medien lassen, seit wir Deutschen außerhalb unserer Staatsgrenzen auf Muslime schießen, diese Gegenseite einfach fast gar nicht zu Wort kommen. Der *FAZ*-Autor und Kölner Politikprofessor Lothar Rühl geht sogar so weit, dass er schreibt, es gebe in Afghanistan beim Widerstand »keine Gesprächspartner«.[131] Er kann nicht ernsthaft versucht haben, mit der Talibanführung zu sprechen: Es gibt diese Gesprächspartner durchaus.

Die mediale Einseitigkeit betrifft auch die Verweigerung journalistischen Anstands: Da werden Menschen zu Terroristen, die einem fremden Besatzer Widerstand leisten. Die USA haben diese Sprachverdrehung im Irak begonnen. Der Selbstmordattentäter, der am 19. Mai 2007 unsere Bundeswehrsoldaten umbrachte, war weder perfide noch feige, wie Bundesverteidigungsminister Franz Josef Jung sich auf allen Kanälen vernehmen ließ.[132] Der Attentäter war einfach ein Kämpfer, der die Mittel nutzte, die er hatte. Hätten die Taliban eine Luftwaffe und vernetzte mobile Kampftruppen, wären wir nicht mehr im Land.

Da konnte der Umgang der deutschen und internationalen Medien mit den neuesten Interviews, die ich mit der Nummer zwei des afghanischen Widerstands, Gulbuddin Hekmatyar, und mit dem recht mediengeübten Taliban-Vorstand Mullah Dadullah geführt hatte, nicht überraschen. Hekmatyar, der seit ungefähr sechs oder sieben Jahren gar keine Interviews mehr gegeben hatte, ließ sich bei uns in Deutschland nur sehr schwer plazieren. Das Wochenmagazin *Stern* kaufte zwar, zahlte auch befriedigend und superschnell, legte das gute Stück dann aber erst einmal vier Wochen ins Gefrierfach. Einen festen Erscheinungstermin konnte ich nicht herausverhandeln. Dann gab ich das Stück dem *Spiegel*, der druckte schnell – jedoch nur stark gekürzt in unverfänglichen Auszügen, der *Stern* bekam aber durch das Internet davon Wind und stellte seine (ebenfalls stark gekürzte) Version ins Netz, bevor der Spiegel draußen war.

Das Dadullah-Interview wurde ich gar nicht los. An niemanden. Der ARD-Vorsitzende Fritz Raff beantwortete keinen einzigen meiner vier Briefe. Außer mündlichen Versprechungen habe ich von der ARD nichts bekommen, und was diese wert sind, muss die Zukunft weisen. Das ZDF war auch nicht besser. Persönliche Briefe an die Chefredakteure und Auslandschefs der meisten europäischen Sender erbrachten kurze lapidare Absagen – wenn überhaupt. Gut, dass ich nicht mehr Journalist bin.

Die Geschichte erinnert mich an Schwierigkeiten mit der ARD im Jahr 1987. Damals wurde ich spektakuläres Bildmaterial, das ich sogar beim Sowjetnachbarn Finnland verkauft hatte (an den staatlichen Sender ebenso wie an den privaten!), in Deutschland nicht los. Erst als ich damit drohte, in deutschen Zeitungen über meine Verkaufserfolge in Finnland zu schreiben und dabei die ARD anzugreifen, bekam Afghanistans Abwehrkampf gegen die sowjetischen Unterdrücker einen Sendeplatz beim *Weltspiegel*.

Jetzt, im Jahr 2007, bringt kein einziger Sender weltweit Hekmatyar, kein einziger das Interview mit Mullah Dadullah, der kurz vor der geplanten Veröffentlichung getötet wurde.

Gelegentlich benahmen sich die Redaktionen so, dass ich den Eindruck bekam, ich sollte bei meinen Interviewpartnern unbeliebt gemacht werden – und zwar durch die Art, wie die Medien die Interviews behandeln. Der *Spiegel* zum Beispiel brauchte als redaktionellen Vorspann eine ganze Schimpfkanonade gegen Hekmatyar, bevor er dem geneigten Leser das Interview zumuten mochte.

Es gibt offenbar auch zweierlei Sorten Tote, »unsere« und »die anderen«. Die »anderen« haben eine erstaunliche Eigenschaft, die es verdient, hier erwähnt zu werden: Sie zählen offenbar nicht. Wir zählen unsere Verluste, selbstverständlich auch die Verletzten, wir zählen die der Freunde und Verbündeten – aber Afghanen? Gänzlich überflüssig. Es kommt zu Gefechten, es sterben Deutsche, Kanadier oder Briten, das ist eine Meldung, fertig. Hören wir von getöteten Afghanen? Nur im Ausnahmefall, selten. Im vergangenen halben Jahr war es dann doch etwas häufiger, weil die Opferzahlen auf afghanischer Seite so anschwollen, dass sie wohl nicht mehr »unter den Teppich« passten. Der junge muslimische US-Wissenschaftler Omer Subhani, Politologe an der Boston University, hat eine Reihe schmerzhafter Fälle aufgezählt,[133] in denen die krassen Unterschiede in der Behandlung der Todesfälle derart auffallen, dass unsere Art der Berichterstattung nicht mehr akzeptabel erscheint. Bei Subhani finden sich vor allem Beispiele aus der *New*

York Times. Es wäre sicher ebenso interessant wie wichtig, auch einmal unsere deutsche Berichtspraxis daraufhin zu untersuchen.

Zu Talkrunden werden fast nie die beteiligten Muslime eingeladen, wenn die islamische Bewegung im Verriss steht. Dabei gibt es überall in Europa sprachlich und sachlich bestens bewanderte Muslime, die das kommentieren können. Die dürfen dann zur Erklärung anderer Sichtweisen unseren »Experten« zuhören (siehe die »Killerkriterien« im Anhang). Besonders gern nehmen wir solche muslimischen Experten, die durch eine äußerst westlich geprägte Sichtweise auffallen, wie zum Beispiel der ehemalige Göttinger Professor Bassam Tibi.[134]

Schwache Experten

Als Beispiel für Expertise seien hier zwei Namen genannt: Dr. Citha Maaß[135] und Thomas Ruttig von der Stiftung Wissenschaft und Politik (SWP) in Berlin.

Maaß als Afghanistan-Verantwortliche der Stiftung verfasst für Bundestagsausschüsse vertrauliche Konzeptionen, wie man die Abgeordneten dazu bringen könnte, einer Verlängerung des ISAF-Mandats zuzustimmen:

> »Im Hinblick auf die Bundestagsabstimmung über die Verlängerung des ISAF-Mandats (Mandatsende: 13. Oktober 2007) wird empfohlen, Abgeordneten der beiden Ausschüsse AWZ [Ausschuss für wirtschaftliche Zusammenarbeit und Entwicklung] und Verteidigung die Notwendigkeit einer Mandatsverlängerung möglichst bald zu erläutern.«

In dem Konzeptpapier geht Maaß auf wachsende Vorbehalte in der Bevölkerung ein und sagt auch, wie die Ausschussmitglieder argumentativ gegenhalten könnten:

»Auch ist zu erwarten, dass im Sommer 2007 der Druck der Nato-Bündnispartner auf eine militärisch robustere DEU-Beteiligung (inkl. Beitrag zum Kampfeinsatz) sowie eine geographische Ausweitung auf den Süden wachsen könnte. Damit dürfte sich die Debatte im Bundestag und der Öffentlichkeit weiter zuspitzen. Dem sollte präventiv entgegengewirkt werden unter dem Motto: Eine nachhaltige Stabilisierung erfordert einen langen Atem.«

Das ist keine Beratung, hier wird gar nicht über Afghanistan informiert oder auf ein Informationskonzept verwiesen. Hier geht es um die Bildung einer konzertierten Aktion der Regierungskreise mit dem Ziel, den Willen der Bevölkerung politisch nicht zum Tragen kommen zu lassen und die politischen Entscheidungen in Richtung Nato-Wünsche (deutsche Beteiligung an Kampfeinsätzen) zu »trimmen«.

Was echte Beratung leisten kann, zeigt das Beispiel des US-Experten Barnett Rubin (siehe Ende des 2. Kapitels).

Die mit öffentlichen Geldern finanzierte Expertin Citha Maaß erweist Deutschland einen Bärendienst, wenn sie verschweigt, dass nur eine Radikalkur unserer Afghanistanpolitik das drohend bevorstehende Desaster verhindern kann, das Rubin und viele andere beschreiben. Bei ihren Vorschlägen zum Vorgehen ist ersichtlich, dass das Anhören von dem Widerstand in Afghanistan nahestehenden Personen nicht vorgesehen ist. Stattdessen werden exakt die Personenkreise zur Anhörung empfohlen, deren Finanzierung direkt oder indirekt vom Regierungswohlwollen abhängt – und die schon immer dazugehört haben.

Besonders berufen für solche Gremien wären Ursula Nölle, Vorsitzende des Vereins »Afghanistan-Schulen e. V.« in Hamburg. Und natürlich Reinhard Erös von der Kinderhilfe e. V., auch wenn manche ihn »schwierig« finden. Wer hat denn die Schulen genau da gebaut, wo die meisten sich nicht hinwagen und sie bitternötig sind, bis heute, während fast die ganze Nato versagt hat? Ich weiß nicht, wie häufig diese beiden Afghanistankenner gefragt werden – doch auf ihre Antworten hört man offenbar nicht.

In der Berliner Szene heißen die Kreise der ständigen Hearingteilnehmer »die üblichen Verdächtigen«. Anhörungen dieser Personen haben den Irrweg Deutschlands und der Nato am Hindukusch offenkundig nicht verhindern können.

Das Vorgehen von Maaß ist kein Wunder: Bei Durchsicht ihrer Analysepapiere wird deutlich, dass Maaß zur großen Koalition derjenigen gehört, die keine klare Position beziehen. So schreibt sie zum Beispiel:[136]

»Wollte die Bundesregierung dem Primat der Bündnisverpflichtung genügen, dürfte sie sich nicht nur auf die Bereitstellung einer Aufklärungskomponente beschränken. Vielmehr müsste sie bereits jetzt die politischen Weichen dafür stellen, dass Deutschland einen substanziellen Kampfbeitrag beispielsweise durch Ausweitung seines deutschen Einsatzgebietes auf den umkämpften Süden und die Bereitstellung von Bodentruppen für diese Region leistet, um so die geplante Bodenoffensive der Nato wirksam zu unterstützen. [...] Gegen dieses Vorgehen spricht jedoch die auf dem Gipfel in Riga angemahnte Strategie-Änderung. Will die deutsche Regierung diese unterstützen, sind die Tornados – da für eine politische Stabilisierung ungeeignet – dafür der falsche Beitrag.«

Bedenkt man nun die vielen kritischen Punkte des Nato-Engagements am Hindukusch, die in den beiden vorangegangenen Kapiteln behandelt wurden, so fragt sich, wie diese schlüssig klingenden Formulierungen in die Realität am Boden passen, die bestimmt ist durch:

- kriminelle Drogenpolitik der CIA,
- kriminelle Liaisons der Karzai-Regierung,
- schnell fortschreitenden Verlust der inneren Sicherheit auf zwei Dritteln der Landesfläche Afghanistans,
- Unglaubwürdigkeit von Nato und Karzai-Regierung auch wegen hoher Zivilverluste.

Was der Bundestagsabgeordnete Gauweiler (CSU) als »Aufständische« bezeichnet, die die USA nicht »so ausrotten können, wie sie es mit den Apachen und Sioux getan haben«,[137] liest sich bei Maaß so:[138]

> »Die Regierung Karzai hat die von Paschtunen besiedelten Landesteile im Süden und Osten nicht unter ihre Hoheitsgewalt gebracht. [...] Zu befürchten ist, dass die dort seit Ende Juli 2006 operierenden ISAF-Truppen ebenfalls von der Bevölkerung abgelehnt werden.«

Einen Plan oder Ideen für einen deutschen Rückzug aus dem völlig verfahrenen Konflikt, den Gauweiler als »verrückten Krieg« und (in Übereinstimmung mit den meisten anderen Fachleuten wie zum Beispiel Kofi-Annan-Berater Professor Rubin, siehe Kapitel 2) als »militärisch nicht zu gewinnen« charakterisierte, hat Maaß nicht vorgelegt.

Gemeinsam mit vielen anderen Experten und Beratern ist deshalb zu fordern, dass man endlich das Ziel aufgibt, den Krieg gegen die Taliban militärisch gewinnen zu wollen, nicht zuletzt deshalb, weil schon die Erfahrung (Sowjetunion, Vietnam) zeigt, dass das nicht geht. Stattdessen müssen wir dringend darüber nachdenken, wie wir den mit unserer Beteiligung angerichteten Schaden auch nur annähernd wiedergutmachen können, denn nicht nur Gauweiler warnt:[139] »Wir können uns doch nicht an solchen unerhörten Vorgängen beteiligen und mit unschuldigem Augenaufschlag darauf reagieren, wenn die so Angegriffenen irgendwann in unseren dicht besiedelten Städten mit ihren Mitteln antworten. [...] Wenn wir der Eskalation nicht entgegentreten, werden wir eines Tages auch unser Land nicht wiedererkennen.«

Thomas Ruttig ist Gastmitarbeiter bei der SWP. Er hat nach eigenen Angaben fünfundzwanzig Jahre Erfahrung in Afghanistan und ist oft dort. Im Hearing einer Bundestagsfraktion, an dem auch der Autor teilnahm, äußerte Ruttig, mit den Taliban könne man nicht reden. Die Nachfrage, ob er es denn schon einmal versucht habe, verneinte er.

Ruttig hat im Juni 2007 eine Schrift veröffentlicht,[140] in der er ausführt: »Nach wie vor fehlt eine handlungsfähige Gruppierung pragmatischerer Taliban, mit der man Gespräche aufnehmen könnte.« Dass es sehr pragmatische und sehr handlungsfähige Taliban gibt, die soeben im Begriff sind, einen Krieg gegen die einzig verbliebene Supermacht und eine Koalition der siebenunddreißig reichsten und mächtigsten Staaten der Welt zu gewinnen, ist Ruttig nicht aufgefallen: der Führungsrat (»Rahbari Shura«) der Taliban unter Mullah Omar.

Die Taliban möchte Ruttig jedoch spalten, wie er schreibt, und er gibt dafür auch gleich praktische Ratschläge: »[...] kommt es zunächst darauf an, lokale, nicht-ideologisierte Träger des Aufstands wieder in den politischen und Wiederaufbau-Prozess einzubeziehen. Auf diese Weise könnte die Führung zunehmend isoliert und ihre Stammesbasis unterminiert werden.« Dies vor Augen, wird verständlich, warum deutsche Politiker heute ihre Gesprächspartner fragen, ob man die Taliban spalten kann.

Es soll hier gar nicht verschwiegen werden, dass beide, Maaß und Ruttig, auch sehr angemessene Dinge fordern, wie zum Beispiel deutlich mehr Geld für den Wiederaufbau, weniger Gewicht auf militärische Maßnahmen und so weiter. Doch wenn sie gleichzeitig Beraterstilblüten formulieren wie die oben zitierten, nehmen sie ihrer eigenen Arbeit den Wert – und die Relevanz.

Vereinnahmte Politiker

Die Bundesregierung erscheint angesichts der Probleme am Hindukusch ebenso hilf- wie planlos. Ein Blick in die Geschichte mag helfen zu erklären, wie das kommt:[141] »2003 widersetzte sich Merkels Vorgänger Gerhard Schröder der anglo-amerikanischen Operation im Irak. Merkel veröffentlichte daraufhin eine Stellungnahme in der *Washington Post*,[142] in der sie die Chirac-Schröder-Doktrin der Unabhängigkeit Europas zurückweist, ihre Dankbarkeit und Freundschaft gegenüber ›Amerika‹ betont und den Krieg unterstützt.«

Auch von eventuellen politischen Freiräumen für Deutschland hat sie eine sehr restriktive Auffassung, wie eine Aussage zum Libanonkrieg zeigt: »Wenn die Daseinsberechtigung Deutschlands darin besteht, das Existenzrecht von Israel zu garantieren, können wir jetzt, wo dessen Existenz in Gefahr ist, nicht untätig bleiben.«[143]

Auf die vitalen Fragen einer Ausweitung des Krieges in Richtung Iran und Pakistan (siehe Kapitel 1 und 2) ist die Merkel-Regierung nicht vorbereitet, hat sie doch die Nutzungsrechte der USA für Luftraum und Stützpunkte in Deutschland nicht für die Bundesrepublik gesichert, sondern in einer vagen und damit auslegungsfähigen Variante belassen. Helfen könnte hier auch die EU – doch in der *Washington Post* hatte sich Merkel ja 2003 festgelegt, dass sie bereit sei, US-Wünsche den eventuell entgegenstehenden Anliegen der EU vorzuziehen.

Doch muss der guten Ordnung halber darauf verwiesen werden, dass es ja die Vorgängerregierung unter Gerhard Schröder war, die deutsche Soldaten an den Hindukusch brachte, mit der Bemerkung des damaligen Verteidigungsministers Struck: »Deutschland wird auch am Hindukusch verteidigt«, die Altkanzler Helmut Schmidt als »unselig« bezeichnete. Ganz und gar freiwillig ist das deutsche Engagement möglicherweise nicht erfolgt, wenn man diesen Spruch bedenkt und sich auch die selten einmütige Argumentation unserer führenden Politiker dazu vor Augen hält, die stets zuallererst von der »uneingeschränkten Bündnissolidarität« sprachen und erst deutlich danach von notwendiger Terrorismusbekämpfung.

Pakistans Soldatenpräsident Pervez Musharraf hatte 2006 die Chuzpe, einmal ganz offen zu beschreiben, wie sein Land mit deutlichen Bedrohungsgesten in die »Anti-Terror-Koalition« gezwungen wurde.[144] Demnach eröffnete US-Vizeaußenminister Richard Armitage (ein alter CIA-Mann) dem ISI-Chef General Mahmood Ahmad in einem persönlichen Treffen in Washington am 12. September 2001, Pakistan werde in die Steinzeit zurückgebombt, wenn es sich nicht für die Seite der USA entscheide.

Deutlich interessanter als diese Cowboy-Manieren ist jedoch ein im Diplomatenjargon so genanntes »Non-Paper« mit US-Forderungen an Pakistan, das Musharraf am 13. September 2001 von der US-Botschafterin Wendy Chamberlain überbracht wurde:

1. »[…][145]

2. Räumen Sie den Vereinigten Staaten Blankorechte für Überflug und Landung ein, damit sie alle notwendigen militärischen und geheimdienstlichen Operationen vornehmen können.

3. Gewähren Sie den Vereinigten Staaten und mit ihnen verbündeten Militärgeheimdiensten und auch anderem Personal nach Bedarf territorialen Zutritt, um alle notwendigen Operationen gegen Terroristen und solche, die ihnen Unterschlupf bieten, vornehmen zu können, einschließlich Nutzung pakistanischer Häfen, Flughäfen und strategischer Grenzorte.

4. […]

5. Fahren Sie fort, die terroristischen Akte des 11. September und jeden anderen Terrorakt gegen die Vereinigten Staaten oder ihre Freunde und Verbündeten öffentlich zu verdammen, und unterbinden Sie alle heimischen Äußerungen der Unterstützung (des Terrorismus) gegen die Vereinigten Staaten, ihre Freunde, ihre Verbündeten.

6. [...]

7. Sollte die Beweislage nahelegen, dass Osama bin Laden und das Al-Qaeda-Netzwerk in Afghanistan sind, und sollten Afghanistan und die Taliban fortfahren, ihm und seinem Netzwerk Unterschlupf zu gewähren, wird Pakistan die diplomatischen Beziehungen zur Taliban-Regierung abbrechen, die Unterstützung für die Taliban beenden und den Vereinigten Staaten in der vorerwähnten Weise helfen, Osama bin Laden und sein Al-Qaeda-Netzwerk zu zerstören.«

Interessant ist nicht, dass Musharraf es widersprüchlich fand, dass die USA bin Laden schon verdächtigten, obwohl sie doch erst noch nach Beweisen suchten. Wirklich interessant ist, dass Musharraf keineswegs geneigt war, alle Punkte dieses »Nicht-Papiers« zu erfüllen:

- Die Beziehungen zu Afghanistan und damit zur Taliban-Regierung wurden nicht abgebrochen, weil dies die innere Angelegenheit eines jeden Staates sei, schreibt Musharraf.
- Die Bedingungen 2 und 3 konnten keinesfalls erfüllt werden, schreibt er: »Wir gaben keinerlei Blankoerlaubnis für irgendetwas.«
- Vielmehr hätten die USA zwei Flughäfen zur Nutzung bekommen, Shamsi in Belutschistan und Jacobabad in Sindh – und auch diese lediglich für Logistik und Wartung. Angriffe hätten von dort nicht geflogen werden können.

»Ich bin froh«, schreibt Musharraf, »dass die US-Regierung unseren Gegenvorschlag ohne ›Gemecker‹ [fuss] annahm.«
Weshalb forderten die USA unter Androhung kriegerischer Schritte die ständige Beschwörung des Terrorismus, wie unter Punkt 5 beschrieben? Wollte man damit vielleicht sicherstellen, dass dies auch dann so bliebe, wenn die Erkenntnislage zu 9/11 sich ändern

sollte? Ist womöglich auch die Bundesregierung hinter den Kulissen in dieser Art bedrängt worden? Immerhin hatte ja Mohammad Atta, der wichtige Organisator von 9/11, von Hamburg, also von deutschem Boden, aus operiert – und dies zweifellos mit Wissen des ISI.

Für jeden selbstbewussten Deutschen ist es interessant zu sehen, wie ein durchaus nicht besonders mächtiger Staat, Pakistan, die einzig verbliebene Supermacht in die Schranken weist und Forderungen nicht erfüllt, die unter diplomatisch einmaligen Drohungen gestellt wurden. Wenn nun Pakistan mit so viel Eigensinn auftreten darf, warum kann dann nicht auch Deutschland Charakter zeigen, zumal wenn unsere Forderungen etwa auf Einhaltung von Menschenrechten, Kriegsvölkerrecht und Völkerrecht lauten? Wollen wir uns da allen Ernstes von Pakistan etwas vormachen lassen?

Anders gefragt: Hat Deutschland so viel außenpolitischen Spielraum wie Pakistan? Müssen wir auch weiterhin mitmachen, wenn Pakistan und Iran angegriffen werden? Wenn das Morden in Afghanistan zunimmt, während es im Irak auf diesem entsetzlichen und unerträglichen Niveau weiter andauert? Oder dürfen wir der Nato, Europa, uns selbst und nicht zuletzt dem Willen der überwiegenden Mehrheit der Bevölkerung in den USA dienen, indem wir sagen: Jetzt ist es genug, Herr Bush! Kehren wir zurück zu Recht und Ordnung, erkennen Sie den Internationalen Gerichtshof in Den Haag an, lösen Sie Guantànamo auf! Wagen wir ein Stückchen Frieden!

Die politischen Positionen unseres Parteienspektrums (siehe Kapitel 5) geben keine klare Auskunft darüber, wie es jetzt weitergeht. Persönliche Gespräche mit Abgeordneten zeigten zum Teil erhebliche Wissens- und Einschätzungslücken, und die Äußerungen in Arbeitspapieren weisen erhebliche Defizite in der Wahrnehmung der Realität auf. Oft erschöpfen sie sich darin, bekannte Versatzstücke der Debatte zu wiederholen.[146] So lesen wir in einem SPD-internen Arbeitspapier zur Lage in Afghanistan:

»Nunmehr ist es nötig, Stabilität in Afghanistan herzustellen und eine politische Entwicklung voranzutreiben, die den Menschen in Afghanistan Sicherheit und Frieden bringt und einen Rückfall in den früheren Zustand verhindert.«

Im Juni 2007 geschrieben, ist das der Sachstand Ende 2001.
Die in diesem Papier formulierten Forderungen lassen stellenweise an Naivität nichts zu wünschen übrig. Ein Beispiel: »Die Stärkung der Sicherheit ist nur durch konsequente Qualifizierung und Ausbau der Polizei und der Armee möglich.«
In den vorangegangenen Kapiteln ist gezeigt worden, wie ungeheuer komplex diese Themen sind. Angesichts dessen mutet dieser Satz an wie aus einem Bericht der Heilsarmee über den Besuch in der Polizeizentrale von Palermo.

Sofortmaßnahmen

Es erscheint geraten, ein Gegenhearing zur bisherigen Berliner Praxis und eine vertrauliche Reise einer kleinen Parlamentariergruppe zu ausgewählten Widerständlern zu organisieren.
Doch zunächst ist das Bild schonungslos: Medien fehlgeleitet, fehlinformiert und falsch informierend, Experten ratlos und opportunistisch, Politiker unberaten und hilflos ... Das ist bestenfalls ein Rezept für die Niederlage und das Chaos am Hindukusch. Deutschland kann so nicht verteidigt werden, wohl aber beschädigt.

* * *

»Mit meinem Freund gehe ich durch die Hölle –
aber mit meinem Feind nicht einmal in den Himmel.«

Paschtunisches Sprichwort

KAPITEL 4

Mein Afghanistan

In der Nacht hatten plötzlich laute Motorengeräusche meinen Schlaf unterbrochen. Da aber nichts weiter passierte, drehte ich mich in meinem durchaus angenehmen Bett einfach wieder um und schlief weiter. Der Morgen des 11. November 2001 begann mit ominösen Ereignissen: Wali, unser »Taliban-Aufpasser« vom Informationsministerium, ein netter, friedlicher junger Mann aus der Nachbarschaft Kabuls, betrat plötzlich ohne seinen üblichen Turban den Speisesaal des Hotels Intercontinental (Volksmund: »Intercont«) in Kabul. »Talibanregierung am Ende«, zuckte es mir durch den Kopf. Wenige Sekunden später bat Wali nach kurzer Begrüßung um Essen und Obdach, beides bekam er. Und nur Augenblicke später, als säßen wir in einem schlechten Hollywood-Film und nicht in Kabul, schlichen tatsächlich einige uniformierte Afghanen (Soldaten der Nordallianz, wie mir die Tischnachbarn sogleich versicherten) durch die Büsche unterhalb der großen Fenster des Speisesaals.

So bizarr das anmutete neben Frühstücksei, lokaler Billigmarmelade und Brötchen: Es war ein geschichtlicher Augenblick. Kabul war gefallen, die Taliban hatten sich verdrückt. Ich ließ mir sofort draußen ein gutes Taxi sichern, der »Aufpasser« Wali bekam freundliche Ratschläge und nahm Quartier im Zimmer meines Dolmetschers Ali – und los ging's, mit dieser gewissen kleinen Unsicherheit im Bauch, ob wir den Tag friedlich überstehen oder mit mächtig Ärger konfrontiert würden.

Es lief alles bestens: Wir fuhren bestimmt 200 Kilometer durch alle Vororte und die wichtigsten Straßen, hielten viele Male und sprachen mit den Menschen über ihre Befürchtungen und Hoffnungen, hörten große und kleine Geschichten und Sorgen – und stellten fest, dass es weder Freudentänze noch Frauen gab, die ihre Bukras wegließen. An diesem Sonntag konnte offenbar niemand so recht glauben, dass die Taliban so mir nichts, dir nichts verschwinden würden. Die Stadt durchlebte den Tag wie in Trance. Man ging ruhig und ohne lautes Gespräch spazieren, unternahm wohl auch eine kleine Fahrt mit dem Fahrrad, ohne rechtes Ziel.

In Deutschland glühten derweil nach meinem Satellitentelefonat die Drähte. Abends stand ich dann den *Tagesthemen* im Interview zur Verfügung, direkt vom Dach des »Intercont«, das wegen seiner exponierten Lage über der Stadt mit Sicherheit auch einen einzigartigen Platz in der kleinen Riege historisch bedeutender Herbergen einnimmt.[147]

So berichtete ich an diesem und dem kommenden Tag als einziger westlicher Fernsehkorrespondent mit freiem Visum der Taliban vom Kabuler Hoteldach. Erstaunlich war, dass auch am nächsten Tag, einem Montag, die Afghanen Ruhe bewahrten, während 300 vorwiegend westliche Journalisten, die Kabul mit den Truppen der Nordallianz erreicht hatten, über 48 Stunden verteilt wie eine Welle über die Stadt hereinbrachen und dort allerlei seltsame Geschäfte betrieben, um an die Bilder zu kommen, die ihre Heimatredaktionen offenbar bestellt hatten (siehe Kapitel 3).

Von bösen Ahnungen getrieben, griff ich in einer der wenigen Interviewpausen zum Satellitentelefon und rief das Büro unseres damaligen Außenministers an. Dort ging es einigermaßen hektisch zu. »Um Gottes willen«, beschwor ich die Referentin, die eine bemerkenswert frische und klare Art hatte, »hoffentlich kommen Sie gar nicht erst auf den Gedanken, deutsche Truppen zusammen mit Amerikanern an den Hindukusch zu schicken. Dieser Schritt würde die deutsch-afghanische Freundschaft möglicherweise zerstören und das Scheitern der gesamten Mission sicherlich auch nicht aufhalten können.« – »Gute Idee«, schallte es frisch und froh aus Deutschland zurück, während dort Telefone bimmelten und einiges Genestel zu vernehmen war, »das steht dann auf unserem Grabstein!«

Jetzt, so ist bitter hinzuzufügen, steht es auf anderer Menschen Grabsteinen. Vieler Menschen – und es werden täglich mehr.

1985

Meine Reise nach Afghanistan begann am 17. Dezember 1984 – und sie wird wohl erst abgeschlossen sein, wenn ich tot bin. Am Morgen dieses eher trüben Wintertages erwachte ich nach seltsam bewegten Träumen, von denen nur eine Frage übrig blieb: Was würdest du tun, wenn du keine Angst hättest?

Ich studierte zu dieser Zeit an der Universität München Sinologie im Hauptfach sowie Spanisch und Französisch in den Nebenfächern. Offiziell. Inoffiziell las ich fast jedes Buch, das mir in die Finger kam, Wirtschaft, Technik, Filmemacher, Literatur, auch aus Asien, vor allem China und Japan. Und ich war völlig verzweifelt darüber, dass es für mich keinen beruflichen Weg zu geben schien, der mich mit Freude und Befriedigung erfüllen könnte. Nach Abitur, Wehrdienst und Banklehre sah ich die unglücklichen Fünfzigjährigen um mich herum, nicht zuletzt meinen Vater – und wollte so nicht enden. Aber niemand konnte mir helfen, meinen Weg zu finden.

Und nun diese völlig irrwitzige Frage, die mich traf wie ein Geschoss. Ich wusste sofort, was ich täte, so ganz ohne Angst, diesen ständigen Tutor der Menschen: Dorthin gehen, wo es am schlimmsten ist – und anfangen zu helfen.

Und wo war es am schlimmsten 1984? Kein Zweifel für den politikinteressierten nebenberuflichen Nachrichtenredakteur beim Münchner Kabelradio: Afghanistan.

Ein Interview mit dem damaligen Bundestagsabgeordneten Jürgen Todenhöfer sollte den Durchbruch bringen: Er hatte nach eigenen »Frontbesuchen« schon anderen Journalisten angeboten, ihnen »den Weg zu zeigen«, beklagte sich auch, dass so wenige ihn gingen. Und so gab's einen Interviewtermin, ein freundliches Gespräch, und kurz darauf saß ich in Bonn meinem (späteren) ältesten afghanischen Freund gegenüber: Saleem. Ich hatte keine Ahnung, dass er mir misstraute, denn er war außerordentlich höflich, sprach brillant Deutsch, hatte alle Neuerscheinungen auf dem deutschen Buchmarkt und alle Zeitungen, die sich auch nur teilweise mit seiner Heimat beschäftigten, gelesen und schien an mir interessiert. Sieben Reisen unternahm ich von München nach Bonn, bis er bereit war, mir zu helfen. Sieben ausführliche Gespräche, in denen er das Misstrauen allmählich verlor, das die Empfehlung durch meinen Vermittler in Sachen Afghanistan bei ihm erregt hatte. Aber von diesem Hintergrund sollte ich erst mehr als ein Jahr später erfahren, als wir unsere Freundschaft geschlossen hatten, die bis heute hält.

Ende Juli 1985 war es dann so weit: Ich flog zum ersten Mal in meinem Leben nach Peschawar, wich den Fragen der Mitreisenden aus – und versaute gleich zu Beginn den wichtigen Moment der Abholung durch Karim, einen Funktionär der Islampartei Hezb-i Islami Afghanistan (HIA), weil ich nicht die vereinbarte Jacke trug. Aber Karim fand mich trotzdem. Er sprach mich einfach an, weil zum Glück außer mir kein anderer Fluggast in das Raster passte. Und so kletterte ich in den Jeep, während hilfreiche Hände die (viel zu) umfangreiche Ausrüstung hinten verstauten. Wenige Worte genügten: Ich war angekommen. Durch verwirrende Straßen und Mengen bizarrer Fahrzeuge und Menschen fuhren wir in eine Nebenstraße der Altstadt.

Wir steuerten keines der bekannten oder weniger bekannten Hotels der alten Grenzstadt an, so war es in Bonn mit Saleem verabredet. Denn im September 1984 hatten sowjetische Truppen den französischen Journalisten Jacques Abouchar in Afghanistan aufgegriffen und in Kabul mit einem Todesurteil wegen Spionage bedroht. An diesem Punkt musste etwas stimmen, denn, ähnlich wie im Fall des 2007 von den Taliban entführten Journalisten Daniele Mastrogiacomo, musste sich Präsident François Mitterand persönlich in Moskau um Freilassung bemühen (die dann Ende Oktober auch erfolgte). Bei dieser Gelegenheit hatte die Sowjetregierung vernehmen lassen, weitere »Journalisten« dieser Art werde man künftig in Kabul aufknüpfen. Ich hielt die sowjetischen Spionageanschuldigungen damals für völlig unglaubwürdig und dachte, es handle sich um eine Masche, um die Berichterstattung über die Greuel an wehrlosen Dörflern in Afghanistan zu unterbinden. Heute bin ich mir aus eigener Erfahrung eher sicher, dass die Vorwürfe durchaus berechtigt waren.

Aber die Geschichte hatte mich vorsichtig gemacht, und so war mit Saleem vereinbart worden, dass auf mich gut aufzupassen sei. Eine meiner Vorsichtsmaßnahmen war, die Hotels zu meiden. Dies allerdings auch mit dem Hintergedanken, dass bei einer unorthodoxen Unterbringung durch die Widerständler selbst wesentlich mehr Erfahrungen und gute Verbindungen abfallen könnten als in jedem Hotel. Das sollte sich als bahnbrechender Glücksgriff erweisen.

In einer ungeteerten und matschigen Straße mit schmutzig gelben, etwa drei- bis vierstöckigen Häuserfronten hielten wir plötzlich vor einem der typischen hohen Blechtore. Ein Bewaffneter öffnete sofort und ließ uns ein. Drinnen gab es mehr Bewaffnete – und ich konnte mich des Gefühls nicht erwehren, dass ich nun nicht nur Gast, sondern auch Gefangener war. Doch die Freundlichkeit des Empfangs ließ solche Gedanken rasch verfliegen. Gleich neben der Eingangstür wurde ich in einen Gastraum verfrachtet, den die dort Sitzenden umgehend räumen mussten. Es gab sofort Tee und

Gebäck, bald wurden mir Bad (dreckig, Tröpfeldusche) und Klo (dreckig, Keramikloch im Boden) gezeigt.

Die unglaubliche Gastfreundschaft machte die Trostlosigkeit des Ortes mehr als wett. Bald saßen wir zu fünft und siebt in »meinem« Raum, schwatzten mit Händen und Füßen und verstanden uns prächtig. Und manchmal hatte ich den Eindruck, je wilder die Gesichtszüge und je martialischer die Turbane, desto verlässlicher und sympathischer die Menschen. Immer wieder wurden die Teegelage der kommenden Tage unterbrochen durch einzelne Gesprächspartner, meistens besser gebildete, mit denen sich ernsthafte Gespräche über die islamische Bewegung und ihre Kriegsziele, den Krieg und seine Auswirkungen und, last not least, den großen Führer »Bruder Hekmatyar« entspannen. Ich war für alle Gedanken und Vorträge offen, stellte eine Menge Fragen (die in den Ohren meiner Gastgeber fürchterlich naiv geklungen haben müssen) – und merkte mir, so viel nur ging. Ich lernte die notwendigsten Wörter: »Brot«, »Tee«, »bitte«, »danke«, und erfreute meine Umgebung mit guter Aussprache. Der einzige Dämpfer war dieser »ewige« Hekmatyar. Irgendwann konnte ich die Devotheit bei der bloßen Namensnennung nicht mehr ertragen und sagte das auch. Die Wirkung war nicht erfreulich. Ich beharrte darauf, dass auch Hekmatyar ein Mensch sei und kein Gott, und bot an, mir selbst ein Bild zu machen. Danach würde man sich wieder unterhalten.

Nach einer Woche wurde ich etwas ungeduldig: nicht nur, weil ich Hekmatyar nicht zu sehen bekam, sondern auch, weil mir keiner der Gesprächspartner sagen konnte, wann es denn nun »inside« gehen würde; schließlich war ich ja für einen Trip bis an die sowjetische Staatsgrenze gerüstet und wollte dort unbedingt in diesem Sommer noch ankommen – und natürlich auch wieder zurück.

Etwa 48 Stunden später betrat ein ganz ungewöhnlicher Bursche »mein« Zimmer, warf alle anderen kurzerhand hinaus und sagte, er habe Wichtiges mit mir zu besprechen. Wahid war ein kleiner, fast schmächtiger Mann mit einer enormen Hakennase, die alle anderen

Defizite im Wuchs wettmachen zu wollen schien, und mit scharf bohrenden Augen. Er besaß das formidabelste Gedächtnis, das mir bis dato je bei einem Menschen aufgefallen war, und er ging nach einer kurzen Anwärmphase freigebig damit um. Ich hatte keine wirkliche Vorstellung von der Lage in Pakistan und Afghanistan und ihren teilweise erschreckenden Implikationen – aber dass es hier nicht einfach um einen Abwehrkampf der Afghanen gegen die sowjetischen Eindringlinge ging, das wurde rasch klar und immer klarer. Immer wieder war vom pakistanischen Militärgeheimdienst ISI die Rede, von dem ich schwach gehört hatte. Offenbar war man auf diese Organisation nicht allzu gut zu sprechen, ich wurde regelrecht davor gewarnt.

Kein Wort hörte ich darüber, dass bis dato genau diese Institution, ohne die der Staat Pakistan in der jetzigen Form und Richtung nicht denkbar wäre, der HIA den Löwenanteil der US-Unterstützung hatte zukommen lassen, Geld, Waffen, Munition und jeden möglichen anderen Nachschub, Hunderte von Millionen Dollar jedes Jahr. Stattdessen wurde mir bedeutet, mein Besuch, alle meine Bewegungen draußen würden vor dem ISI geheimgehalten, ich müsse sozusagen untertauchen, mir einen Bart wachsen lassen, mich wie ein Einheimischer kleiden und dringend lernen, nicht aufzufallen, zumindest nicht auf den ersten Blick.

Wahid ließ schließlich durchblicken, dass er so etwas wie der Geheimdienstchef der HIA sei. Er berichtete von manchen Reisen, die ihn nach London und durch fast ganz Europa geführt hätten, wo er unsere »westliche Gesellschaft« intensiv studiert habe.

Und dann kamen die Klagen: Die USA zögen durch exakt dosierte Waffenlieferungen den Krieg unnötig in immer blutigere Längen, die islamische Bewegung werde daran gehindert, einen islamischen Staat zu errichten, sobald die Sowjets das Land verlassen hätten. Meine Ansicht war, Afghanistan müsse selbst entscheiden, welche Art Staat und Regierung es bevorzuge, und so äußerte ich die Meinung, weder die Sowjetunion noch die USA, noch sonst

irgendjemand, auch nicht Pakistan, habe das Recht, hier hinein-
zureden.

Ich hatte den Nagel auf den Kopf getroffen. Was ich nicht wusste, war, dass man offenbar stillschweigend bei HIA der Ansicht
war, man habe sich durch die größten Opfer aller Widerstandsparteien im Abwehrkampf gegen die fremden Besatzer schlicht das
Recht erworben, Afghanistan nach der Befreiung zu beherrschen.
Mit oder ohne Zustimmung der Bevölkerung, die ja in Dingen des
rechten islamischen Glaubens durchaus fehlerhaft und ungebildet
war ...

Natürlich äußerte ich den Gedanken einer freien Wahl, ohne ausländische Einflussnahme, aus der auch die islamische Bewegung
als Regierungspartei hervorgehen dürfen müsse. Das schien allen
Beteiligten zu genügen, niemand, so hatte ich den Eindruck, nahm
an, von einem Westler könne man mehr verlangen. Und die freie
Wahl war ja weit weg, das konnte man später noch zurechtbiegen,
Hauptsache, die HIA war grundsätzlich akzeptiert.

So brachte ich viele Stunden mit meinem neuen Freund Wahid
zu. Er erzählte mir tausendundein Dinge der afghanischen Gesellschaft, brachte mir bei, mich korrekt afghanisch zu kleiden und zu
bewegen, lehrte mich Zurückhaltung und Aufmerksamkeit, islamisches Denken, so wie er es verstand, und die Sicht seiner Bewegung. Das klang ehrbar, sogar begeisternd. Man wollte sich nicht
nur von der Sowjetunion abgrenzen, sondern auch vom Westen,
den er als »moralisch verrottet« empfand. Wir sprachen intensiv
über unsere höchst unterschiedlichen Gesellschaften – und stellten
zwischendurch voller Überraschung fest, dass unsere Grundwerte
gar nicht so weit voneinander entfernt lagen.

Was mir in diesen Gesprächen half, war eine wache, offene und
interessierte Beziehung zur christlichen Religion und zum Protes-
tantismus in meiner Familie. Ich selbst hatte schon früh die Bibel
als spannende Lektüre empfunden, vor allem dann, wenn der junge Hitzkopf Jesus den etablierten Pharisäern über das Maul fuhr.

Meine Mutter meinte, ich solle Pastor werden wie ihr Onkel (Gustav Lahusen) und meine Vorfahren väterlicherseits, die es zu einer ungebrochenen Reihe von 300 Jahren protestantischer Priester gebracht hatten. Aber ich war über diese mütterliche Idee eher entsetzt, schon weil ich gelegentlich fluchen, trinken und zu schnell Auto fahren wollte – von Mädchen ganz zu schweigen. Alles Dinge, die sich schon bei einem Studenten der Theologie sicher nicht gut machten, einen Gemeindepfarrer jedoch mit Sicherheit um den Beruf bringen.

Jedenfalls hörte ich jede Menge Namen von Führern und Kommandeuren der sieben verschiedenen Widerstandsparteien, die ihren Sitz in Peschawar genommen hatten, von der Politik des Westens (natürlich verlogen), von Pakistans Machenschaften (höchst unterschiedlich, in der Summe nur wenig besser: auch gefährlich) und von der unendlichen Opferbereitschaft der HIA.

An einem dieser Tage des intensiven Austauschs sagte mir Wahid mit bedeutungsvoller Stimme, er habe sich entschlossen, mich nach Afghanistan mitzunehmen. Deshalb werde es klappen – und ansonsten werde es nicht klappen.[148]

In diesen Tagen kam nicht nur die gesamte Führungsspitze der HIA nach und nach bei mir vorbei. Es kamen auch Gäste, Afghanen, Pakistani. Man unterhielt sich, kürzer oder länger, fühlte sich miteinander wohl, tauschte sich aus. Ich wendete an, was ich gelernt hatte, Sitten und Gebräuche, Redeweisen. Ich wurde ein HIA-Mann, einer »von denen«. Es ging völlig von allein.

Und dann zogen wir um. Die ratternde Fahrt mit dem alten Toyota Land Cruiser durch die brennende Mittagshitze in einer Sonne, die keinen Schatten zu kennen schien und in jeden Winkel hineinkroch, dauerte nicht lang. Es ging nach University Town, in jenen Stadtteil, dem die ehrwürdige Universität von Peschawar seinen Namen gab.

In einer der Nebenstraßen mit kleinen und größeren Villen hielten wir wieder vor einem (diesmal saubereren) Blechtor, der Bewaffnete wirkte irgendwie smarter als der aus meinem »Wohnsitz« der letzten zwei Wochen. Es hieß, in wenigen Stunden werde Hekmatyar höchstselbst hierherkommen. Ich war gespannt wie ein Flitzebogen. Ich hatte mir fest vorgenommen, ihn nicht übermäßig ehrfürchtig zu behandeln, sondern mit normalem Respekt. Und natürlich würde ich ihn umgehend befragen, wie lange ich denn noch auf die Reise ins Innere Afghanistans würde warten müssen.

Hekmatyar kam, er stieg im kleinen Hof des Hauses plötzlich einfach aus seinem Land Cruiser, trat sofort auf mich zu, schüttelte mir die Hand, es gab die im Westen üblichen Begrüßungsfloskeln im besten Englisch – und das war's. Ich musste wieder ins Haus, er bewegte sich dort in anderen Räumen, zu denen ich keinen Zutritt hatte, sprach mit den Leuten, die umherflitzten.

Abends saßen wir mit Ahmad zusammen, dem Pressesprecher. Ahmad war relativ groß, kräftig gebaut bis dick, sprach das beste Englisch, dass ich je von einem Afghanen gehört habe, schnell, temperamentvoll, humorvoll und mit ätzendem Witz. Wir schlossen sehr rasch Freundschaft, als ich über seine Schilderungen der täglichen Journalistengespräche ein ums andere Mal herzlich lachen musste, und verabredeten sofort, dass ich künftig mit der Mütze tief im Gesicht still in einer Ecke dabeisitzen sollte, wenn die »Ausländer« kämen. Sie zitterten. Alle. Ich habe keinen gesehen, der diese Gespräche angstfrei führte. Jeder musste irgendwie das Gefühl haben, er könne jederzeit mindestens entführt, höchstwahrscheinlich skalpiert oder eventuell eingekocht und verspeist werden. Und je mehr die Journalisten zitterten, desto härter nahm Ahmad sie ins Gebet, desto radikaler äußerte er sich politisch, ließ er sich von seiner Phantasie und Stimmung davontragen, bis zu dem Punkt, dass ich mir plötzlich zusammenreimen konnte, warum der Ruf der HIA sich stetig verschlechterte. Trotzdem war es wirklich urkomisch, was da vor meinen Augen ablief, ich musste in späterer Zeit immer wieder, sogar mitten im Gefecht, plötzlich grinsen oder lachen, wenn ich mich daran erinnerte, wie Ahmad sein sprachliches Trommelfeuer auf sein zumeist etwas jämmerlich erscheinendes westliches Gegenüber richtete.

Nachts kamen Muslime aus aller Herren Länder und übernachteten in meinem großen Gästeraum. Sie hatten offenbar ebenso anregende wie erfolgreiche Gespräche hinter sich, und viele von ihnen konnten danach nicht gleich einschlafen. Mit den weitaus meisten unterhielt ich mich also, manchmal stundenlang, besonders mit einem Indonesier und einem Filipino aus dem unruhigen Stamm der Moro. Es kamen jedoch auch arabische Brüder und andere vom Balkan. Alle erhielten Unterstützung, viele geben davon jetzt wieder etwas zurück. Meine damaligen Gesprächspartner, wenn sie noch leben, sind heute vermutlich alle regionale Führungskader von Al-Qaeda.

In den Jahren 1985 bis 1987 übernachtete ich ausschließlich in diesem Haus; gewöhnlich fuhr ich vom Flughafen Peschawar mit verschiedenen Taxis dorthin, soweit ich nicht abgeholt wurde. Ich verstand mich bestens mit den durchreisenden Kampfgenossen, fand sie zumeist sympathisch, kultiviert, idealistisch. Es käme mir auch heute niemals in den Sinn, ihnen zu misstrauen. Sie waren gebildet, sachlich, menschlich und politisch zugänglich. Es war die Zeit vor den großen Anschlägen, eine andere Welt. Das Verhältnis war damals offen, herzlich, respektvoll.

In dieser Zeit bildete sich mein Urteil, dass mit Mitgliedern der islamischen Bewegung weltweit durchaus zu reden sei, solange sie nicht den Eindruck gewinnen, man nutze diese Gespräche nur, um ihnen Unterwerfungsbedingungen zu stellen, sie in schlechter Absicht regelrecht auszuforschen oder grundsätzlich ihren Glauben in Frage zu stellen.

Der Unterschied zwischen meiner persönlichen Wahrnehmung und der öffentlichen, zumeist über die Medien verbreiteten Sicht ist inzwischen ungeheuer geworden. Überbrückt werden die heutigen Gräben nur dann, wenn zum Beispiel von einer angeblich Al-Qaeda nahestehenden Gruppe in Algerien entführte Wüstentouristen

plötzlich geradezu gerührt und herzlich vom fürsorglichen Edel-
mut ihrer Bewacher sprechen.[149] Da die Partei auch in Islamabad
ein Haus gemietet hatte, nächtigte ich bei Besuchen in der Hauptstadt ebenfalls in den Räumen der HIA.

Und dann kam das denkwürdige Abendessen mit Karyab, dem
»Außenminister« der HIA. Karyab war ein großer, fast weißhaari-
ger, gepflegter Mann, der gut Englisch sprach – aber nie zu viel –
und natürliche Autorität und große Lebenserfahrung ausstrahlte.
Knapp zwanzig Leute saßen um ein langes Wachstuch, ich an einem Kopfende, er am anderen. Etwa 90 Minuten lang hatte ich in
der Runde nichts zu sagen. Also freute ich mich am guten Essen,
sah den Afghanen zu und versuchte, einzelne Brocken zu verstehen. Plötzlich sah Karyab von seinem Teller hoch und fragte mich
völlig unvermittelt, was denn mit mir geschehen solle, falls ich auf
meiner bevorstehenden Reise verletzt würde.

Niemand hatte bisher gewagt, das heikle Thema anzuschneiden.
Ich sagte sofort und ohne Zögern, wenn ich ernstlich verletzt wäre,
wollte ich nicht mühsam von armen Mudschaheddin sterbend über
Berg und Tal geschleppt werden, sondern in Ruhe dort sterben, wo
Gott über meinen Tod entschieden hatte. Und nach meinem Tod
wäre ich dankbar, wenn man mich genau dort auch eingraben wollte, damit meine Familie mich an diesem Platz besuchen könne, sobald Afghanistan frei sei. Eine solche Reise sei nach meiner festen
Überzeugung der einzige Weg, das Verständnis für Afghanistan,
seinen Kampf und für mich zu begründen. Das brachte die Runde
aus dem Häuschen. Man wurde fast fröhlich.

Ich war über mich selbst erschrocken und versuchte, mir das nicht
anmerken zu lassen. Und bis heute meine ich, dass diese Antwort
nicht nur gut und richtig war – sie gilt.

Wenige Tage darauf fuhren wir im Morgengrauen an die Grenze, passierten sämtliche pakistanischen Kontrollen ohne Problem,
denn Landestracht und Bart sowie meine geschlossenen blauen
Augen waren makellos. 65 Kilometer legten wir am ersten Tag

zu Fuß zurück. Ich holte mir an einer dreckigen Pfütze den nachhaltigsten »flotten Otto«, der sich nur denken lässt, und legte die nächsten über 600 Kilometer mit zusammengekniffenem Schließmuskel zurück.

Sechs Wochen mit meinem Tutor Wahid, die mein Leben veränderten. Es begann mit einem denkwürdigen Zusammentreffen mit Hekmatyar bei Parachinar. »Al Fath« (das bedeutet »Sieg«, und zwar ebenso der geistige wie der militärische) hieß der Stützpunkt, der genau auf der Grenze zwischen beiden Ländern im reich bewaldeten Bergland lag. Nachts wurde er angegriffen. Als die ersten Raketen einschlugen, wurde die Tür meines Blockhauses heftig aufgerissen, Wahid führte mich im Stockfinsteren an den Straßengraben und befahl: »Hinlegen, Kopf zwischen die Arme!«

Ich weiß nicht, warum ich keine Angst verspürte. Als es etwas ruhiger wurde, hob ich den Kopf – und blickte mitten in das mir von vielen Fotos und einer einzigen kurzen Begegnung gut bekannte Gesicht Hekmatyars, exakt zehn Zentimeter von meiner Nase entfernt. Ich weiß bis heute nicht, weshalb ich grinsen musste und den verdutzten Widerstandschef in halb spöttischem Ton fragte: »Oh, how are you?«

Wir warteten dann gemeinsam mehrere Salven sowjetischer Stalinorgeln ab, bis Hekmatyar zu meinem großen Bedauern weggeführt wurde, bevor wir uns hatten unterhalten können.

Am Morgen kam das Schlüsselerlebnis, das ich danach noch oft erwähnen sollte, ohne jedoch damit in unserer Welt auf Verständnis zu treffen: Auf dem »Dorfplatz« unserer Blockhaussiedlung, die das Zentrum der Befestigung Al Fath ausmachte, feuerte ein kleines MG hilflos auf einen am Himmel vorüberheulenden sowjetischen Jagdbomber. Seine 500-Kilo-Bombe klinkte der Pilot irgendwo über den Hügeln aus, wo die Flugabwehr ihre Positionen hatte. Und mitten in diese Szene tönte ganz deutlich eine mächtige Stimme aus den umliegenden Wäldern mit den Worten: »Nieder mit dem Imperialismus aus Ost und West!«[150]

Mit Hekmatyar, 1985

Hekmatyar traf ich danach noch mehrfach. Bei einem dieser Gespräche sagte er mir auf meine Frage nach seinen politischen Am-
bitionen: »Sollte ich je versuchen, dieses Land zu führen, wird der
Westen mich umbringen.« Es gab ein langes Interview im Tannen-
wald und gemeinsame Aktionen wie MP-Schießen aus der Hüfte.
Hekmatyar war gut darin. Er konnte auch die »Segojak« (ZK-1,
ein russisches Flugabwehr-MG) hervorragend bedienen; ich film-
te, interviewte und fotografierte.
Während meiner Reise sah ich achtunddreißig Dörfer, von denen
siebenunddreißig völlig zerstört und menschenleer waren. Das
eine intakte Dorf gehörte einem prosowjetischen Clan, der sich jedoch im Kampfgebiet nicht halten konnte und nach Kabul geflo-
hen war.
Meine wechselnden Bewacher und ich zogen nachts über die Ber-
ge, ruhten zumeist tagsüber bei Sympathisanten und gerieten von
einem Gefecht ins andere. Wahid sorgte den ganzen Höllentrip hindurch wie ein Bruder für mich, belehrte mich, patronisierte mich,

140

ließ mich seine Macht spüren und meine Hilflosigkeit, ging mir damit auf den Wecker. Die Afghanen haben mich mit ihrem Körper gedeckt, wenn ich im Gefecht gewagte Filmszenen drehte (damals noch Super 8), einer trug mich über eine gefährliche Schlucht, wobei er auf einem dünnen Balken balancierte.

Einmal kam ich in ein Dorf, dessen Angstschweiß vor einem der furchtbaren russischen Luftangriffe ich beim Anmarsch förmlich riechen konnte. Meine Gruppe übernachtete dort, und der Chef der Familie kam am späten Abend in meinen kleinen Gästeraum, breitete mit väterlicher Bewegung eine Wolldecke über mir aus und wünschte mir eine ruhige Nacht. Niemals während meiner ganzen Reise habe ich so gut geschlafen.

Während der Märsche und nachts besprachen Wahid und ich in endlosen Diskussionen meine Idee: Einzelne Mudschaheddin sollten statt Waffen Videokameras ins Gefecht mitnehmen und nach genauen Plänen alles dokumentieren. Sie sollten sich regional verteilen und die Greuelattacken der Sowjets filmen. Das Material wollte ich weltweit verteilen und von den Erlösen neue Ausrüstungen für weitere Kameraleute kaufen und anliefern. Ein späteres nationales Filmmuseum sollte daraus entstehen, nach der Befreiung. Wahid sagte nur: Okay, ich vertraue dir genau dann, wenn du mir die Sendekopien dieses jetzt gefertigten Filmmaterials bringst. Und ich hörte die Geschichten von angeblichen Journalisten, die nur jede Menge Daten, Film- und Fotomaterial sammelten, das jedoch niemals irgendwo erschien.

Immer wenn wieder eine Fotorolle abgeknipst und eine der großen Super-8-Kassetten abgedreht war, machte sich in irgendeinem Dorf ein hilfreicher Afghane auf den Weg, um für wenige Rupis das wertvolle Material ins HIA-Hauptquartier zu bringen. Meine Gefangennahme hätte den Sowjets also recht wenig genützt. Die aufwendige Botenaktion, so hatte ich verkündet, sollte das Netzwerk der HIA in Afghanistan testen – und mir damit Argumente geben, finanzielle Unterstützung für meinen Medienplan bei deutschen Spendern einzuwerben. Am Ende fehlte eine 12er Fotorolle, sonst nichts, sechsundzwanzig Rollen Film und Fotos waren wohlbehalten zurückgekehrt. Zwei der Kameraden, die von Stützpunkt zu Stützpunkt immer neu meine Leibwache bildeten, kamen in einem Hinterhalt kommunistischer Truppen bei Gardez ums Leben, der mir gegolten hatte. Davon hörte ich erst bei meiner Rückkehr in Peschawar und nahm es zum Anlass, einen Schwur zu tun, dass ich so lange immer wiederkommen und berichten würde, bis die Sowjets das Land verlassen hätten.

Sehr schnell, noch in den wenigen Tagen nach meiner Rückkehr aus Afghanistan und vor meiner Abreise nach Deutschland, kam es dann zu dem denkwürdigen Gespräch mit Hekmatyar, in dem ich mit ihm fast zwei Stunden lang den abgestimmten Aktionsplan für das gemeinsame Medienprojekt besprach. Ich habe ihn seitdem hin und wieder auch in seinem nahebei gelegenen Privathaus besucht, ein einfacher Kasten hinter stacheldrahtbewehrten Mauern mit einer riesigen, martialisch wirkenden Bogenlampe über dem Tor. Die Wachposten sahen bei mir von jeder Personenkontrolle ab, stattdessen umarmten wir uns fest und machten Witze. Eines der besten Gespräche über islamische Prädestinationslehre[151] hatte ich mit einem besonders feinsinnigen Mitglied von Hekmatyars Schutztruppe. Die Qualität des Austauschs sank erst, als wir einen Dolmetscher zu Rate zogen, der unsere Schwingungen nicht verstand.

Zurück in Deutschland, begann der Kampf mit den Medien und mit der Politik. In den Monaten nach meiner Reise besuchte ich eine ganze Reihe von Bundestagsabgeordneten, um auf zwei Probleme gleichzeitig aufmerksam zu machen. Das erste waren natürlich die schrecklichen Verheerungen, die die Sowjetarmee an Mensch und Natur in Afghanistan hinterließ. Ganze Dorfschaften kamen ums Leben, Tausende sog die Blutmaschine Pul-i Charkhi bei Kabul auf, das finstere Staatsgefängnis, in dem Folter und Mord an der Tagesordnung waren und womöglich noch immer sind. 1,3 Millionen Tote passieren nicht auf einen Schlag, dafür musste auch die skrupellose Sowjetunion lange »arbeiten«. Ganze Täler waren durch Zerstörung der kunstvollen Wassergrabensysteme trockengefallen, das unendlich fein und kompliziert organisierte Kunstwerk der Nutzungsrechte des wenigen Wassers, die exakt festgelegten Nomadenzüge mit ihren Herden – ich hatte alles gesehen, hatte miterlebt, wie das drittärmste Land der Welt atmete und langsam zu ersticken drohte. Die schlimmste Flüchtlingsbewegung nach dem Zweiten Weltkrieg ergoss sich mit 7 Millionen Menschen von insgesamt 17 Millionen Gesamtbevölkerung nach Pakistan (5 Millionen) und in den Iran (2 Millionen), hinzu kamen noch 2 weitere Millionen intern Vertriebene. Aber das war ja leider bei weitem nicht alles.

Vielmehr war mir völlig klar, dass hier eine Zeitbombe lauerte, bestens für die Kriegführung ausgebildete, todesbereite Kämpfer mit weltweiten Verbindungsnetzen – da erwuchs aus unserer eigenen Korruption in der skrupellosen Ausnutzung dieser Menschen für unsere westlichen Ziele ein Gefährdungspotenzial allererster Güte. Und so führte einer meiner ersten Wege in Deutschland mich nicht zu deutschen Politikern, sondern zur US-Botschaft, damals noch in Bonn. Dort erklärte ich dem verdutzten Militärattaché im Spätherbst 1985, wenn die US-Politik in der Region sich nicht schleunigst ändere, werde es eines Tages islamische Kämpfer geben, die Bomben vor seine Haustür in den USA legten. Die Wirkung war durchschlagend: Ich wurde nicht mehr vorgelassen und bekam keine Gesprächspartner mehr.

Altbundespräsident Karl Carstens, ein ebenso langjähriger wie treuer Freund meines Großvaters Heinrich Bömers, empfing mich, aber als ich nicht genügend »Biss« zeigte, anderen Hilfsorganisationen das Wasser abzugraben, beschloss er, meine Arbeit nicht zu unterstützen. Außerdem hatte er meine Analysen und Prognosen offenbar noch nicht genügend oft woanders gehört, da hatte ich keine Chance.

Wenig besser waren die Begegnungen mit Bundestagsabgeordneten der SPD, damals in der Opposition: Rudolf Bindig, ehemals
führender Mann im regierungsnahen Hilfsverein »Help«, ein
Mann, der schon alles wusste, also auf meinen Senf dazu glatt
verzichten konnte, und Karsten D. Voigt, ein Mann, der dem Widerstand höchst kritisch gegenüberstand und wie Bindig die Minuten zu zählen schien, bis ich wieder draußen war. Der offenste
und beste Abgeordnete war Volker Neumann, aber der hatte nicht
viel zu sagen. Kein Gedanke dieser Herren, dass vielleicht mit ein
paar Mark etwas Gutes bewegt wäre in der Unterstützung meines
Plans, den Widerständlern das Filmen beizubringen und dadurch
den aufblühenden Hass ein wenig bremsen zu helfen. An die höheren Chargen kam ich erst gar nicht heran.
Heute ist das wieder so. Es scheint schwierig zu sein, den Dialog
mit der SPD zu führen, sie weiß vieles besser, versäumt viel – und
hat keinen klaren Plan, wie es besser werden soll. Jedenfalls keinen, von dem ich meine, dass er eine Erfolgschance hätte. Trotzdem
werde ich weiterhin den Dialog suchen, auch um die Befindlich-
keiten zu erleben und meine Argumente zu schärfen. Mir ist klar,
dass sich das Problem jetzt nur noch dahin auswachsen kann, dass
wir noch deutlich mehr tote Bundeswehrsoldaten beklagen und ein
oder mehrere größere Attentate auch in Deutschland erleben. Bedauerlicherweise wird dies alles dann ehrlich verdient sein.

1986

Das Kriegsjahr 1986 begann nach der Schneeschmelze mit den
heftigsten Bombardements des ganzen Krieges in der Region von
Khost, die auch heute wieder sehr unruhig und nicht zu beherr-
schen ist. Damals hieß der HIA-Stützpunkt »Jehadval« (Mann des
Dschihad)[152] und stand unter Leitung des fähigen und berühmten
Kommandeurs Faez Mohammad. Offenbar hatte er Sinn für Ästhe-

tik, Effizienz und Humor, denn er ließ seinen schmucken kleinen Kommandeursbungalow mit Bombenhülsen als Gartenzaun umgeben, die Metallkörper bunt bepflanzen und täglich wässern.

Faez Mohammad fiel mir auf, weil er einmal in ruhigen, zügigen Bewegungen an einer Hügelkette entlangging, auf dem Weg zu unserem Bunker. Ich ging auf der anderen Seite des kleinen Taleinschnitts ebenfalls zu diesem Unterstand. Da setzte ein Bomben- und Granathagel ein. Er zuckte kurz – und ging dann exakt im gleichen Schritttempo weiter. Selbst ein elektronischer Zeitmesser hätte keinerlei Geschwindigkeitszuwachs in seinem Gang feststellen können. (Solche Dinge muss man deshalb gesehen haben, weil sie besser als viele Worte und soziologische Untersuchungen zeigen, wie stark *Nang-Namoos*, Würde und Ehre, zwei zentrale Begriffe des uralten Stammesgesetzes der *Paschtunen*, des Paschtunwali, in den Afghanen wurzeln. Bevor man »sich etwas vergibt«, wird man eher tödlich getroffen oder verletzt. Erst wenn man das weiß, ist für unseren Kulturkreis verständlich, warum das rabiate Eindringen in Frauengemächer durch Nato-Truppen ganze Dorfschaften in den spontanen Widerstand und später in Selbstmordaktionen treibt.)

Die Bunker waren übrigens mit Osama bin Ladens Geld in die Hügel gegraben worden, sie hatten hohe Räume und Eisenträger unter der Decke, die mit gebrannten Ziegelsteinen ausgekleidet war. Mich erstaunte diese ungewohnte Bauqualität damals. »Our Saudi friend«, hieß es geheimnisvoll über die Quelle dieser Errungenschaften.

Faez Mohammads Hochschätzung gewann ich durch einen Irrtum, der mich fast das Leben kostete: Wir waren erst weit nach Mitternacht mit einem Jeep in seinem Bereich angekommen, nach stundenlanger Fahrt, und sofort in einen Raum geführt worden, dessen Wände mit dicken Baumstämmen verkleidet waren. Diese Höhle fand ich außerordentlich vertrauenerweckend, so dass ich morgens, als ein heftiges Bombardement in großer Nähe einsetzte, einfach beschloss weiterzuschlafen, um für die spätere aufregende

Kameraarbeit draußen besser gerüstet zu sein. Die Mudschaheddin kommentierten das mit Geflüster. In einer Pause trat ich dann vor die Tür – da traf mich der Schock: Meine vermeintlich stark befestigte Höhle war ein schlichtes freistehendes Blockhaus und weithin sichtbar!

Dazu ist anzumerken, dass ich in Afghanistan derart oft ein so unwahrscheinliches Glück gehabt habe, selbst in absolut aussichtslosen Momenten niemals getroffen oder auch nur leicht verletzt zu werden, dass es jeder Beschreibung spottet.

Inzwischen hatten die Medienresonanz meines 1985er Berichts in TV und Presse sowie mein Kameraprojekt in der Islampartei (HIA) Furore gemacht, man war begeistert, einen Westler getroffen zu haben, der Wort hielt und auch über das Glaubensleben der Widerständler berichtete, ohne zu kritisieren oder herabzuwürdigen. Überall, bei Funktionären und Mannschaften, standen mir die Türen offen, und der grüne Tee floss in Strömen.

Hekmatyar stand damals stark unter Druck, weil die USA von ihm abrückten und das Geld nicht mehr sprudelte wie gewohnt. Trotzdem nahm er mich in seinem Jeep ein Stück mit, und ich berichtete ihm voll Empörung über die Ineffizienz der afghanischen Mannschaft in seinem Bonner »Informationsbüro«.[153] Außer dem bewährten Herrn Saleem könnten ruhig alle gefeuert werden, sagte ich, da werde nur Geld verbraucht und nichts gearbeitet, die so notwendigen Kontakte in die deutsche Bevölkerung kämen auf diese Weise nicht im wünschenswerten Maßstab zustande. Hekmatyar war keineswegs sauer über meinen Vorstoß und das harsche Urteil. Einige Tage später erhielt ich von ihm den Ausweis, der mir bis zum heutigen Tag gute Dienste leistet.

Dieses Dokument verpflichtet jeden Kommandeur im Felde, mir bei meiner Arbeit jede erdenkliche Hilfe zu gewähren. Doch zeigte sich rasch, dass eine Unterschrift, auch wenn sie vom Chef stammt, ohne entsprechendes Begleitpersonal im Lande des Analphabetentums nur begrenzte Wirkung entfaltet. Jedenfalls nahm die Bereit-

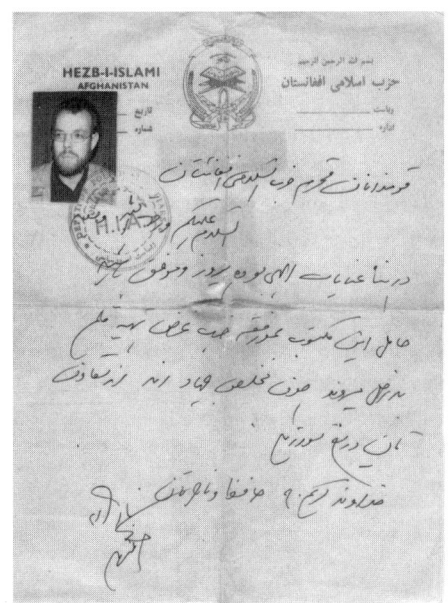

Von Hekmatyar
ausgestellter Ausweis

schaft der Kommandeure, mir tatsächlich zu helfen, in dem Maße
ab, wie die Partei infolge Finanzmangel und Intrigen von innen
und außen an Macht und Strahlkraft verlor.

Aber damals, 1986, war für mich mit diesem Papier unsere Freundschaft endgültig besiegelt. Ich wusste, ich könnte mich immer freimütig äußern und müsste im Gegenzug keine Sanktionen fürchten. Natürlich gab es auch Gesprächsthemen wie Menschenrechte
der Gefangenen, Frauenrechte, Auseinandersetzungen der Afghanen untereinander, die anzusprechen ich mich als Journalist genötigt sah. Zum Beispiel wurde die Islampartei beschuldigt, immer
wieder wichtige Gegenspieler zu töten. Diese kontroversen und
ethisch aufgeladenen Themen waren nie ganz leicht, aber offensichtlich taten sie der Freundschaft keinen Abbruch.

Inzwischen wuchs mein Netzwerk unter den Kommandeuren der
Partei in Afghanistan und Pakistan stetig an. Bei den meisten war

es kampferprobte Sympathie, bei manchen mag auch der Wunsch dahintergesteckt haben, im Ausland bekannt zu werden. Einige haben später erfolgreich in westlichen Ländern Asyl beantragt.

Wahid strebte offenbar eine parteiinterne Position an, für die er in grenznahen Kampfposten regelrecht auf Wahlkampftour ging. Mich, sein Geschöpf, nahm er dabei mit. Ich hatte jedoch den Eindruck, dass seine Geschäfte nicht den erwünschten Verlauf nahmen, was ich bedauerte. Doch ich konnte ihm nicht helfen, sah darin auch nicht meine eigentliche Aufgabe. Ich half hingegen einer Reihe von Parteimitgliedern, ihr Englisch zu verbessern, empfahl Literatur, klärte Grammatikfragen und gab Empfehlungen zum Lernstoff. Nachts schrieb ich mit und ohne Wahid an der Parteizeitung *Al-Sobh* (Der Morgen, gemeint ist: der Morgen des Sieges) mit, diskutierte endlos über westliche Politik und Gesellschaft und warb für mein Kameraprojekt, das sich zunächst gut entwickelte. Mit Hilfe der Deutschen Welle gelangte das Filmmaterial, das »meine« Kameraleute und ich gemeinsam aufgenommen hatten, in über 100 Länder der Welt, ein gutes Dutzend davon bereiste ich auch selbst, gab Interviews, sprach mit Redaktionen.

Natürlich besuchte ich auch 1986 wieder zahlreiche Politiker in ihren Bonner Büros. Und wie schon 1985 fuhr ich oftmals noch in der Nacht weinend über die leeren Autobahnen in mein Münchner Studentenappartement, weil ich nicht begriff, warum Menschen derart wichtige Posten einfach nur verwalten. Ich hätte dieses Buch damals schon schreiben sollen – aber ich traute es mir nicht zu, ich fühlte mich nicht reif genug.

Inzwischen beherrschte auch der holzköpfige Gerhard Löwenthal vom ZDF die Diskussion und die Spendenentscheidungen (siehe Kapitel 3). Stets mit dabei: der BND und unsere Militärs. Bei derart geballter Glaubwürdigkeit wurden unbekannte Amateure wie ich nicht benötigt.

1987

Alles veränderte sich, 1987 glich Peschawar einem Tollhaus, plötzlich waren die Monarchisten, eine militärisch absolut unbedeutende kleine Schar, unter Regie der USA die neuen Stars der Widerstandsshow. Die HIA drohte an mehreren US-gesteuerten Bruchlinien zu zerfallen. Als ich im Juli wieder »an die Front« wollte mit einer Riesenladung Kameraausrüstungen inklusive Solarzellen für »meine Kameratruppe«, rief mich ein im deutschen Exil lebender afghanischer Freund an. Ob ich für Bruder Hekmatyar eine Botschaft mitnehmen könne. Selbstverständlich. Dann sollte ich meinen Koffer beschreiben. Das tat ich: Hartschale, blau.

Und dann erschien er, brachte einen blauen Hartschalenkoffer mit, fast so groß wie mein privater »Kampfkoffer«, höllisch schwer. Ich protestierte, er insistierte. Hochwichtig. Wozu das Ding denn gut sei? Das darin eingebaute Gerät sei ein Bombenwarner für Konvois, flüsterte er, ein wirksamer Schutz vor »roadside bombs«. Bruder Hekmatyar sei schwer gefährdet, habe mehrere Attentate nur mit Allahs Hilfe überstanden, mehrere Brüder in Begleitfahrzeugen seien jedoch tot, darunter solche, die ich kannte: Einmal sei sogar eine ganze Häuserzeile in die Luft geflogen. Nicht öffnen, das Ding.

Ich tat das sofort. Drinnen ein Durcheinander von Röhrentechnik, schweren Metallplatten, wirr verlegten Kabeln, unbeschreiblich, ein Schrotthaufen veralteter Technik, so kam es mir vor, aber mit zwei Messanzeigen. Sehr beeindruckend. Vor allem der selbstgebastelt aussehende Aufkleber einer bei München gelegenen obskuren Elektronikfirma. Doch das buchstäblich Höchste waren die nicht weiter verpackbaren Extras, darunter ein riesiger hohler Pappzylinder mit einem Drahtgestell, das aussah wie von einer Dachantenne entwendet. Es gelang mir in vier Stunden nicht, aus diesem bizarren Ensemble eine irgendwie plausibel aussehende Apparatur zu bauen. Bauanleitung sowieso Pustekuchen.

Meine »Kameratruppe«

So flog ich mit der ganzen Ladung nach Islamabad.

Hekmatyar kam am Abend meiner Ankunft, umarmte mich auf das Herzlichste, was er so noch nie getan hatte, und sprach mir seinen tiefempfundenen Dank aus. Offenbar war er eigens wegen dieser Apparatur aus Peschawar angereist. Ich konnte jedoch nicht umhin, darauf hinzuweisen, dass sie verdächtig aussah. Ob denn zufällig ein anderer Bruder die Bedienungsanleitung mitgebracht habe. Neineinein.

Dann setzte sich Hekmatyar an einen Tisch und unterschrieb die vom Zoll verlangte Erklärung, dass er die Kameraausrüstungen in seiner Organisation zum Verbleib im Ausland entgegennehmen werde. Am kommenden Tag sprach ich wieder beim Zoll vor, präsentierte zur höchsten Überraschung Hekmatyars Unterschrift, dazu meinen brandneuen pakistanischen Journalistenausweis, löste damit die Kameras aus, erklärte die Bastelei zum TV-Kamerastativ, zeigte im Privatkoffer auf meine Unterhosen und Wandersocken und verließ den Zoll, dessen Mitarbeiter sich mir nachschauend am Kopf kratzten und untereinander besprachen, warum ihr Kollege am Vortag diese keineswegs zollpflichtigen Dinge zurückbehalten hatte.

Vierzehn Tage später erwiesen sich meine Befürchtungen als stichhaltig: Das Technikmuseum im Hartschalenkoffer war eine Totgeburt. Ich fragte mich, ob so etwas eine Intrige sein könne. Ich warnte davor, dass auf Deutschland leider kein Verlass sei, und erklärte die Einzelheiten bei der unvorhergesehenen Übergabe durch meinen Freund in München. Keiner bei der HIA machte mir Vorwürfe.

Im Land dann war ich wieder unfreiwillig HIA-Botschafter: Mit einer riesig langen Kiste (1 × Stinger,[154] bitte in Jute einwickeln!) zog unser Trupp nach Nuristan, um einen Stammeschef zu kaufen. Der Mann war zunächst widerspenstig, nahm aber schließlich an. Schließlich kostete dieser Feuerwerkskörper etwa eine halbe Million Dollar! Kampfhandlungen sah ich zwar keine, doch »meine« Kameraleute lernten, in Rekordzeit ihren Rucksackkoffer zu packen und mit Solarzellen ihre Kamerabatterien nachzuladen. Sie konnten die Kamera still halten und auch für westliche Cutter brauchbare Zooms abliefern. Verwertbares Nachrichtenmaterial hatten die Gruppe und ich selbst nun nicht gedreht. Das erhielt ich dann in Peschawar mit Hilfe meiner Freunde im inzwischen gut ausgebauten »Filmbüro« der HIA und fuhr damit einigermaßen wohlgemut nach Hause.

Ich war über zwei Monate weg gewesen. Alles war in Aufruhr. Meine Mutter hatte meine Freundin besucht, die beiden Frauen hatten Reisepläne geschmiedet, um mich zu suchen, die Partei bestürmt, meine Freundin war darüber schwer krank geworden, die Beziehung am Ende. Zu dieser Zeit lagen bereits knapp drei furchtbare Jahre voller Ungewissheit, Stress, Kampf und Trauer hinter uns, die unser gemeinsames Engagement für Afghanistan mit sich brachte.

Von zu Hause aus schrieb ich Hekmatyar einen höchst kritischen Brief. Die Partei war in Unordnung, er traf zu viele Entscheidungen selbst, meine Arbeit ging nicht mehr voran, die Mitglieder des HIA-Vorstands, jeder von ihnen wie ein Minister zuständig für einen wichtigen Geschäftsbereich, kooperierten nicht mehr ausreichend. Ich musste mit Abbruch der Zusammenarbeit drohen. Es kam nie eine Antwort. Und natürlich hörte ich dann doch nicht auf.

1988

1988 kam ich nicht nach Afghanistan, weil mir das Geld fehlte, um die Reise zu bezahlen. Meinen Kontakt zu ARD-aktuell »verbrannte« ich mit einem dreiwöchigen Hungerstreik ganz allein vor dem »Hochhaus am Tulpenfeld«, dem Abgeordnetenhochhaus in Bonn. Damit protestierte ich ebenso gegen den Friedensvertrag von Genf wie gegen den Mangel an korrekter Berichterstattung über die schwierigen Verhältnisse am Hindukusch. Karl Carstens, aus dessen Büro ich zu sehen war, empfing mich, um mir mitzuteilen, dass er mich zwangsernähren lassen werde, wenn ich mit dem Blödsinn nicht aufhörte, das sei mit meiner Familie so abgesprochen. Hekmatyar schrieb, nun sei es genug. Am Ende bekam ich mehrere namhafte Politiker verschiedener Parteien dazu, einen von mir vorgelegten Aufruf für mehr Medienpräsenz am Hindukusch zu unterstützen, besonders beeindruckt hat mich der Telefonkontakt mit Hildegard Hamm-Brücher von der FDP. Doch hatte ich hinterher weder Kraft noch Geld, den Aufruf zu veröffentlichen. Am Ende war ich ausgebrannt, pleite und einsam.

1989 bis 1992

Zu Jahresbeginn 1989 zeigte sich, dass die ARD niemanden hatte, den sie – nach dem Abzug der allermeisten sowjetischen Streitkräfte – relativ unbesorgt in die unübersichtliche Lage am Hindukusch entsenden konnte.

Es gab einiges Hin und Her, dann bekam ich zwar eine Art Rahmenvertrag, jedoch keinen Geleitbrief, so dass ich nicht einmal einen pakistanischen Journalistenausweis beantragen konnte. Außerdem war mir schleierhaft, wie ich ohne funktionierendes HIA-Netz an den pakistanischen Grenzkontrollen vorbeikommen sollte. Der glanzvolle Auftrag war gefährdet. In dieser Lage wandte ich mich wieder an Carstens. Er empfing mich in seinem Bonner Büro am Tulpenfeld, humorvoll, gütig, schrieb umgehend an die pakistanische Botschaft – und erhielt ebenso umgehend Antwort: Meinen Reisen an die pakistanische Grenze stehe nichts im Wege, ließ der Botschafter Pakistans sich umgehend in ausgesucht höflicher Formulierung vernehmen. Ich müsse mich an die Institutionen wenden.

Hierbei sei die deutsche Botschaft sicher gern behilflich, hieß es dazu mündlich in diesem Ton, der kaum eine andere Wahl lässt.

In Islamabad meldete ich mich also gleich nach Ankunft in der deutschen Botschaft. Man verwies mich an den Ersten Sekretär, das war die Tarnbezeichnung des Residenten. In seinem Büro zog er einen Vorhang beiseite, der eine ganze Wand bedeckte. Dahinter kam die beste und größte Afghanistankarte zum Vorschein, die ich je gesehen hatte. Ich musste irgendeine schriftliche Erklärung abgeben, was ich auch tat.

Ich habe mir nicht die Mühe gemacht, mir zu merken, was ich da unterschrieben hatte, denn ich wusste, dass ich mich nur an das halten würde, was mein Gewissen für richtig hielt. Dann kam die letzte Hürde: Inspektion durch das pakistanische Militär. Was nicht gesagt wurde: ISI.

Die besseren der Herren waren auffällig dick, alt und trugen viel Lametta auf den Schultern. Einer sei ein bekannter und gefürchteter General, mit Deutschen jedoch recht leutselig, war mir gesagt worden. Man stellte allerlei schlaue Fragen zu meinen HIA-Kontakten, deren offene und aus vielerlei persönlichem Erleben gespeiste Antworten erstaunt kommentiert wurden. »He is really close«, flüsterte der General dem Residenten zu. Der sah wegen der mit solchen Kommentaren unweigerlich aufblühenden Erwartungshaltung weniger glücklich aus, konnte jedoch andererseits seinen Stolz über seine »Erwerbung« auch nicht völlig verbergen. Ich plauderte ebenso unbefangen wie möglichst belanglos, sprach von meinen »Brüdern«, erwähnte keinen der nächtlichen Reisegäste, verwies auf gemeinsame politische Ziele (Abwehr der Sowjetgefahr) und erklärte schließlich, ich sei nicht für Deutschland und nicht für Pakistan hier, sondern, wenn überhaupt, ausschließlich im Dienste Afghanistans, seiner Souveränität und der Menschenrechte – vor allem jedoch als ARD-Journalist. So war das nicht abgesprochen, kurze Debatte der dicken Lamettaträger: Man gab sich weltmännisch. Dann die Besiegelung einer neuen Epoche meines Lebens: Okay, we understand, that is no problem for us. Good bye.

Scheiße, ich war Agent geworden. Für den BND, das fand ich in Ordnung, der Resident machte einen hervorragenden Eindruck (das sollte ich später bei gelegentlichen Kontakten mit seinen Nachfolgern auch noch ganz anders erleben). Aber ausgerechnet für den ISI? Wie sollte ich das meinen Freunden erklären?

Das musste ich gar nicht. Sie wussten schon Bescheid, als ich nach Peschawar kam; sie waren tief enttäuscht. Und meinen Erklärungen schenkten sie keinen Glauben. Ich fragte sie: Was ratet ihr mir denn, wie ich in wenigen Stunden an die Grenze und wieder zurück kommen soll? Ohne von den ewigen und immer strenger und gewitzter werdenden Straßenposten aufgehalten zu werden? Wie weit wollen wir den Mummenschanz noch treiben? Eure Beziehungen zu den Streckenposten sind doch gestört! Und, ARD-aktuell, wisst ihr überhaupt, was das bedeutet? Auftrag, Lieferung, Satellitenbuchung, pünktlich? Sorry – aber ohne Insh'Allah, sondern 100 Prozent.

Okay, es ging nicht; da war sie wieder, die Kulturbarriere. Das schmerzte, nach all den Jahren. Zum ersten Mal wohnte ich im Hotel, zig Journalisten waren da. Ich besorgte eine Pistole, 9 mm Glock, Sicherungsbügel im Abzug. Einfach ziehen, abdrücken, fertig, für 2000 US-Dollar. Der Hotelbesitzer erwies sich bei diesem Geschäft als größter Waffenhändler der inzwischen weltberühmten Waffenschmiede bei Peschawar: Darra. Er bewirtete mich in seinem damals schon sehr schicken Laden mitten an der Hauptstraße. »Sie wollen auch wieder Maschinenpistolen? 100 Stück, diesmal, für die deutsche Botschaft?«

»Was haben denn meine Kollegen bevorzugt?«, fragte ich ins Blaue hinein, aber in festem, geschäftsmäßigem Ton. Es war geradezu mit Händen zu greifen, der Mann witterte ein offenbar sehr gutes Geschäft, dessen Ablauf er schon kannte, und brachte stolz und in guter Aussprache heraus: »Heckler & Koch!«

Meine BND-Berichterstattung gestaltete sich vergnüglich. Ich wurde zum Frühstück ins Marriott-Hotel eingeladen, plauderte viel über die anderen Parteien, wo, wie ich ja wusste (siehe Kapitel 3), meine Medienkollegen »beschäftigt« waren – und erzählte so wenig wie möglich harte Fakten über die HIA in der Hoffnung, dass es nicht auffiel.

Einiges Personal an der deutschen Botschaft in Islamabad war damals tief verwickelt in Intrigen zur Spaltung der HIA, dafür lag offenbar massenhaft Steuergeld bereit. Meine Quelle musste es wissen. Zur Tragödie der Leichenberge zerbombter, zerschossener und zu Tode gefolterter Afghanen kam jetzt noch das politische Satyrspiel hinzu: Eingriffe in die künftige afghanische Innenpolitik. Das war damals nicht anders als heute und genauso dumm, kurzlebig und mit Sicherheit erfolglos. Aber dafür mit Steuergel-

dern, »Pressearbeit« und zahllosen Politikerreisen: »Ich war vor
Ort! Nicht nur einmal! Wir konnten uns umfangreich und offen in-
formieren! Wir haben natürlich auch gesprochen mit …! Glauben
Sie mir, es verhält sich so, dass …!«

HIA-Mann Khalid Rashid, afghanischer Leiter der Repräsentanz
einer deutschen NGO (überhaupt, diese sagenhaften »N«GOs!),
fuhr plötzlich einen weißen Mercedes-Jeep und wollte gemeinsam
mit seinem Freund Qazi Amin seine eigene HIA-Fraktion gründen.
Fürwahr eine bahnbrechende politische Leistung von bleibendem
historischem Wert.

Später erzählten mir HIA-Freunde, dass die deutsche Botschaft der
Partei eine weiße Mercedes-Limousine geschenkt habe – jeder nur
denkbare Hohlraum randvoll mit Sprengstoff.

In Wahrnehmung meines Auftrags von ARD-aktuell nahm ich auch
mit anderen Gruppen Kontakt auf, zum Beispiel mit der Khalis-
Fraktion der HIA (gelegentlich auch HIA II genannt). Yunis Khalis, ein Mullah, nahm sich noch in hohem Alter eine sehr junge
Frau, was ihm nicht überall Respekt eintrug. Man muss das alles
nicht so ernst nehmen, Afghanen kritisieren einander in scharfer
Form, und Gewinner ist, wer die lustigste und zugleich ätzendste
Formulierung findet. Die Ansichten über Hekmatyar waren weit
weniger spaßig: hochintrigant, mörderisch und kriegslüstern.

Der Kontakt zur Familie des späteren Vizepräsidenten Haji Abdul Qadir stammt aus dieser Zeit meiner Kontaktaufnahme mit der
HIA II und war höchst erfreulich. Der alte Recke Abdul Haq (ein
jüngerer Bruder von Qadir und ebenfalls HIA II), der noch in den
letzten Tagen des Talibanregimes möglicherweise zu viele Dollars
von den Amerikanern bekam und (dafür?) im Kampf gegen die Taliban sein Leben lassen musste, war nicht groß, von gedrungener
Statur, ein kräftiger, sympathischer und ziemlich charismatischer
Typ. »Cool«, würde man sagen. Er ließ aber unseren Ideen für die
weitere Berichterstattung aus Afghanistan keine Taten folgen, was
vielleicht auch mit meinem überall bekannten engen Kontakt mit

Hekmatyars HIA (»HIA I«) zusammenhing – und so ging ich meiner Wege, es gab genügend zu tun.

Es sollten über ein Dutzend Jahre vergehen, bis es dann zur Zusammenarbeit mit Haqs Familie kam – da war er leider schon tot.

Ich sah Leute von Sayyaf, ein von den Saudis massiv finanzierter, politisch dem Einzelgängertum zuneigender Paschtune, der noch immer am Rand des Spektrums in Kabul agiert. Freundliche Beziehungen gab es auch zu den Jamiatis (Jamaat-i Islami Afghanistan, JIA = Islamische Bruderschaft), denen auch der legendäre Ahmad Shah Massud zuzurechnen war, dessen Legende vorzugsweise auf dem Wohlwollen westlicher Geheimdienste beruhte, das auf undefinierbare Weise in die Medien durchdrang. JIA brachte mich in Kontakt zu einem hervorragenden jungen Dolmetscher, dem ich viel verdanke. Und ich sprach bei Professor Sibghatullah Mojaddedi[155] und dessen Leuten vor, zweifellos eine bereichernde Erfahrung. Man hoffte, vom Meinungsumschwung bei den amerikanischen Geldgebern zu profitieren, um die eigene Partei stärker aufzubauen. Doch dazu sollte es nicht kommen. Darüber hinaus waren die Differenzen der kleinen Mojaddedi-Truppe mit HIA so stark, dass ich von einer Zusammenarbeit absehen musste. HIA war mir wichtiger.

Besonders spannend war ein Besuch in einem kleinen versteckten Büro der patriotischen Sozialisten, die tatsächlich gegen die sowjetischen Invasoren gekämpft hatten. Viele von ihnen waren im Zentralgefängnis Pul-i Charkhi bei Kabul unter schrecklichen Umständen ums Leben gekommen. Da jedoch die Personaldecke so schwach war, dass ein geregelter Kontakt nicht einmal in Peschawar möglich erschien, geschweige denn ein Netzwerk in Afghanistan, war der einzige Nutzeffekt ein bleibender Appell meinerseits an meine Freunde, auch dieses wackere und menschlich sympathische Häuflein politisch zu respektieren und nicht zu unterdrücken.

Meine BND-Phase endete im April, als mich ARD-aktuell-Chef Henning Röhl wegen meines Eigensinns nach dem Todenhöfer-

Trip »still feuerte«. Ich war für den Auftrag Informant geworden – und mit dem Auftrag war es daraufhin vorbei. Als der Nachfolger meines Kontakts in der deutschen Botschaft ein Problem darin sah, meine Waffe aufzubewahren oder aufbewahren zu lassen, sah ich ein Problem darin, mit ihm überhaupt zu reden. Alles in allem bin ich froh über diese Phase, weil ich viel gelernt habe. Die wichtigsten Lektionen: Was du nicht offen machen kannst, lass lieber gleich bleiben. Versuch nicht, irgendwen im Alleingang auszutricksen, das geht nur in Hollywood. Bleib klar in deinen Motiven und Anschauungen. Sag auf Anfrage zumindest in Umrissen, was du wirklich denkst, alles andere kostet Freundschaften.

Es entstand eine lange Besuchspause, in der ich als Festangestellter in der ARD versuchte, ein sinnvolles und ausgewogenes Verständnis für die weltweit aufkommende islamische Bewegung zu fördern, um der Politik entsprechende Handlungsgrundlagen zu geben – völlig vergeblich. Einmal fuhr ich nach Afghanistan, besuchte auch die alte Brigade »Jehadval« bei Khost, doch niemand wollte anschließend den Beitrag senden. Weg war mein Geld, beschädigt die Brücke nach drüben.

In dieser Zeit, so sagte Hekmatyar, hatte eine ganze Reihe von Ländern sich heimlich abgesprochen, der islamischen Bewegung den Weg in die Regierungsverantwortung zu verbauen.[156] Zu dieser Ländergruppe gehörten auch die USA, und es ist nicht nur deshalb davon auszugehen, dass auch die Bundesregierung darüber informiert war. Wenn man die damals häufigen Bündniswechsel der um die Macht in Kabul streitenden Parteien und mehrere andere Indikatoren betrachtet, so erscheint das glaubhaft. Belegt ist es nicht. Jedenfalls gab es in Deutschland offenbar kein politisches Interesse, sich die Nöte Afghanistans näher schildern zu lassen.

1993 bis 2000

Jahrelang hielt ich deshalb hauptsächlich Telefonkontakt mit meinen afghanischen Brüdern. Einmal, 1993, recht dramatisch: Innerhalb von 24 Stunden erhielt ich je einen Anruf aus dem pakistanischen Außenministerium und vom Auswärtigen Amt. Der AA-Mann trug ein »von« im Namen. Die Frage war bei beiden Gesprächen die gleiche: Sollte man Hekmatyar umbringen, um die HIA zu stoppen? Was brächte das?

Ich gab den Rat, davon abzusehen. Das Problem werde dadurch nur wie ein Eiterpickel in die Breite gedrückt und sich sicherlich vergrößern. Schließlich sei Hekmatyar immer noch die Galionsfigur der islamischen Bewegung in Afghanistan. Ihn umzubringen werde die Bewegung nicht nur nicht stoppen, sondern sie vielmehr beleben. Außerdem sei ich mir sicher, dass man mit ihm verhandeln könne. Ob sich das nach einem Mord mit seinen Nachfolgern ebenfalls machen ließe, sei zumindest fraglich. Kaum waren die Telefonate mit den Ministeriellen zu Ende, rief ich meine Freunde in Peschawar an und unterrichtete sie. Im Detail, ohne jede Vorsichtsmaßnahme.

Afghanistan ist ein armes und gefährliches Land. Mord und Totschlag gehören dort leider zur Tagesordnung, ein Menschenleben gilt nicht viel, genauer: ungefähr 50 US-Dollar. Es sei denn, das potenzielle Opfer ist schwer bewacht, dann wird es natürlich entsprechend teurer.

Es war im Frühherbst 1993, als ich Hekmatyar während seiner kurzen Amtszeit als Premierminister besuchte. Er gab mir ein langes und auf scharfe Nachfrage hin so offenes Interview (nie gesendet, siehe Kapitel 3), dass ich anschließend seinen neuen Medienchef, meinen früheren Abholer, Betreuer und Englischschüler Karim, draußen vor dem Vorhang klatschnass durchgeschwitzt wiederfand. »What have you done«, ächzte der Arme. »Wir sind Freun-

Mit Premierminister Hekmatyar, 1993

de«, sagte ich, »wir reden offen, alles andere hat in dieser besch...
Lage keinen Sinn!«

Hekmatyar erzählte mir, eine neue islamische Bewegung bilde sich
und wolle auf Kabul vorrücken. (Die Taliban wurden erst 1994 offiziell gegründet; einer seiner Gönner im ISI musste ihn informiert
haben, dass »etwas Neues geplant« sei ...) Er fragte mich, wie er
damit umgehen solle. Ich sagte ihm sehr klar, dass es sich um Teile
der islamischen Bewegung handle, die er nicht bekämpfen solle
und dürfe. Vielmehr sei zu prüfen, ob sie stark und im Islam genügend gefestigt seien, um das ganze Land einzunehmen und ver-
antwortungsvoll zu regieren. Wenn ja, solle er ihnen sein gesamtes
Material überlassen: Bruderkämpfe lägen im höchsten Interesse
der Feinde des Islam. Sein Blick sagte etwas, was bestimmte deutsche Politiker oder Manager in solchen schwierigen Fragen mit
»Poet« ausdrücken. Aber nicht nur. Geantwortet hat er nicht.

Am Ende kam es tatsächlich so: 1996 händigte die HIA Geschütze
sowie viel weiteres Gerät und Munition an die Taliban aus, jedoch

erst nach zum Teil schweren Gefechten. Ich meine, dass kein Staat der Welt einem anderen vorschreiben darf, wie er sich organisiert. Wenn Afghanistan keine Terroristen in andere Länder entsendet oder in anderer Weise Frieden und Ordnung in der Region und der Welt stört, dann soll und muss das Land das Recht haben, sich beispielsweise auch von den Taliban regieren zu lassen. Das sagt das Völkerrecht; die Bundesrepublik Deutschland hat es früher einmal anerkannt.

Schräg gegenüber vom Regierungsbungalow, in dem die wichtigsten Sitzungen ebenso stattfanden wie unser Interview, lag ein Trainingslager der Al-Qaeda – was ich damals nicht wusste. Ihr Trainer fuhr eine alte BMW, von ihm wurde mit Ehrfurcht gesprochen.

Mit meiner ersten Frau wurden wir von jungen Männern aus dem Lager in einem Jeep durch Teile Kabuls gefahren; die Stadt war schon stark beschädigt. Dabei lernte ich die Kommandeure der iranisch unterstützten Hazara-Partei Hezb-i Wahdat und andere Gruppen kennen, die mir sehr kühl und geschäftlich vorkamen mitten in den mörderischen Kämpfen um die Vorherrschaft in der Hauptstadt. Einer der Burschen aus meiner Begleitmannschaft, Ramzi Ahmed Yusuf, hatte im Februar 1993 am ersten Attentat auf das New Yorker World Trade Center teilgenommen, war nach Afghanistan zurückgekehrt und wurde 1995 in Pakistan verhaftet. Damals interessierten sich die Kämpfer für diesen seltsamen Westler, der offenbar als einziger Ausländer hohes Vertrauen des Regierungschefs genoss und mit dessen Leuten erstaunlich vertraut umging. Ich traf einige Insassen des Al-Qaeda-Camps abends vor meiner Unterkunft nahe dem Regierungsbungalow und hatte einen Moment lang buchstäblich Angst vor ihnen. Völlig absurd, ein Missverständnis! Sie schenkten mir das Foto eines im Tode lächelnden arabischen Mitkämpfers, der bei den Kämpfen um Kabul erschossen worden war. Dünne Streifen Blut waren auf seiner Wange eingetrocknet. Ein glücklicher Märtyrer offenbar; das Foto

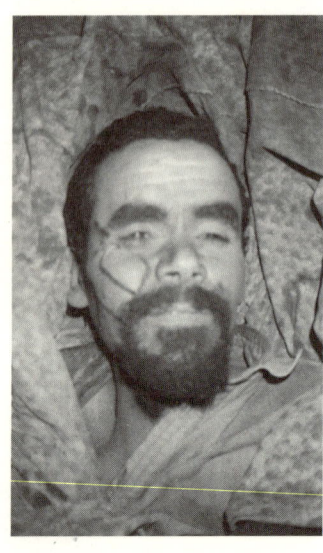
Eine Al-Qaeda-Reliquie:
der lächelnde Shahid

war eine Reliquie, während ich einen entscheidenden Augenblick lang dachte, sie wollten mich auf diese Weise bedrohen oder umbringen.

Dabei waren meine Gesprächspartner durchweg höfliche, gebildete, feine junge Männer, ganz offensichtlich aus den besten bürgerlichen Familien ihrer Herkunftsländer. Es stimmt etwas nicht mit unserer Politik, wenn solche Menschen unsere Gegner werden.

Im gleichen Jahr 1993 arbeitete ich nach einem Vorlauf von zwei Jahren, den ich brauchte, um das nötige Vertrauen aufzubauen, im Auftrag des pakistanischen Außenministeriums in Sachen Kaschmir. Ich verhandelte mit den Ministern für Äußeres, Verteidigung und Information, deren Mitarbeitern sowie mit dem ISI-Chef General Javed Ashraf. Er empfing mich zum Essen auf dicken Teppichen, schenkte mir zwei grüne Marmortischleuchter und zeigte sich ebenso höflich wie undurchsichtig.

Ich reiste nach Srinagar, traf Mitglieder des Widerstands, ihre Politiker und trank wunderbaren Tee mit dem Polizeipräsidenten in

dessen großem Garten, den uralte hohe Bäume prachtvoll über-
schatteten. Ich flog zu Treffen mit Widerständlern und trainierte
sie an Kameras.

Das Ende der Zusammenarbeit mit Pakistan kam schnell: durch
eine Entführung von vier West-Touristen im indischen Teil Kasch-
mirs, die bis heute vermisst sind. US-Präsident Clinton, der saudi-
sche König Fahd – die Reihe der Appellanten war von höchstem
Rang.

Grundsätzlich muss zu Geschäften mit Pakistan gesagt werden:
Man tut immer gut daran, sich vorab hoch bezahlen zu lassen.
Mein Engagement in Afghanistan und Kaschmir kostete mich jedenfalls nicht nur meine Ersparnisse, sondern (damit) auch meine
erste Ehe. Wer also auf sein Geld aufpasst, hat dann trotz aller lan-
destypischer Schwierigkeiten (enorme Korruption) Aussicht auf
Erfolg, denn die Menschen sind freundlich, höflich, bemüht, ge-
witzt und tapfer. Und inzwischen vielfach auch gut ausgebildet.

Nun entstand auf Wunsch meiner zweiten Frau eine über sieben-
jährige Pause. Ich hielt lockeren Kontakt mit meinen afghanischen
Freunden, jedoch keinen mit den Taliban – bis zum November
2001.

2001

Am 7. Oktober 2001 begann das Bombardement der US-Luftwaffe auf Afghanistan. Gemäß der US-Luftwaffenstrategie wurden
in erheblichem Maß zivile Ziele bombardiert, genau wie es die
Doktrin vorschreibt.[157] Professor Marc Herold von der Universität
New Hampshire schätzte die Zahl der Ziviltoten durch Bomben
und Geschosse per 6. Dezember 2001 auf 3767.[158] Die Universität
gab als Dunkelziffer etwa 6000 Tote an. Afghanische Schätzungen
liegen deutlich höher: bei 10 000 getöteten Zivilisten. Wenn man
die Ausdehnung Afghanistans bedenkt, das doppelt so groß ist wie

Deutschland, wird klar, dass eine genaue Überwachung und Berichterstattung nicht möglich war und ist. Deshalb dürfte die höhere Schätzung bedauerlicherweise die wahrscheinlichere sein.

Ich jedenfalls fühlte mich verpflichtet, meine achtjährige Zurückhaltung aufzugeben und nach Afghanistan zurückzukehren. Ich hatte das deutliche Gefühl, die toten Freunde und Bekannten aus dem antisowjetischen Krieg riefen mich zu sich, vor allem die zwei, die an meiner Stelle 1985 in den für mich aufgebauten Hinterhalt geraten und darin umgekommen waren – und ein sehr lieber Freund aus dem ersten Gästehaus der HIA, der kultivierte und feinsinnige Kabuler Architekt Jalaluddin, der bei Kämpfen in seiner Heimatstadt ums Leben gekommen war.

Den Ausschlag gab ein Anruf des Wochenmagazins *Focus*. Man suchte jemanden, der die Taliban würde bewegen können, ihm ein Visum zu erteilen. 800 Journalisten aus aller Welt warteten in der pakistanischen Hauptstadt Islamabad, verstopften Hotelzimmer mit ihrer Technik, berichteten von den diversen Hoteldächern und versuchten sich gegenseitig zu übertrumpfen, auch mit Scheckbüchern.

Ich brach das Gelübde, das ich meiner zweiten Frau hatte geben müssen, mich nicht mehr um Afghanistan zu kümmern, und fuhr los. Das war der Anfang vom Ende unserer Ehe.

Es dauerte genau eine Woche in Islamabad, da bekam ich nach einem kurzen, sehr sachlichen und professionellen Termin beim damaligen Botschafter Mullah Saeef einen Brief an das afghanische Konsulat in Peschawar ausgehändigt, der mir dort nach Beantragung für exakt 5 Dollar Gebühr ein Visum einbrachte, für das der BND schon 2 Millionen Mark in Cash und Medikamenten geboten hatte. Während des Termins erläuterte ich Saeef, ich wolle bei meiner Reise nachweisen, dass die USA absichtlich zivile Ziele angriffen. Diesen Nachweis wollte ich dadurch erbringen, dass ich die Umgebung eines Bombentreffers auf ein ziviles Ziel spiralförmig in immer größeren Kreisen, bis zu 1000 Meter Durchmesser, erkundete und dabei jedes Gebäude auf dem Weg genau untersuchte: Gab es irgendeine militärische Anlage? Ein Waffendepot? Oder auch nur eine Unterkunft? Ich machte sogar schnell eine Skizze. Saeef fand den Gedanken ganz interessant, schien jedoch ohnehin entschlossen, mich loszuschicken.

Die Vorgeschichte bis zu diesem Termin bei Botschafter Saeef ist politisch interessant: Das Treffen mit Saeef kam erst zustande, nachdem Hekmatyar die Fäden gezogen hatte. Ich bekam überhaupt erst die Chance, mit Hekmatyar in dessen Exil in Teheran zu sprechen, als ich einen hochrangigen HIA-Mann, meinen alten Freund Jan, zu einer kleinen, der islamischen Bewegung nahestehenden Zeitung in Peschawar mitgenommen hatte. Dort erzählte ich in seinem Beisein einer wachsenden Schar wildbärtiger und zumeist kluger junger Leute meine ganze afghanische Lebensgeschichte. Am Ende der Geschichte saß ich in der Halle der Zeitung vor fünfunddreißig staunenden Redakteuren und/oder deren Freunden an einem eilig herbeigeschafften Tisch mit grünem Tee und redete mich in Rage. Warum mir die Taliban kein Visum geben wollten, wo ich doch mehr Kriegserfahrung und Einsatzleistung für Afghanistan mitbrächte als manche ihrer eigenen Leute.

Jan kannte ich lange. Gleich nach meiner ersten Reise, 1985, hatten mich pakistanische Grenzer verhaftet und in den örtlichen Knast gesteckt. Er holte mich wieder heraus. Jan war ein gutaussehender, kräftiger Kerl mit blitzenden, großen grünen Augen, einem umwerfenden Charme und Witz, dabei bis zur Selbstaufgabe tapfer und außerordentlich fromm. Ein Vorzeigekämpfer, wie er im Buche steht. Brad Pitt und George Clooney können seinem Aussehen und seiner Ausstrahlung nicht das Wasser reichen.

Hekmatyar nach acht Jahren Sendepause zwischen uns am Satellitentelefon zu haben, das war schon aufregend! Ich rief ihn von Islamabad aus an. Es klingelte, es klang entfernt. Eine etwas müde, aber klare Männerstimme meldete sich, es konnte seine sein, sicher war es nicht. Ich sprach Dari, den afghanischen Dialekt des

Persischen, und verlangte den Amir (Führer) der Islampartei. Und sofort war er dran, klar, deutlich, offensichtlich strahlend: »Hello, Mr. Chris, how are you?«

Ich war platt, gerührt, erfreut. Und sagte ihm, so ruhig wie möglich, es sei mal wieder eine Supermacht dabei, sich in Afghanistan zu verlaufen. Deshalb wolle ich mich einmal mehr in seiner Heimat danach umsehen, was man so tun könne, um den Schaden zu begrenzen, vor allem den an zivilen Opfern. Das Problem sei aber, dass keiner der Taliban mich kenne, so dass ich wohl auf seine Hilfe angewiesen sei.

Das Problem sei gelöst, tönte es freundlich zurück. Ich solle mich an die »Brüder« halten (Brüder im Islam), besonders an Ghairat.[159] Ich konnte es nicht fassen: Das einzige freie Visum der Taliban nach November 2001 an einen westlichen Journalisten sollte ausgerechnet ich bekommen, der ich den Journalismus frustriert an den Nagel gehängt hatte! Was ich erst im weiteren Prozess der Visumerteilung erfuhr: Von seinem Exil in Teheran aus hatte Hekmatyar heimlich, unbemerkt von den westlichen Geheimdiensten, im August des Jahres 2001 mit einer kleinen Delegation seiner Partei die Führungsspitze der Taliban in Kabul besucht. Dabei wurde die blutige Vergangenheit der Machtkämpfe zwischen Taliban und HIA aufgearbeitet und eine Allianz geschlossen, die bis heute hält. Man muss davon ausgehen, dass Hekmatyar damals von den geheimdienstlichen Vorbereitungen der USA in Pakistan (die, wie im Vorwort erwähnt, bereits seit April des Jahres im Gange waren) wusste, mit denen das Terrain für die Afghanistan-Invasion im Oktober 2001 sondiert wurde – und dass auch die Taliban und Al-Qaeda davon wussten. Die Anschläge vom 11. September erscheinen für mich daher in einem völlig neuen Licht. Was für ein Licht das sein könnte, darüber will ich nicht spekulieren, ohne zuvor mit den Beteiligten in allen drei Gruppen intensiv gesprochen zu haben, aber es sieht ganz danach aus, als ob auch noch die restlichen Hemmungen auf beiden Seiten fallen würden. Allerdings gehen die

Kontrahenten dabei von ziemlich unterschiedlichen Hemmschwellen aus, denn die Muslime haben nie versucht, die USA politisch zu beherrschen.

Hier eine kurze Liste der jüngsten Ereignisse aus muslimischer Sicht:

- Der Abwehrkampf der Afghanen gegen die Sowjetunion kostete insgesamt 1,3 Millionen Afghanen das Leben. Rund die Hälfte davon ist den USA anzurechnen, die den Krieg künstlich verlängerten, indem sie dem afghanischen Widerstand gezielt den Nachschub drosselten. Somit gehen aufs Konto der USA: 650 000 Tote.
- Zu Beginn der achtziger Jahre haben die USA den Irak gegen den Iran aufgehetzt und beide Seiten mit Waffen beliefert. Bilanz: 1 Million tote Muslime insgesamt.
- Der Krieg um Kuwait wurde durch US-Intrigen angeheizt (»Desert Storm«). Bilanz: 100 000 tote Irakis.
- Der anschließenden Blockadepolitik (»Oil for Food«) sind vor allem Kinder im Irak zum Opfer gefallen. Bilanz nach einer Schätzung der Vereinten Nationen: 500 000 tote muslimische Kinder.
- Vom Beginn der »Operation Desert Storm« am 17. Januar 1991 bis zur Invasion, mit der am 19. März 2003 der Irakkrieg begann, sollen rund eine Million Irakis umgekommen sein. Bilanz, konservativ geschätzt: etwa 600 000 Tote.

Hinzu kommen für Muslime:

- zu ihrem Nachteil geführte Auseinandersetzungen in Nahost, Tschetschenien, Kaschmir (um nur die bekanntesten zu nennen),
- die Unterstützung korrupter diktatorischer Regime in islamischen Ländern durch die USA und ihre Verbündeten,

- seit 2001 zigtausend Ziviltote in Afghanistan,
- über 1000 Tote im Libanon,
- seit 19. März 2003 rund 1 000 000 tote irakische Muslime,[160] die sich zusammensetzen aus: 35 000 toten Soldaten der Kriegshandlungen, 650 000 aus der Studie des US-Medizin-Journals *The Lancet*,[161] die bis Mitte 2006 reicht, die restlichen über 300 000 danach. Da die Zahlen viel internationale Kritik geerntet haben (die Reuters sehr sachlich argumentiert),[162] setze ich in dieser Aufzählung zwei Drittel davon an. Bilanz: 660 000.

Das macht, konservativ geschätzt, alles in allem immer noch rund 3 Millionen tote Muslime mit und durch US-Einwirkung allein in den letzten fünfundzwanzig Jahren. Weniger konservative Schätzungen lassen die Zahl leicht auf 4 Millionen anschwellen. Solche Tatsachen sind es, die Osama bin Laden bis heute wachsenden Zulauf bescheren. Und natürlich werden diese Dinge auch in Afghanistan registriert.

Hekmatyar und ich besprachen noch dies und das, es war ein kurzes Geplauder wie in alten Zeiten – und während in mir ein Sturm verschiedenster Gefühle tobte, legten wir auf. Noch beim Schreiben dieser Zeilen drängt es mich, meinem guten alten Freund Jan, der mir diese bahnbrechende Telefonnummer gab und mir die ganze Zeit über hilfreich zur Seite stand, einen kurzen Gruß zu senden mit meinen Dank.
24 Stunden später war ich mit Jan in Peschawar im afghanischen Konsulat und bekam mein Visum extra schnell, unter den erstaunten Augen einer Reihe wartender Afghanen. Laut Botschaftsschreiben hätte ich auch noch drei Dolmetscher und eine Reihe Kameraleute mitnehmen können, aber da das Geld wieder einmal nicht für die Entlohnung reichte, wurde es nur einer: Ali. Ali war gerade zwanzig, HIA-Mitglied, sehr religiös, sehr höflich, einer der vielen in pakistanischen Flüchtlingslagern aufgewachsenen Afghanen, er

sprach sehr gut Englisch und stammte offenbar »aus gutem Hause«. Er sollte mir auf der Reise wertvolle Dienste leisten, nicht nur als Dolmetscher, sondern oftmals auch als Erklärer und Vermittler. Mehrfach redete er uns aus Schwierigkeiten heraus.

Und ich hatte Empfehlungen dabei: Hekmatyar riet, ich solle mich mit dem Geheimdienstminister Nur Ali treffen und mit Verteidigungsminister Obeidullah Akhund.

Weitere 24 Stunden später waren wir am Grenzposten Torkham, der mit seinen alten Torpfosten und dem malerischen riesigen Eisentor alle Reisenden immer einen respektheischenden Hauch der Geschichte spüren lässt.

Nichts war so freundlich wie die Grenzkontrolle der Taliban auf der afghanischen Seite. Nach einem – selbstverständlich grünen – Tee kam ein Regierungsjeep, man bestand darauf, den Gast und seinen Begleiter nach Jallalabad zu bringen. Normalerweise herrscht direkt hinter der Grenze ein nicht immer nur freundlich wirkendes Gewühl sondergleichen, aber diesmal kamen mir die Gesichter besonders ungemütlich vor. Und so verbrachte ich die Fahrt auf einer Strecke, die immer noch von Bombenkratern aus dem Abwehrkampf gegen die Sowjets übersät war, in Angst und Schrecken und voller Erinnerungen an Fahrten früherer Jahre.

Im Spin Ghar Hotel von Jallalabad wartete eine stattliche Reihe von neun Langbärten auf mich. Einer davon trug eine ziemlich außergewöhnliche Brille in großer Tropfenform, wie sie Ende der Sechziger schick war. Der Mann gab sich als der Gefängnisbetreuer des französischen »Journalisten« »Michel« zu erkennen, der ohne Visum nach Afghanistan eingedrungen und kurz darauf von den Taliban geschnappt worden war. Nach einiger Zeit ließen sie ihn gehen, und so hatte er denn trotzdem seine exklusive Story. (Eine Methode, die ein bisschen Courage erfordert, mit der islamischen Bewegung jedoch nicht mehr versucht werden sollte, weil der Hass auf den Westen zu stark gewachsen ist.)

Die Gruppe der lokalen Taliban-Notabeln wolle ein wenig mit mir plaudern, hieß es. Ich bat um Nachsicht, dass ich nun für das deutsche Magazin *Focus* einen Bericht schreiben und auch ein bisschen mit dem Satellitentelefon arbeiten müsse, da ich ja in Afghanistan der einzige berichtende Westler mit einem freien Visum der Taliban sei – und auf dem Weg ins Kabul der Taliban. Man hatte Einsicht.

So saßen die bärtigen Herren denn geschlagene sechs Stunden in der oberen Flurhalle des Spin Ghar Hotel, während ich am Laptop arbeitete, ihnen zwischendurch ermutigend zulächelte, das kleine Satellitenschüsselchen gemütlich auf dem traumhaft schönen Balkon ausrichtete, zusammen mit einem riesigen abgewetzten Sessel, aus dem ich dann für gewaltiges Geld mit dem kriegsbereiten Europa telefonierte.

Mein Beitrag für den *Focus* begann mit der Schilderung des für mich schönsten Gebets des Islam, im Sinken der Sonne, wenn die Taliban sich friedlich und gesammelt vor Allah auf die Knie werfen, mit der Stirn ohne Hast und ohne Zögern den Boden berühren und diese Hingabe an das Schicksal ausstrahlen, die mein Leben verändert hatte sechzehn Jahre zuvor. Dass der Beitrag nicht in die erwünschte Siegesstory der Nordallianz passte, schon weil die Taliban dabei nicht schlecht genug wegkamen und vor allem nicht nervös genug, habe ich bereits angedeutet. Für mich war der Krieg an diesem Abend weit weg. Ali war müde, ich schickte ihn zu Bett.

Dann saßen wir noch bis tief in die Nacht, tranken Tee, redeten über Politik, über den Ärger und auch manchen Hass, den die Taliban mit einer Reihe ihrer Aktionen und Positionen bei ihren afghanischen Mitbürgern verursacht hatten – und die Runde war's zufrieden, dass ich ohne Eifer und in offensichtlicher Kenntnis des Landes und seiner Menschen sprach. Erstaunlich.

Vor dem Zubettgehen beging ich einen völlig idiotischen Fehler. Ali erwachte, als ich unsere gemeinsame kleine Suite betrat. In seinem Beisein zog ich mir das Oberteil von meinem afghanischen

Dress über den Kopf, um mich waschen zu gehen. (In Afghanistan ist es ausgeschlossen, sich jemals auch nur ein wenig zu entblößen. Arme, Beine und Kopf sollten stets bedeckt sein, auch bei Männern. »Muscle shirts, kurze Hosen, alles no-no.«) Ich hatte das nicht mehr »drin«, war einfach zu lange weg gewesen. Mit einem heiseren Schrei flüchtete der arme Ali ins Nebenzimmer und weigerte sich, sein fertiges Bett, vier Meter von meinem entfernt, in unserem gemeinsamen Zimmer zu benutzen. Wir machten dann nebenan das Sofa für ihn bewohnbar, und von da an hatten wir getrennte Zimmer. (Das sollte sich in Kabul als hilfreich herausstellen, denn so konnte Ali spontan für ein paar Stunden oder Nächte Flüchtlinge unterbringen, während ich mein Zimmer dringend brauchte, um ruhig zu schlafen und zu arbeiten.)

Beim Morgengrauen saß ich das erste und einzige Mal in einem afghanischen Taxi, ohne dass der Fahrer versuchte, mich übers Ohr zu hauen. Für 450 pakistanische Rupien fuhren wir in einem Höllentempo über die halsbrecherische Kraterpiste zwischen engen Felswänden hindurch nach Kabul – eine fahrerische Meisterleistung. Vielleicht sind die künftigen Rallyeasse ja keine Finnen mehr, sondern Afghanen? Innerlich begrüßte ich den inzwischen hundertfach beschriebenen sowjetischen Militärschrott an den Straßenrändern, der mit den Jahren von fleißigen lokalen Hilfskräften im Auftrag der Schrotthändler immer weiter ausgeweidet worden war. Wachposten auf der Stecke machten keine Probleme, in Rekordzeit erreichten wir Kabul, wo wir direkt zum »Intercont«, fuhren. Der bullige Paschtune am Steuer wendete ohne weiteres Zögern und fuhr ebenso zackig davon, wie er mich hergefahren hatte. Ich bin die Strecke seitdem noch oft gefahren, habe ihn aber nie wiedergesehen. Was passiert mit solchen Menschen? Zweifellos hatte er eine Verbindung zu den Taliban, aber er kam mir nicht wie ein »Hardliner« vor.

Ali ging dann ein Taxi besorgen, das uns am nächsten Tag durch die Stadt fahren sollte. Noch am Abend unternahmen wir die erste Tour, fuhren zum Geldwechseln auf den »Money Market« und sahen uns das Treiben auf den abendlichen Straßen an, das durch das Eingreifen schwarz vermummter Gestalten, die so eine Art Sonderpolizei darstellten, oftmals ein dramatisches Gepräge bekam. Überall standen über und über mit Lehm beschmierte Toyota-Pick-ups mit zum Teil finsteren Gestalten an Bord, manche von ihnen schwer bewaffnet. Der Krieg rückte näher. Am nächsten Tag konnte ich dann feststellen, dass der Überflug bestimmter US-Flugzeuge die Feldstärkeanzeige meines Satellitentelefons schwer zurückwarf.

Am anderen Morgen wollte ich erst einmal gemütlich frühstücken. Mitten hinein platzte dann ein freundlicher junger Mann, Javed, der sich bewegte, als trage er den Turban wie ein Stück ungeliebter Berufskleidung, und sich als Mitarbeiter des Informationsministeriums der Talibanregierung vorstellte. Darüber war ich nicht erbaut.

Wir fuhren dann in unserem Taxi mit Javed ins Ministerium, um uns registrieren zu lassen. Das fand ich ja noch in Ordnung. Nicht in Ordnung fand ich, dass dabei der ganze Tag draufging, ohne dass der angeblich entscheidende Mann sich blicken ließ.

Am nächsten Morgen beschloss ich deshalb, mit Ali sehr früh aufzustehen, um Javed zuvorzukommen und erst einmal ausgiebig zu besichtigen, was zu besichtigen war. Anschließend wollten wir ins Ministerium fahren und unsere Registratur betreiben. Am Nachmittag kamen wir dort an. Javed war auch da, sichtlich erleichtert und froh, dass unsere Begrüßung von herzlicher Freundlichkeit war. Aber ein bisschen sauer war er auch, weil wir ihm entwischt waren und er deswegen offenbar Ärger bekommen hatte.

Drinnen empfing uns der Vizeminister, leicht, aber nicht dauerhaft ungehalten, und hielt uns eine Standpauke über Sicherheit und Recht und Ordnung. Meine Story nahm er gnädig entgegen. Das Papier sollten wir morgen in Empfang nehmen. Ich vereinbarte einen Abendtermin.

Aber ich hatte eine andere Idee. Gleich morgens früh machten wir uns auf den Weg zum Geheimdienstminister der Taliban Nur Ali. Kurz vor Mittag hatte Ali ihn nach mühsamen Erkundigungen in einem kleinen verschwiegenen Hinterhofgebäude in der Nähe des Präsidentenpalasts ausgemacht. Draußen waren Posten, die auch den schmalen Gang in den Hinterhof überwachten. Die Diskussion vor dem Tor dauerte bestimmt 30 Minuten. Beim Hineingehen hatte ich das Gefühl, eine Mausefalle zu betreten, auch deshalb, weil Ali draußen bleiben musste. Gar nicht komfortabel fand ich auch den an diesem Tag ziemlich dichten Aufklärungsflugverkehr über der Stadt. Immerhin war dieses Büro zumindest ein wertvolles Bombenziel.

Minister Nur Ali störte das sozusagen überhaupt nicht. Er saß mit einem knappen Dutzend zum Teil ziemlich unfreundlich aussehender Kumpane, allesamt im traditionellen Hose-Hemd-Dress (= Shalwar Kameez), auf einem nahezu romantischen Balkon im Grünen, trank Tee und erschien sehr relaxed: ein kleiner, sehr kräftiger, ländlich wirkender Paschtune mit guten Bewegungen und einem klaren Gesicht. Es gab Tee auch für mich, es gab das übliche Geplänkel, die Hekmatyar-Story. Dann fragte er plötzlich unverblümt: »Wie wird Afghanistan sein unter amerikanischer Herrschaft?« Ich sagte: »Wohlhabend – aber die Sache mit dem islamischen Staat können Sie vergessen.« Er lächelte, nickte – und schien ein ganz klein wenig resigniert. Ich mochte ihn deshalb. In diesem Moment flog quälend langsam ein großer Aufklärer über uns weg. Dann fragte er: »Was haben wir falsch gemacht?« Ich fühlte mich sicher. Ich fragte zurück: »Wollen Sie die höflich-diplomatische Teevariante oder die trockene Wahrheit?« Er lächelte nicht, sagte nur kurz: »Die Wahrheit, bitte.«

Dann ging's los: schlechtes bis gar kein Wirtschaftsprogramm, zu viele individuell unterschiedliche Entscheidungen einzelner Rechtsgelehrter in wichtigen Rechts- und Sozialfragen, Frauenfragen (Bildung, Kleidung, Strafen), verprügelte Taxifahrer, deren Verbrechen darin bestand, indische Musikkassetten zu hören. Und war es wirklich nötig, die Buddhastatuen zu sprengen?

Während einer seiner Männer übersetzte, blickte ich in die Gesichter meiner Zuhörer, die mir nicht vorgestellt worden waren. Ein oder zwei Mienen wirkten völlig verschlossen und verärgert. Der Rest zeigte keinerlei Bewegung. Mir wurde unvermittelt bewusst, dass jeder in der Runde schon getötet hatte.

Bei jedem Satz sank Nur Alis Kopf tiefer über seine Teetasse, eine Reaktion, die mich total überraschte. Dann sagte er ernst: »Ja, wir haben viele Fehler gemacht.« Die Gesichter in der Runde blieben weiterhin regungslos. Nur Ali schrieb dann eigenhändig ein kleines offizielles Briefchen, das jede Institution aufforderte, uns

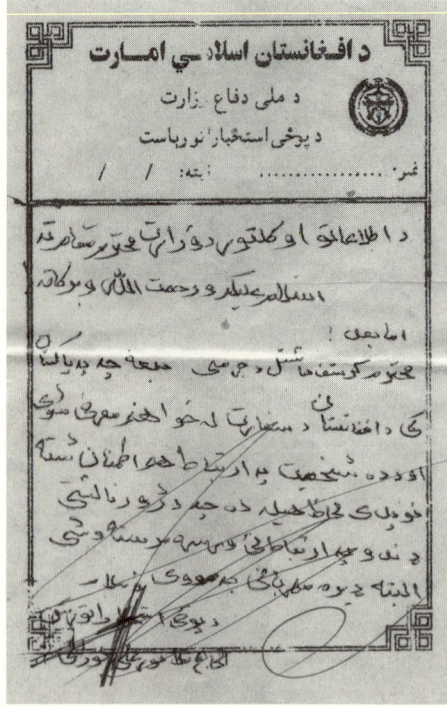

Vom Geheimdienst-
minister Nur Ali aus-
gestellter Passier-
schein

passieren zu lassen und uns bei Bedarf zu unterstützen. Wir bekamen völlige und unkontrollierte Bewegungsfreiheit. Ich ließ mir seine Telefonnummern geben und gab ihm meine, alle. Ich signalisierte deutlich, dass ich versuchen würde, ihm zu helfen, wenn das notwendig würde. (Nur Ali wurde bald in Quetta erwischt und verbrachte mehrere Jahre in Guantànamo. Man wird ihn schwer gefoltert haben. Jetzt soll er in Kabul wohnen. Ich habe ihn nicht wiedergesehen, werde mich jedoch darum bemühen.)

Nach über zweistündigem Aufenthalt fuhren wir direkt ins Informationsministerium. Dort trafen wir niemanden von größerer Bedeutung an, auch nicht unseren Dolmetscher. Wir präsentierten unseren Passierschein, blickten in völlig erstaunte Gesichter und fuhren weiter zum Markt, um den Passierschein mehrfach zu kopieren und in Plastik einschweißen zu lassen.

Dann fuhren wir weit über Land und sprachen mit Dörflern. Es ging friedlich zu. Man redete offen. Niemand gab sich Illusionen hin, wie es weitergehen würde. In den Erzählungen erschienen die Taliban nicht negativ und nicht positiv, sie waren Afghanen, wohingegen jetzt amerikanische Marionetten kommen würden. Die Dörfler waren konservative und offenbar sittenstrenge Paschtunen. Möglicherweise hatten die Talibankritiker, die es früher hier gegeben haben mochte, auch das Dorf verlassen – das wäre ein typisch afghanisches Schicksal in den letzten fünfundzwanzig Jahren.

Verteidigungsminister Obeidullah Akhund haben wir auch am nächsten Tag nicht erreicht. Er wurde erst am 26. Februar 2007 in der pakistanischen Grenzstadt Quetta gefasst, sozusagen als Gastgeschenk für den anreisenden Scharfmacher und US-Vizepräsidenten Dick Cheney.

Am übernächsten Tag hatte die Regierung die Stadt verlassen, und Javed wurde unser Gast. Nachts saßen wir mit den iranischen und arabischen TV-Teams aus den Vereinigten Arabischen Emiraten zusammen. Man war höflich und freundlich. Als ich aber die Grundzüge meiner afghanischen Abenteuer erzählt hatte, wurden wir Freunde. Während zweier Nächte bemühten sie sich rührend und buchstäblich bis an die Grenze der Erschöpfung, Leitungen zur ARD zu »stricken«. Der Hilfe dieser guten Kollegen verdanke ich mehrere Auftritte. Es war gar keine Frage, dass sie der US-Politik höchst kritisch gegenüberstanden.

Agenten der Nordallianz stiegen abends auf dem Dach des »Intercont« über die Kabel der TV-Crews und versuchten unter den einheimischen Helfern Taliban-Sympathisanten auszumachen und zu verhaften. Ich wurde mehrfach scharf befragt. Schließlich habe ich auf dem Dach vor Wut ein Gebrüll angefangen: Ich wollte nicht noch ein einziges Mal mit Polizeiaktivitäten behelligt werden, sonst riete ich dazu, mich sofort mitzunehmen, denn ich würde bei meinem nächsten Schaltgespräch über diese Verunsicherungen berichten, live auf Sendung in Deutschland. Das wirkte Wunder. Die anderen Teams aus islamischen Ländern waren still begeistert.

Yunus Qanooni von der Nordallianz hatte sofort Quartier im Innenministerium genommen. Als ich am nächsten Tag hinging, um über eine Verlängerung meines Talibanvisums zu beraten, das nur noch wenige Tage gültig war, bekam ich von seinem Assistenten eine Visitenkarte überreicht. »Yunus Qanooni, Innenminister« stand darauf, obwohl er das zu diesem Zeitpunkt de jure noch gar nicht war. (Natürlich wurde Qanooni später Innenminister – und blieb es länger, als für Karzai gut war.) Irgendwie hatte ich daraufhin keine Lust mehr, meinen Aufenthalt zu verlängern, auch wenn ich aus der Sicht der Nordallianz deren Gefühlslage verstand: Man wollte sich für die Jahre der Bedrückung durch die Taliban schadlos halten. Nicht hilfreich für ein gesundes Miteinander in einer gemeinsamen nationalen Zukunft war jedoch, dass Parteigänger der Führungsschicht gelegentlich ohne rechtliche Rückendeckung neues Unrecht schufen, das dann wiederum die Paschtunen beunruhigte. Die nächtlichen Besuche auf dem Dach gingen weiter, mein treuer Ali hatte Angst, wir hatten immer wieder »Gäste«, die er bei sich aufnahm.

Wir beschlossen, nach Pakistan zurückzufahren. In Jallalabad gab es ebenfalls keine Taliban mehr, die seien ganz plötzlich alle verschwunden, erzählten die Westkollegen. Man könne direkt bis Pakistan durchfahren, hieß es. Einige Araber wollten im Konvoi mit uns kommen, sie stellten sich jedoch so umständlich an, dass ich für unsere Sicherheit und unseren Terminplan fürchtete und Ali strenges Stillschweigen über unsere Pläne gebot.

Wir waren dann das erste mit Westlern besetzte Auto, das sich aus Kabul auf den Weg Richtung Pakistan und Grenzübergang Torkham machte. Das rettete uns wahrscheinlich das Leben. Denn in den 24 Stunden seit Verschwinden der Taliban kamen überall die lokalen Verbrecherbanden aus den in der Nähe lebenden Stämmen wieder ans Tageslicht. So schnell verpuffte die jahrlange Mühe der Taliban, Sicherheit und Ordnung in Afghanistan herzustellen. Acht Posten bildeten die Straßenräuber innerhalb dieser kurzen Zeit allein auf dem Weg von Kabul nach Jallalabad, etwa 60 Kilometer vor der pakistanischen Grenze. Sie stoppten uns mit den üblichen quer über die Straße gespannten Ketten, einfach mitten auf die Landstraße gestellten sandgefüllten Fässern oder eilig aufgehäuften Rüttelschwellen, die jede Radaufhängung kleinkriegen.

Die Räuber waren auf alles Mögliche gefasst, nur nicht auf einen Ausländer, der sie perfekt »afghanisch« begrüßte, so aussah und sich so kumpelhaft benahm, als kenne er ausgerechnet ihren Boss schon lange – und nach kurzem Geplauder einfach ins Auto zurückstieg und mit herrischer Gebärde schleunige Abfahrt befahl. Ali lag hinten im Fond und bemühte sich, sein Zittern zu verbergen. Von Posten zu Posten beschwor er mich, nicht anzuhalten. Aber ich wusste, dass Frechheit besser ist, als von hinten erschossen zu werden. (Nach mir wurden in den kommenden Wochen nicht weniger als vier Journalisten auf dieser Strecke beraubt und ermordet.) Gerade noch vor Einbruch der Dämmerung erreichten wir Jallalabad, Afghanistans südöstliche Residenz, kurz vor dem Konvoi der Familie von Haji Abdul Qadeer (HIA II), die ihrerseits einen ganzen Schwung Westjournalisten an Bord hatte und aus dem pakistanischen Exil kam, um nach dem Abzug der Taliban ihre alten Machtpositionen wieder einzunehmen. Ihren damaligen angestellten Kommandeur und jetzigen Drogenwarlord mit US-Lizenz, Hazerat Ali, begrüßte ich im völlig vertrockneten Garten der Gouverneursresidenz. Wir plauderten, er erklärte wild bewegt und sehr erschöpft, er habe bis in die frühen Morgenstunden Osama bin Laden verfolgt, den alten Verbündeten Hekmatyars und der Taliban, der nun auf der Flucht sei und sich in den nahen Bergen von Kunar in einer Höhle bei einem bestimmten Dorf verschanzt habe. Erst später erfuhr ich, dass Bin Laden sich zu diesem Zeitpunkt nicht in den Kunarbergen aufgehalten hat. Hazerat Ali hatte sich einfach nur ein bisschen wichtig gemacht. Das tut er noch heute, mit großem Erfolg für ihn selbst. Die USA jedenfalls haben ihm 2001 sofort Geld, Waffen und Munition in mehrfachem Millionenwert überlassen, ihm Fahrzeuge und Hubschrauberflüge gestellt. Seine Leute gehen Tag und Nacht auf Menschenjagd. Ob sie dabei die richtigen Menschen jagen und wie sie dabei vorgehen, ist völlig egal, der Chef verdient. Bald bezog Hazerat Ali eine große Villa mitten in Jallalabad.

Über Weihnachten 2001 beschloss ich, mich künftig wieder stark auf Afghanistan zu konzentrieren und mich am Aufbau zu beteiligen. Ich schrieb an Haji Abdul Qadir, der inzwischen Vizepräsident geworden war.[163]

Die Vorkommnisse bei der 1. Petersberger Konferenz, auf der im November/Dezember 2001 ein Stufenplan zur Entwicklung geordneter und demokratischer Verhältnisse in Afghanistan entworfen werden sollte, harren noch der Aufarbeitung. Eines lässt sich jedoch mit Sicherheit sagen: Wenn unsere Politiker behaupten, es sei bei unserem Afghanistan-Engagement jemals um einen demokratischen Prozess für das geschundene Land am Hindukusch gegangen, dann lügen sie. Der Nato war es um alles Mögliche in Afghanistan zu tun. Demokratie gehörte nachweislich nicht dazu.

In dieser Zeit lernte ich auch einen hervorragenden Mann in einem
der pakistanischen Geheimdienste kennen: Abdul, einen großen,
klugen Mann, ein guter Patriot und guter Moslem, den ich seitdem regelmäßig besuche. »Sie wollen Hekmatyar sehen?«, fragte
er mich bei einem unserer Treffen spitzbübisch, »da müssen Sie
vielleicht gar nicht so weit fahren. Aber«, hier blickte er nachdenk-
lich an die Decke seiner bescheidenen Amtsstube, wo ein alter Me-
tallpropeller gemächlich seine Runden drehte, »es wird wohl doch
so sein, dass man Sie erst eine ganze Menge Kilometer im Kreis
herumfährt, bevor Sie ankommen!« Dabei freute er sich an seinen
eigenen Worten, als sei ihm ein guter Streich gelungen.

Nach kurzer Zeit, gerade noch vor der Abreise des damaligen Bun-
deskanzlers Gerhard Schröder nach Kabul, erhielt ich aus Jallalabad ein Schreiben Qadirs an Schröder, das dem Kanzler meine
Ernennung zum Berater für die Beziehungen mit Deutschland an-
kündigte. Wenige Tage danach[164] wurde Abdul Qadir von Unbe-
kannten erschossen.

Bis heute wollen Gerüchte nicht verstummen, die den damaligen
Verteidigungsminister und Chef der Nordallianz, den Tadschiken
Mohammad Kasim Fahim, für den Mord verantwortlich machen.
Die USA sollen ihr Einverständnis damit signalisiert haben. Qadir
war der einzige Paschtune, dem die meisten Afghanen zutrauten,
aus eigener Kraft den Präsidentenstuhl zu besteigen. Doch einen
landesweiten Begeisterungssturm konnte auch er nicht für sich
entfachen. Damit war die Chance für einen friedlichen Ausweg
aus der Besatzungszwickmühle dahin: Es erscheint allen Afghanen
ausgeschlossen, dass Karzai mit seiner Regierung politisch wie
physisch jemals ohne wachsende Nato-Präsenz überleben könnte.

Die Ermordung des Vizepräsidenten und Gouverneurs Qadir
brachte in Nangarhar viele tausend Demonstranten auf die Beine
und versetzte die gesamte paschtunische Welt in Aufruhr. In die-

ser Lage schrieb ich an Qadirs ebenso besonnenen wie gebildeten und politisch erfahrenen Bruder Din Mohammad, den ich flüchtig aus früheren Kriegstagen kannte.[165] Ich schlug ihm ein Programm vor, das es ihm erlauben würde, hoch erhobenen Hauptes Kabul zu betreten, während es Karzai die Gelegenheit gab, sich hilfreich zu zeigen – und das gleichzeitig (hoffentlich) eine Menge Geld in die Provinz brachte.

Din Mohammad zeigte sich einverstanden, empfing mich und heuerte mich als Berater an. Das Programm war ebenso simpel wie erfolgreich: Unter einigen öffentlichen Fanfarenklängen versammelte Din Mohammad als Nachfolger seines Bruders im Amt des Provinzgouverneurs von Nangarhar[166] sein Provinzkabinett für vier Tage hintereinander in der Provinzhauptstadt Jallalabad zu einer »Strategie-Findungssitzung«. Vier Tage lang ging die fast zwanzigköpfige Gruppe durch Schwächen und Stärken der Provinz, dann durch jedes Ressort und benannte Stärken, Schwächen und notwendige Maßnahmen, die dann in offenen Serienabstimmungen priorisiert wurden. Für Nebenabsprachen gab es keine Zeit, alles wurde einstimmig verabschiedet. Am letzten Tag wurden die Protokolle dem Gouverneur übergeben und die Maßnahmen verkündet. Dann fuhr ich mit einem guten Assistenten des Gouverneurs, Zalmai, nach Kabul und bereitete eine große Pressekonferenz vor sowie Besuchstermine bei allen Botschaften. Die Pressekonferenz wurde ein ebenso großer Erfolg wie unsere Geldsammelaktion bei den Botschaftern. Zu einer ganzen Reihe von Terminen konnte ich den Gouverneur begleiten. Knapp 20 Millionen Dollar an Zusagen kamen zusammen. Din Mohammad bestieg sogleich gemeinsam mit Karzai ein Flugzeug, um bei den arabischen Brüdern weitere Unterstützung einzuwerben. Doch bei der Durchführung der weiteren Schritte schien der Gouverneur weniger glücklich zu sein.

Meine Tätigkeit war zunächst beendet, nicht ohne ein böses Nachspiel mit einem erfolglosen Verwandten Din Mohammads: Wir begegneten uns auf offener Straße auf dem Weg von Jallalabad nach

Pakistan und hielten an, um uns voneinander zu verabschieden. Dabei machte mir der Mann eine wilde Szene, weil er mir das magere Beratungssalär neidete, das mir sein Cousin Din Mohammad zuvor ausgezahlt hatte. Ich stieg bald ins Auto und sah zu, dass ich weiterkam.

Sollte ich je gehofft haben, mein kurzes Gastspiel hätte mir irgendwelches Lob oder weitere Kunden beschert, so war das vergeblich. Ich war überflüssig. Die GTZ ließ sich hinterrücks vernehmen, ich ginge ihr auf den Wecker. Bewerbungen für Arbeiten in Afghanistan blieben also erfolglos, obwohl ich aus dem Auswärtigen Amt Rückendeckung erhielt, jedoch nicht von sehr weit oben. Irgendwie hatte ich den Eindruck, als wäre ich den Mitarbeitern suspekt. Mir wurden sie es erst deutlich später, naiv, wie ich war.

Ein Grund für diese Schwierigkeiten lag sicher darin, dass ich stets klar voraussagte, ich glaubte nicht, dass das »Afghanistan-Experiment« eine echte Chance habe. Außerdem warnte ich ständig, die Bundeswehr werde eines Tages zwangsläufig ins Fadenkreuz geraten. Und ich denke, dass mein Grundsatz »Eine gute Tat bleibt eine gute Tat, auch wenn die Rahmenbedingungen nicht oder nicht ganz stimmen« niemanden wirklich über mich beruhigt hat.

Noch im Jahr 2002 begann ich mich in Peschawar mit Vertretern der Taliban und der Al-Qaeda zu treffen. Mein guter Freund Jan übernahm die Logistik. Es war nicht leicht. Beim ersten Termin saßen wir in einem Straßenrestaurant in Peschawar mit zwei enorm verlegenen jungen Männern, beide nicht Mitglieder der Führungsspitze, und aßen gute Fleischspieße, während mein Freund und ich uns prächtig unterhielten und den anderen beiden kein Sterbenswörtchen zu entlocken war.

Mein pakistanischer Geheimdienstfreund Abdul war in dieser Zeit schon viel gesprächiger geworden. »9/11«, sagte er einmal in seiner milden freundlichen Art, »so ein Unsinn! Ich bekam im April 2001 hier an diesem Schreibtisch Besuch von einem amerikanischen Geheimdienstkollegen, Mike. Der saß genau auf dem Stuhl, wo Sie jetzt sitzen. Und dann hat Mike losgelegt: ›Sie müssen das machen und dies erledigen und noch etwas beachten.‹ Es ging um die Vorbereitung der US-Invasion in Afghanistan. Ganze Listen, alles genau vorgeplant.« Er schickte mir einen bedeutungsschwangeren Blick. »Und da bin ich sehr ärgerlich geworden. ›Das ist mein Land‹, habe ich ihm erklärt.« Bei dieser Rede hätten wohl selbst Messgeräte Probleme damit gehabt, eine Veränderung seiner Stimmlage zu erkennen. »»Richtig‹, sagte Mike«, fuhr mein guter Abdul fort und beugte sich an seinem Schreibtisch vor, was einmal pro Jahr vorkam und allerhöchste Dringlichkeit signalisierte, »»und wenn Ihr Land nicht tut, was wir wollen, dann hat es auch noch Platz auf der Liste unserer Feinde.‹«

Eines haben Mike und seine Vorgesetzten in Langley und Washington sicher erreicht: Inzwischen haben sich große Teile der Bevölkerungen in Pakistan und Afghanistan zumindest innerlich selbst auf diese Liste gesetzt.

2003 und 2004

In den beiden Folgejahren besserte sich die Stimmung im Kontakt zu den Widerständlern von Taliban und Al-Qaeda zwar ein wenig, jedoch nicht genug, als dass es für belastbare Fortschritte gereicht hätte. Was Wunder angesichts der zahlreichen Verbrechen gegen Muslime und ihre Rechte in aller Welt.

2004 scheiterte mein Projekt einer gemischten Schule für Mädchen und Jungen im Distrikt Zeruk der Provinz Paktika, mitten im Stammesgebiet der wilden Zadran, an einem Wortbruch der US-Streitkräfte. Doch auch ich war »nicht richtig lieferfähig«: Meine dritte Frau erwartete unser erstes Kind, gleichzeitig war sie krank. Ich konnte nicht weg.

Die Schule in Zeruk wäre ein wichtiges Vorzeigeprojekt geworden für meine These, dass man auch im Aufmarschgebiet von Taliban,

HIA und Al-Qaeda arbeiten kann, wenn man es ehrlich meint. Drei Provinzgouverneure, in Gardez, Khost und Paktika, hatten mich persönlich bei meinen Plänen unterstützt.[167] Doch Auswärtiges Amt und GTZ ließen mich regelrecht auflaufen, und das amerikanische Wiederaufbauteam (PRT) von Urgun ließ mich hängen. Keiner der Westler packte zu und half bei der Überwindung der bürokratischen Hürden – im Gegenteil. Wenn noch irgendjemandem eine kleine Schwierigkeit einfiel, dann wurde sie gemacht.

Dem braven Volk der kleinen Ortschaft Zeruk, das auf meine Bitte hin zweimal hoffnungsvoll zur großen Ratssitzung antrat, gebührt mein Respekt und gilt meine Scham.

Auch scheiterte mein intensiver Versuch, eine deutsche Autofertigung nach Pakistan zu bringen. Der pakistanische Minister für Entwicklung und Privatisierung, Dr. Abdul Hafeez Shaikh, den ich zu Audis Vorständlern begleitete, wurde arrogant abgefertigt. BMW hatte »keine Zeit«. Die gesamte deutsche Autoindustrie samt ihren ausländischen Töchtern sah sich nicht in der Lage, auch nur einmal eine Erkundungsreise zum muslimischen Teil des Subkontinents zu unternehmen. Alles blickt wie mit Scheuklappen auf Indien. Dabei hätte Pakistan gemeinsam mit Investoren das Geld selbst aufgebracht und das unternehmerische Risiko selbst getragen.

Ich weiß ja nicht, was wir mit Afghanistans südlichem Nachbarn vorhaben – aber ich werde auch an dieser Stelle nicht aufgeben.[168]

Im Zusammenhang mit diesem Geschäft besuchte ich in Islamabad zweimal innerhalb von drei Monaten den Präsidenten der Fauji-Stiftung, Generalleutnant Syed Mohammad Amjad, in dessen Büro. Fauji ist die größte Militärstiftung des Landes, ein mächtiges Firmenkonglomerat mit Milliardenumsätzen.

Und hier ergab sich einer dieser Zufälle, wie nur das Leben sie erfindet. Irgendwann während unseres Gesprächs klingelte das Telefon, der General an seinem mächtigen Schreibtisch hob den Hörer ab und sagte in militärischem Ton: »Yes, Sir, understand: President Pakistan is visiting Dirrector Ferrtilizer! Thank you.« Ja – und?

Der Chef der Düngemittelfirma »Fauji Fertilizer«, der dem Präsidenten der Stiftung unterstellt ist, ist kein Geringerer als der
berühmte, inzwischen ehemalige ISI-Chef Generalleutnant Mahmood Ahmad, der 100 000 US-Dollar an einen gewissen Architek-
turstudenten in Hamburg hatte überweisen lassen.[169] Der Name des
Studenten: Mohammed Atta.

Die Befehlskette sah so aus: Mahmood Ahmad gab den Auftrag
an ISI-Generalleutnant Mohammed Aziz Khan.[170] Der beauftragte
seinerseits einen gewissen Ahmad Omar Sheikh mit dem Vorgang,
der Transfer erfolgte dann von Dubai auf eines der beiden Atta-
Konten in Florida.[171]

Aber zurück zu Khans Chef, General Mahmood Ahmad. Er war
exakt zur Tatzeit 9/11 in den USA, vom 4. bis zum 16. September.
Das kam schon der heimischen Presse[172] seltsam vor, weil Mahmood so viele hochrangige Termine hatte: CIA-Chef Tenet, Senator
Joseph Biden, den Vorsitzenden des mächtigen Außenausschusses
des Senats, Vize-Außenminister Armitage, Topkontakte im Verteidigungsministerium und viele mehr.[173] Solche Dienstreisen nach
einem substanziellen finanziellen Investment haben gewöhnlich
mindestens diesen einen Zweck: Mittelverwendungskontrolle. Die
Amerikaner nahmen den General damals nicht fest. Das wäre auch
außergewöhnlich gewesen, sie hatten ja schon 22 Mitglieder der
Bin-Laden-Familie direkt nach dem Attentat nicht nur nicht vernommen, sondern regelrecht ausgeflogen. Per Sonderflug, weil in
jenen Tagen jeder Luftverkehr verboten war.

Am 7. Oktober 2001 musste General Mahmood zurücktreten. Mit
ihm traten zwei weitere hochrangige ISI-Chargen zurück: General-
leutnant Mohammed Aziz Khan, der Al-Qaeda-Mann Omar Saeed
Sheikh die Befehle gab, und der Stabschef Mohammed Yussuf.
Mahmood bekam 2003 seinen Job bei der Militärstiftung Fauji,
wie viele andere ehrenwerte Offiziere und Mannschaften seines
Landes auch. Aber er bekam offenbar noch mehr: regelmäßigen
Besuch von Präsident Musharraf, einem Kameraden aus Armee-

zeiten, dem er 1999 geholfen hatte, sich gegen Regierungschef Nawaz Sharif an die Macht zu putschen. Es darf angenommen werden, dass General Mahmood weit häufiger den Präsidenten besucht als der ihn. Als besonders schwerwiegend kann Pakistans Präsident Musharraf den Vorwurf des Atta-Stipendiums nicht gewertet haben.

Der als Globalisierungskritiker weltweit bekannte kanadische Professor Michel Chossudovsky kommentiert die Bedeutung der ganzen Geschichte sehr korrekt, zurückhaltend und erschreckend klar zugleich:[174] »Ob dies Komplizentum der Bush-Regierung [mit den Al-Qaeda-Attentätern, Anm. d. Autors] ist, muss erst sicher erhärtet werden. Kristallklar ist jedoch, dass dies [der Afghanistankrieg, Anm. d. Autors] nicht ein ›Krieg gegen den Terror‹ ist. Es handelt sich um einen Eroberungskrieg mit verheerenden Konsequenzen für die Zukunft der Menschheit. Und das amerikanische Volk wurde bewusst und absichtlich von seiner Regierung in die Irre geführt.«

Das sind ernste Sätze, die uns noch viele Jahre begleiten werden. Angesichts der riesigen Faktenlage müssten sie dazu angetan sein, die absurde Diskussionsverweigerung bei uns abrupt zu beenden. Schließlich sind wir keine Bush-Kolonie, sondern langjährige und ernsthafte Freunde des amerikanischen Volkes.

2005 bis heute

Seit 2005 arbeite ich nun an einem Pilotprojekt für den Frieden, das dem Disengagement-Plan für Afghanistan vorausgeht (siehe Kapitel 5). Mein letztes Treffen mit einem wichtigen jungen Kommandeur der usbekischen Al-Qaeda Anfang März 2007 verlief denkwürdig. Zunächst saß er in einem Sessel mir gegenüber, jedoch mit dem Oberkörper halb abgewandt. Erst als ich ihm übersetzen ließ, dass in Deutschland im Jahr 2005 rund 4000 Menschen zum Islam übertraten und ich mich persönlich für den Bau von Moscheen hier bei uns einsetzte, wandte er sich mir ein wenig zu.

Das ist nur ein winzig kleines Beispiel dafür, wie gewaltig die Gräben sind, die wir zu überwinden haben, bis die verheerenden Auswirkungen des grotesken und kurzsichtigen Unverstands so vieler Politiker des westlichen Kulturkreises wieder nivelliert sind.

Unsere Freunde und Verbündeten, die mit ihren Bombardements in Afghanistan etwa fünfmal so viele Zivilisten töten wie bewaffnete Oppositionelle, wüssten sehr wohl, wie man Bevölkerungen für sich einnimmt. Allen voran die US-Politik, die nach dem Zweiten Weltkrieg in Europa und besonders beim ehemaligen deutschen Feind viel Sympathiearbeit geleistet hat. Warum klappt das nicht am Hindukusch, wo die Anforderungen so viel einfacher sind und die Bedürfnisse so viel geringer?

Ist die »Terroristenjagd« das Problem? Osama bin Laden war mit großem Tross auf dem Weg zur iranischen Staatsgrenze, sagte mir ein Insider, der es wissen kann – während das US-Militär mit afghanischen Hilfskräften eine Riesenshow in Tora Bora abzog und sich weigerte, den Hinweisen auf den Fahrzeugkonvoi der Galionsfigur von Al-Qaeda nachzugehen. US-Präsidentschaftskandidat John F. Kerry hat dieses Thema im Wahlkampf 2004 immer wieder angeführt. Derartige Geschichten gibt es zuhauf.[175]

Meine Anstrengungen für die indirekten Interviews mit der Nummer zwei des afghanischen Widerstands, Gulbuddin Hekmatyar, brachten nebenbei interessante Erkenntnisse zutage: Allem Anschein nach führen die örtlich aktiven Geheimdienste Regie, keiner der auch nur mittelbar Beteiligten ist frei von Druck.

Mein lieber Freund Jan jedenfalls ist über diesen ständigen Pressionen, die sein gefährlicher Ritt auf Messers Schneide mit sich bringt, schwer krank geworden. Täglich muss er sich den widerstreitenden Ansprüchen von Geheimdiensten, Parteimitgliedern, Kunden und Familienangehörigen gewachsen zeigen. Wenn er zusammenbricht, steht sein achtzigköpfiger Clan vor dem Aus.

Aber auch für Deutsche und in Deutschland hat Friedensarbeit manchmal unangenehme Folgen: In Pakistan erhielt ich eine Morddrohung von einem Afghanen, der eng mit der CIA zusammenarbeitet. In München wurde am helllichten Tage die robuste Metalleinfassung (Zarge) unserer Wohnungstür so schwer beschädigt, dass die Schlosserei zur Reparatur ein Schweißgerät einsetzen musste. Trotzdem verweigerte mir das Kreisverwaltungsreferat einen Waffenschein: mangels Gefährdung. Stattdessen faselte man von Begleit»schutz«. Es hat die Stimmung seltsamerweise nicht verbessert, dass ich das kategorisch ablehnte.

Auswärtiges Amt und Bundesinnenministerium weigerten sich, mir in einem Schreiben zuzugestehen, dass ich aus beruflichen Gründen mit Al-Qaeda und den Taliban Kontakt halte. Ich könnte also jederzeit irgendwo aufgegriffen und in einem Appartement mit Seeblick in Guantànamo oder sonstwo »eingebuchtet« werden.

Auch die Bundeswehr in Potsdam und vor allem das Verteidigungsministerium – Dienststellen, über die sich bereits Peter Scholl-Latour beschwert hat[176] – leisten sich seltsame Dinge. Im Sommer 2006 wurde mein Antrag auf Mitflug mit Bundeswehrmaschinen, wie es für Journalisten üblich ist, fünfmal zugesagt und dann wieder abgesagt, nachdem die Abflugbenachrichtigung bereits an mich versandt und außerdem bestätigt war, dass genügend freie Plätze in allen Flugzeugen zur Verfügung standen. Jedes Mal, wenn der Pressestab der Ansicht war, jetzt habe man von mir genügend Unterlagen und Arbeitsnachweise erhalten, schoss das Ministerium quer. Das Gezerre dauerte mehrere Wochen.

Admiral Jens Kronisch vom Einsatzführungskommando in Potsdam sagte mir damals am Telefon: »Herr Hörstel, Sie haben da ja einen interessanten Friedensplan gemacht. Solche Pläne habe ich allein in den letzten eineinhalb Jahren drei bekommen.« Das freut mich natürlich. Weniger freut mich, dass der Admiral seinen Kameraden an der Front nicht so weit unter die Arme greifen mag, dass er zwischen den offenbar fleißig um den Frieden bemühten und besorgten Bürgern einen Kontakt herstellt, wenn die das wünschen. Ich hätte gern gewusst, wer (von den dafür qualifizierten Personen) da Pläne schmiedet, und eine Kontaktaufnahme begrüßt.

Warum schaffen wir es einfach nicht, Israel im eigenen besten Interesse an die Kandare zu nehmen und damit den größten Einzelfaktor weltweit für die Zunahme der Terrorbereitschaft unter Muslimen in den Griff zu bekommen? Schon ein einziger wirklich ernsthafter Versuch dazu würde die Lage nachhaltig verändern. Die Hamas gehört an die Verhandlungstische, bevor sie gezwungen wird, sich wie Arafats engste Vertraute auf die Gehaltsliste der CIA setzen zu lassen.[177] Von den anderen Schauplätzen ganz zu schweigen, an denen sich kaum weniger krasse Fehlleistungen unseres Kulturkreises ereignen. Unterdessen beginnt die weltweit führende Technologiemacht Kriege um Öl, einen Rohstoff der Vergangenheit, den wir in den meisten Fällen kurz- bis mittelfristig mit heutiger Technik und umweltfreundlicher Ausrichtung weitgehend ersetzen könnten.

Deutschland darf da nicht länger mitmachen. Es gibt auch die Pflicht zum Widerspruch und zur Verweigerung. Im Kriegsfall, wenn der Frieden in der Welt gefährdet ist – und das ist er –, geht es nicht um »könnte« oder »sollte«, sondern um »muss«.

Es gibt viele positive Beispiele dafür, wie schwierige und gefährliche Konflikte mit Geduld und Offenheit gelöst werden können. Erinnern wir uns an die vernünftigen Gedanken über »Wandel durch Annäherung«, über KSZE-Prozesse[178] und Helsinki-Gruppen, dann frage ich mich, wie wir dort so klug und geduldig Brücken bauen konnten und im Kontakt mit den weltweit Ärmsten der Muslime so grotesk versagen.

Die afghanische Enttäuschung gilt besonders der Bundesrepublik, der sich das Land und seine Menschen besonders verbunden fühlt. Haben wir vergessen, dass der entsetzliche Blutzoll des afghanischen Abwehrkampfs gegen die Sowjetunion von 1,3 Millionen Menschen ganz besonders der deutschen Einheit zugute kam?

Deutschland hat ebenso die Pflicht, die Reparatur des in Afghanistan verursachten Schadens mitzutragen, wie es die Pflicht hat, seine Beteiligung zu verweigern, wenn neues Übel angerichtet wird.

* * *

*»Je länger wir bleiben,
umso mehr Terroristen produzieren wir.«*
Daniel S. Benjamin[179]

KAPITEL 5

Pilotprojekt für den Frieden und Disengagement-Plan

Für Deutschland wie für alle Verbündeten am Hindukusch gibt es zwei grundsätzlich unterschiedliche Alternativen, Politik in Afghanistan zu gestalten. Die erste lässt sich mit dem etwas herabsetzenden Stichwort »mehr vom Gleichen« beschreiben. Ungefähr das ist das Ergebnis des Nato-Gipfels von Riga Ende November 2006, den die rigoros und ehrgeizig auftretende Präsidentin Vaira Vike-Freiberga in schneidigem Ton nach amerikanischen Wünschen dirigierte.

Mehr vom Gleichen: Es gibt etwas mehr Entwicklungshilfe, Deutschland zum Beispiel beschloss eine Aufstockung um 20 auf 100 Millionen Euro für 2007. Und es sollen mehr Truppen nach Afghanistan, denn die braucht man für den Einsatz der Aufklärungstornados, den Straßenbau in Kandahar, eventuelle Ausweitungen des Kampfauftrags. Termingerecht zur anstehenden Mandatsverlängerung im Herbst 2007 schreibt Markus Kaim von der Stiftung Wissenschaft und Politik,[180] wie man sich vom unbeliebten OEF-Einsatz trennt: Man schiebt ihn samt den ebenfalls nicht geschätzten Tornados einfach ISAF unter. Wahrscheinlich nach dem Motto: Jetzt haben uns genügend Experten erklärt, dass der Widerstand diese Unterscheidungen nicht macht, weil alle Aufträge tödlich wirken, jetzt können wir es auch zusammenlegen. Wenn man das als Politiker geschickt formuliert, wird aus der Sache vielleicht noch eine friedensfördernde Maßnahme, schließlich gibt es dann ja OEF nicht mehr. Wenn ein Hersteller so etwas mit Lebensmitteln macht, dann nennt man das »Etikettenschwindel« – und es ist strafbar.

Die Kombination aus Beschlusslage der Nato-Konferenz von Riga und der bevorstehenden, offenbar als Scheindebatte geplanten politischen Auseinandersetzung erscheint geradezu grotesk, eine Steilvorlage für jeden halbwegs ausgeschlafenen Kabarettisten.

Für viele Experten – aber auch für krisenerfahrene Politiker wie Richard Holbrooke[181] – ist deutlich sichtbar, dass ein »weiter so« mit strammer Regierungsrhetorik in freundliche Mikrofone und hin und wieder kleinen Justierungen zu einem bitteren Ende führen wird, ganz nach dem sowjetischen Vorbild von 1988. Und nach dem britischen Vorbild aus dem vorletzten Jahrhundert.

Angesichts dessen kann es nur einen Weg geben, und der lässt sich so umreißen:

Strategische Planung für ein Konzept des geordneten, konstruktiven Disengagements mit nachhaltigem Frieden als Resultat und sofortiger Beginn der Umsetzung dieses Konzepts.

An diesem Punkt gilt es klare Prämissen zu setzen:

1. Wer jetzt dem sofortigen Abzug der Bundeswehr das Wort redet, will die Bundesrepublik in ihren beiden wichtigsten außenpolitischen Orientierungen beschädigen: Europa und Nato. Er beschädigt außerdem beide Bündnisse, die jahrzehntelang ihre Friedensfähigkeit bewiesen haben. Politisch-militärische Ruckzuckbewegungen gibt es nur am Stammtisch. Wer das nicht einsieht, begibt sich ohne Not jeder Einflussmöglichkeit für gute und fundierte Aufbauleistungen in Afghanistan, die auch vom strategischen Ansatz und vom Umfang her diesen Namen verdienen.

2. Wer andererseits jetzt immer noch nicht bereit ist, den gesamten Afghanistaneinsatz grundsätzlich und radikal neu zu denken, dessen Politik führt mittelfristig mit Sicherheit zum gleichen Ergebnis: Nato und Europa erleiden Schaden.
3. Wer schließlich bei einem solchen Neuansatz meint, er müsse von außen die afghanische Innenpolitik mitgestalten, begibt sich erneut auf den Weg in die Niederlage. Wir waren vor zwanzig Jahren so klug, von der Sowjetunion Freiheit, Unabhängigkeit und Selbstbestimmung für Afghanistan zu fordern. Sollten wir jetzt unseren Sinn für politische Ethik und Vernunft verloren haben? Etwa weil ein weltpolitischer Konkurrent untergegangen ist? Die Geschichte lehrt vielfach, wohin Großmachthybris führt, wenn sie lange genug durchgehalten wird. Immer und ohne Ausnahme.
4. Wer schließlich meint, wenn er schon nicht die afghanische Innenpolitik mitgestalten solle, dann benötige er in Zentralasien zumindest einen Brückenkopf, der möge sich rechtzeitig überlegen, wie er sich der Freundschaft des gesamten afghanischen Volkes und zusätzlich möglichst dessen wichtigster Nachbarn versichern kann – und jeden anderen Plan zur Erlangung dieses strategischen Zieles a priori dem Papierkorb anvertrauen.

Um besser zu verstehen, wie sich jenseits kurzfristiger nationaler und internationaler Interessen eine langfristige, echte Lösung des Problems entwickeln lässt, sei folgender Gedankengang empfohlen: Deutschland und Afghanistan nehmen in ihrer jeweiligen Region eine strategisch bedeutsame geographische Position ein. Deutschland ist nach zwei verlorenen Weltkriegen nicht nur wieder ein starkes Land geworden, sondern auch ein Stabilität und Verlässlichkeit ausstrahlender ruhiger Pol in seinem geographischen und politischen Umfeld. Afghanistan ist vor allem aus nationaler Schwäche in die schreckliche Leidensgeschichte der letzten mehr als dreißig Jahre hineingetaumelt. Um Stabilität, Verlässlichkeit und Ruhe weit in die zentralasiatische Region hinein ausstrahlen zu lassen, könnte es geraten erscheinen, die eklatante nationale Schwäche Afghanistans nivellieren zu helfen: durch ein System grundsätzlicher Souveränität und Selbstbestimmung, internationaler Garantien und uneigennützig-sinnvoller massiver Entwicklungshilfe, die die jetzigen Planungen zunächst mindestens um das Dreifache übersteigt. Damit könnte Vorsorge dagegen getroffen werden, dass künftig erneut die Begehrlichkeit fremder Nationen die gesamte Region destabilisiert, um Einfluss und Macht in Afghanistan zu gewinnen.

Der Trend und die Zeit in Afghanistan arbeiten nicht für die Nato, sondern für Asien und die gesamte Region rund um den Hindukusch. Der Widerstand profitiert davon, denn Russland und China investieren bereits und liefern ihm Waffen. Das heißt: Militärisch ist der Krieg nicht zu gewinnen, allein schon deshalb nicht, weil die anderen Länder der Region alle »zusammenlegen« werden, um uns in unserem dummen Tun ausbluten zu lassen. Die Geschichte zeigt, dass gute Gelegenheiten selten versäumt werden, schon gar nicht, wenn sie sich über die Jahre hin in voller Pracht entfalten.

Folglich ist es unverzichtbar, so schnell wie möglich zu geordneten Verhältnissen zurückzukehren. Diese lassen sich nur gemeinsam mit dem Widerstand und allen anderen relevanten politischen Kräften in Afghanistan erreichen – und nur dann, wenn rechtzeitig gehandelt wird, und das heißt: innerhalb der kommenden sechs Monate, bis Anfang 2008.

Weniger leicht wird es sein, die USA dazu zu bewegen, einen völlig anderen Weg einzuschlagen als in den letzten fünfzig Jahren. Die neokonservativen Cowboys aus der ersten Hälfte der Bush-Regierung sind heute in zwei Fraktionen gespalten: eine »kluge«, die gern alle Fehler vermieden hätte, und eine unbelehrbare, die immer noch meint, Vietnam hätte gewonnen werden können, oder gar behauptet, die USA hätten den Krieg dort nie verloren. Unbeirrt fordern sie, auch im Irak müsse man nur hart und »engagiert«

bleiben, dann werde sich alles zum Besseren wenden. Gelegentlich glaube ich, dass ein Jahr Truppendienst in Bagdad oder Khost ohne Urlaub oder »R&R«[182] diese klimatisierten Helden der Vergangenheit umstimmen könnte. Viele von diesen Theoretikern sind ehemalige CIA-Angehörige, denen alle Skrupel fremd sind. Sie haben kurze Zeit irgendwo »draußen« gearbeitet, mussten die Früchte ihrer Fehler nie ernten und wissen jetzt alles besser, weil sie es zufällig überlebt haben. Häufig ist es leider so, dass die guten, skrupulösen und seriösen Mitarbeiter die Kugel einfangen.

Eigentlich muss es nicht besonders betont werden, aber selbstverständlich gibt es auch namhafte Wirtschaftsführer, Politiker, Journalisten und Intellektuelle, die Verständnis aufbringen für die muslimische Sichtweise und dafür, dass Muslime das Gefühl haben (müssen), immerzu benachteiligt und zurückgesetzt zu werden.

Die angestrebten geordneten Verhältnisse werden im Einklang mit den einschlägigen UN-Resolutionen, die den rechtlichen Rahmen für den Einsatz der Anti-Terror-Koalition bilden, wie folgt definiert:

Friede im Innern und nach außen bei sicherem Exportstopp für terroristische Aktivitäten oder Akteure durch eine demokratisch legitimierte, souveräne, verantwortungsfähige und verantwortungsvolle Regierung.

Aus der historischen Erfahrung und den gegenwärtigen Interessen- und Kräfteverhältnissen ergibt sich, dass zum Erreichen dieses Ziels folgende Grundbedingungen erfüllt sein müssen:

1. Die Interventionsmächte verzichten auf hegemoniale, religiöse, soziale, wirtschaftliche und andere, durch obige Definition nicht gedeckte Zielvorgaben in Afghanistan.
2. Alle politisch relevanten Gruppen in Afghanistan müssen in den künftigen politischen Prozess in Afghanistan eingebunden werden; es gibt kein Parteiverbot.

3. Das in der Vergangenheit mittelbar oder unmittelbar in Afghanistan aktive Ausland ist in Form eines Beratungsgremiums, ähnlich der Fünfergruppe für Bosnien, im Rahmen einer Konferenz einzubinden. Dabei könnten die Erfahrungen der »6 + 2-Gespräche« genutzt werden (siehe Kapitel 2). Zu den 6 Ländern der Region gehören: Iran, China, Pakistan, Turkmenistan, Usbekistan, Tadschikistan. Die beiden anderen sind die USA und Russland. Wegen der Anwesenheit arabischer Kämpfer im Land und des großen Interesses in der arabischen Welt an Osama bin Laden wäre es darüber hinaus unerlässlich, dass auch Saudi-Arabien eingebunden wird, so dass sich »6 + 3«-Gespräche ergäben. Innerhalb dieses Rahmens wird die künftige Nichteinmischungspolitik der beteiligten Mächte bindend und mit nachzuhaltender Sanktionsmöglichkeit vertraglich festgelegt.

4. Für Afghanistan wird ein etwa fünfjähriger, vertrauensbildender Friedensprozess aufgelegt, der »Disengagement-Plan« mit stufenweisen, zeitlich festgelegten Zielvorgaben und daran gekoppelter steigender Entwicklungshilfe bei gleichzeitig sinkender internationaler Truppenpräsenz.

   • Eingeleitet wird dieser Plan durch ein einjähriges »Pilotprojekt für den Frieden« in einer dafür auszuwählenden Pilotprovinz.

Bevor der Disengagement-Plan näher erläutert werden kann, müssen die beiden anderen, in Kapitel 2 vorgestellten Friedensversuche näher untersucht werden. Wichtig wäre zu wissen, aus welchen Gründen diese Abkommen gescheitert sind. Aus der Kenntnis dieses Scheiterns heraus sollen dann Grundanforderungen für jeden weiteren Versuch abgeleitet werden, mit der islamischen Bewegung in Afghanistan zu einer tragfähigen Friedensvereinbarung zu kommen. Endgültige Resultate können nur in direkten Gesprächen mit den Taliban erzielt werden.

Warum die Abkommen von Nordwaziristan
und Musa Qala scheitern mussten

Wir wollen zunächst das Nordwaziristan-Abkommen betrachten. Wenn man den Berichten Glauben schenken will, haben die Taliban während der zehnmonatigen Laufzeit des Abkommens möglicherweise folgende Vertragsverletzungen begangen:

- Mord an Stammesältesten;
- Druck auf Teile der ortsansässigen Bevölkerung, die nicht Parteigänger der Taliban sind;
- Durchführung einer eigenen Gerichtsbarkeit;
- Nutzung von Basen auf pakistanischem Gebiet für Attacken auf afghanischem Staatsgebiet;
- ortsansässige »Ausländer« (= Al-Qaeda) haben sich nicht friedlich verhalten.

Andererseits muss Pakistan, wenn man inoffiziellen örtlichen Kräften Glauben schenken will, sich folgende Versäumnisse anrechnen lassen:

- verspätete und/oder zu geringe Entschädigungszahlungen an Stammesmitglieder;
- zu geringe Aufbauleistung für Infrastruktur und Lebensqualität im Vertragsgebiet.

Grundlage für das Scheitern des Nordwaziristan-Vertrags aus Sicht der Taliban waren möglicherweise diese finanziellen Regierungsversäumnisse.

Auslöser jedoch war ein Konflikt an ganz anderer Stelle, dem sich die Taliban nicht entziehen konnten, weil wichtige pakistanische Freunde (Glaubensbrüder) darin verwickelt waren, und das war die Erstürmung der Roten Moschee am 10. Juli 2007.

Trotz der erheblichen Zunahme von grenzüberschreitenden Aktionen war Pakistan mit dem Wirkungsgrad des Vertrags offenbar zufrieden, denn Muhammad Orakzai, der zuständige Gouverneur der North West Frontier Province (NWFP), bemüht sich um eine Weiterführung und hat alle denkbaren Schritte unternommen, um den Vertrag wieder in Kraft zu setzen.[183] Pakistan tut dies, obwohl

- die USA ihr Missfallen über den Vertrag deutlich geäußert haben und Regierungssprecher Tony Snow auch die Möglichkeit einer US-Militärintervention nicht ausschließen mochte – und diese damit indirekt angedroht hat,
- in 16 Tagen nach der Erstürmung der Roten Moschee 280 Menschen, hauptsächlich pakistanische Sicherheitskräfte, bei Selbstmordattacken in den Stammesgebieten ums Leben kamen.[184]

Die hauptsächlich finanziellen Defizite haben die USA bereits erkannt und ein ziemlich umfangreiches Hilfsprojekt aufgelegt,[185] für das sie jetzt Partner suchen: 750 Millionen US-Dollar seien geplant, hieß es in einem Bericht der *New York Times*, die sich auf Einzelheiten aus einem Plan der US Agency for International Development (USAID) bezieht. Es steht allerdings zu befürchten, dass ein guter Teil dieser Finanzmittel wegen der Korruption in Pakistan versickert, schreibt die *Times* weiter.

Mit einem großzügigen Geldangebot allein ist es jedoch nicht getan; es kann nur dann einen Kurswechsel geben, wenn die USA ihn ihrerseits ausgestalten. Worin dieser Kurswechsel liegen könnte, das ist das weltpolitische Thema des Jahres 2007. Bereits 2008 kann es für eine nachhaltige Lösung in Afghanistan zu spät sein.

Zwei Hauptpunkte können die Schwierigkeiten erklären, in die der Vertrag für Nordwaziristan geraten ist:

1. *hauptsächlich nichtreligiöse Probleme:* äußerliche Querelen am Rande des Vertrags, wie offene Finanzfragen, sonstige eher ge-

ringfügige Streitereien, die es immer gibt, zumal bei Afghanen und Paschtunen,

2. *hauptsächlich religiös bedingte Probleme:*

a) schwerwiegende Konfliktereignisse im Umfeld eines der Vertragspartner, über die er nicht hinweggehen kann, ohne erhebliche Verluste zu erleiden, die sogar die Vorteile des Vertrags aufwiegen,

b) unveränderte Fortdauer eines existenziellen Misstrauens mindestens eines Vertragspartners gegenüber einem anderen, ohne dass der vorliegende Vertrag dieses Problem einer Lösung zuführen würde,

c) unveränderte Fortdauer eines großregionalen Konflikts, in den mindestens einer der Vertragspartner in existenzieller Weise verwickelt ist, ohne dass der vorliegende Vertrag dieses Problem einer Lösung zuführen würde,

d) unveränderte Fortdauer eines überregionalen Konflikts, in den mindestens einer der Vertragspartner in existenzieller Weise verwickelt zu sein glaubt, ohne dass der vorliegende Vertrag dieses Problem einer Lösung zuführen würde.

Worum geht es bei diesen etwas kryptisch anmutenden Formulierungen? Gemeint ist:

a) Lal Masjid – die Rote Moschee: Die Leitung und Besatzung der Moschee hatte sich sogar darauf berufen, dass die Taliban das Vorgehen der Staatsmacht ungesühnt lassen würde,

b) das Misstrauen von Taliban, HIA und Al-Qaeda gegenüber der pakistanischen Regierung, die als Verräter angesehen wird. Das ist lebensgefährlich für Präsident Musharraf und seine Entourage,

c) Afghanistan: Welcher Talib auch immer die Chance hat, sich zumindest zeitweise in die FATA-Gebiete in Pakistan zurückzuziehen, wird seine kämpfenden Brüder auf der anderen Seite keineswegs darüber vergessen,

d) die weltweiten Konflikte, in denen sich Muslime ungerecht behandelt fühlen und die inzwischen so etwas wie eine weltweite Widerstandsbewegung ergeben haben.

So ist das Nordwaziristan-Abkommen immer nur ein zu kleiner Schuh für ein riesiges Problemgeflecht. Es wird deshalb in seiner jetzigen Form zwangsläufig eine schwächliche und schlechte Krücke bleiben. Aber es ist auch ein gutes Stück Arbeit von ernsthaften Menschen vor Ort, das nicht vergeblich bleiben muss.

Betrachtet man die Punkte 2. a) bis 2. d) auf S. 199, wird deutlich, dass sie exakt so auch für das Musa-Qala-Abkommen gelten können, wobei sich der erste Punkt in diesem Fall auf den US-Luftangriff auf den Verwandten des Taliban-Vertragspartners bezieht. Alle vier Punkte wiegen damit schwerer als im Fall Nordwaziristan.

Das Musa-Qala-Abkommen hat aber noch mindestens vier weitere »Schönheitsfehler«, die es noch weniger geeignet erscheinen lassen als der Vertrag von Nordwaziristan. Mit den verhassten Briten stehen hier gleich mindestens drei Untaten am Pranger, konkret:

1. die Kämpfe mit den britischen Besatzern im 19. Jahrhundert,
2. die historische britische Mitschuld am bestehenden Nahostkonflikt,
3. der jetzige Konflikt um die britische Besatzung.

Und aus Taliban-Sicht kommt hinzu:

4. Diese Briten fahren täglich unter unseren Gewehrläufen herum, auf *unserem* Boden (Aiman al-Zawahiri, Sprecher und »Nr. 2« von Al-Qaeda, würde sagen: »auf unserem geheiligten islamischen Boden«).[186]

Grundsätzlich gilt: Ohne den Gedanken der Umma, also der weltweiten Glaubensgemeinschaft der Muslime aller Konfessionen und Splittergruppen, anzuerkennen, ist es wenig sinnvoll, sich auf Friedenspläne für und in Afghanistan näher einzulassen. Wenn dies allerdings geschieht, wenn stets und in jedem Moment in dem Bewusstsein gehandelt wird, dass der Gesprächs-, Verhandlungs-, Vertragspartner nicht einfach als losgelöste Lokalgröße zu betrachten ist, obwohl er säkular-politisch betrachtet und von seinem ganzen Status und Habitus her so erscheint und womöglich persönlich auch so wirkt, dann ist das der Beginn eines sinnvollen und korrekten Weges zur Verständigung. Und wenn weiter oben gesagt wurde, dass ein Kurswechsel der Gesamtereignisse nur erfolgen kann, wenn die USA ihn einleiten, dann ist hier der Punkt, an dem amerikanische Politik ansetzen müsste.

In der Praxis gehe ich davon aus, dass es einen Vertrauensbonus gibt, den ein Verhandlungsführer oder Bevollmächtigter nutzen kann, der das unter Punkt 2. b) genannte Vertrauen der Taliban erworben hat. Es geht dabei ganz banal darum, dass das muslimische Gegenüber nicht den Eindruck gewinnt,

- die Einigung sei nur temporär und Spiegel ihrer blutig errungenen lokalen militärischen Siege, wie eben in Nordwaziristan oder Musa Qala, während anderswo – in Palästina, Kaschmir, Tschetschenien und so weiter – die Muslime weiterhin nicht als ebenbürtige Gesprächspartner akzeptiert werden,
- die Verhandlungspartner im Westen nutzten die momentane Entlastung, die so ein begrenzter Friedensschluss mit sich bringt, um Unterdrückung, Vertreibung und Mord an anderen Schauplätzen nur umso perfekter zu organisieren – vor allem dann, wenn diese Schauplätze praktisch in unmittelbarer Nachbarschaft liegen. In diesem Fall wird mit einer echten und dauerhaften Einigung nicht zu rechnen sein, denn dann kommt der berühmte afghanische »Leasingeffekt«[187] zustande: »Man kann einen Paschtunen mie-

ten, aber nicht kaufen.« Das beschreibt die Notwendigkeit wachsender Zahlungen, wenn sich neben der Gewöhnung an diese Zuwendungen der innere und äußere Ärger wegen der gleichzeitigen Verstöße gegen dieses Prinzip (Aussetzung der Hilfeleistung an die Umma zur Vertreibung der Ungläubigen) häuft.

Pilotprojekt für den Frieden und Friedensplan

Mein Vorschlag für den im Folgenden näher erläuterten Friedensplan hat bereits die schriftliche und verifizierbare Zustimmung durch den Führer der Widerstandspartei Hezb-i Islami Afghanistan (HIA), Gulbuddin Hekmatyar, gefunden. Bei geeigneter Gesprächsführung und vertrauensvollem Umgang mit dem Widerstand ist nicht auszuschließen, dass auch die Talibanführung dieser Planung nähertreten könnte. Erste Informationen zum Einstieg in den Plan haben auch bei Mitarbeitern auf Abteilungsleiter- und Ministerialreferentenebene in vier Ministerien sowie dem Präsidialamt in Kabul ein positives Echo gehabt. Nur in den Nato-Staaten ließ sich trotz häufiger Nachfrage nichts Gleichartiges vernehmen. Deutsche und ausländische Medien übten bisher meist vornehme Zurückhaltung in der Diskussion.
Eine Kurzdefinition des Friedensplans könnte lauten:

Mediationsgestützte, multilaterale und multinationale Befriedungsbemühung in einem dreistufigen Prozess.

Die Zielvorstellung war eingangs genannt worden:

Friede im Innern und nach außen bei sicherem Exportstopp für terroristische Aktivitäten oder Akteure durch eine demokratisch legitimierte, souveräne, verantwortungsfähige und verantwortungsvolle Regierung.

Den Einstieg sollte ein Pilotprojekt bilden, das in einer ausgewählten Provinz mit nicht zu geringem Widerstandsaufkommen die grundsätzliche Bereitschaft und Fähigkeit aller Beteiligten für den gesamten Prozess beispielhaft und praktisch erprobt.

Das Pilotprojekt bezieht sich auf den Konflikt zwischen den militärischen Besatzungstruppen und dem afghanischen Widerstand und enthält zwei Kernelemente: einen beiderseitigen Gewaltverzicht für die Zeitdauer von mindestens einem Jahr und einen entwicklungspolitischen Aktionsplan, der von allen Ebenen der Bevölkerung akzeptiert und somit auch unterstützt wird. Der Projektvorschlag betont insbesondere interkulturelle Kompetenz und Glaubwürdigkeit, wie sie durch langjährige Verbindungen, häufige und ausgedehnte Landesaufenthalte und sehr enge persönliche Kontakte mit herausragenden Persönlichkeiten des afghanischen Widerstands erworben werden können.

Auf Grund der spezifischen Situation im Rahmen von OEF- und ISAF-Funktionen ist vorzugsweise innerhalb des deutschen Verantwortungsbereichs in Afghanistan eine geeignete Provinz auszusuchen, in der das Pilotprojekt beginnen könnte. Dabei darf nicht mit ruhigeren Provinzen begonnen werden, sondern es muss bereits ein gewisses Maß an Widerstandsaktivitäten vorhanden sein, um nach Anlaufen des Pilotprojekts eine aussagekräftige Beruhigungswirkung nachweisen zu können. In Nordafghanistan kann dies nur die Provinz Kunduz sein. Diese ist charakterisiert durch

- die relativ höchste Anzahl an Zwischenfällen,
- ethnische Probleme zwischen Paschtunen, Tadschiken und Usbeken,
- die Präsenz eines Drogenwarlords (Fahim) in der Nähe mit einer Truppenstärke zwischen 3000 und 10 000 Mann,
- ein hohes Aufkommen an Heroinexporten (Kunduz ist Durchgangsgebiet).

Das Projekt beginnt auf etwa der folgenden Grundlage:

1. Keine Aktionen oder Vorbereitungen von Aktionen durch den Widerstand.
2. Rückkehrrecht für alle Flüchtlinge.
3. Keine Aktionen/Repressionen durch staatliche Institutionen, Warlords oder Besatzungstruppen.
4. Sofortige kräftige Aufstockung der Entwicklungshilfe sowie eventuell deren strategische Ausrichtung/Neuordnung.[188]

Das Projekt durchläuft drei Entwicklungsstufen, die jeweils nur erreicht werden, solange der Frieden hält:

Jahr 1: Befriedung
Beginn der Rückkehr der Flüchtlinge; landesübliche Bewaffnung zur persönlichen Selbstverteidigung wird geduldet (und kontrolliert), Kampfvorbereitungen werden nicht geduldet; höhere Entwicklungshilfe; Ende jeglicher politischer Unterdrückung; Ende aller Aktivitäten von OEF und ISAF, solange der Widerstand den Frieden hält; Vermeidung von Provokationen, Start vertrauensbildender Maßnahmen.

Jahr 2: Demokratisierung
Wahlen zur Provinzregierung, schrittweiser Abzug fremder Truppen, Fortführung der begonnenen Aktivitäten. Jeglicher Beeinflussungsversuch für den Ausgang der Wahlen ist zu unterbinden. Dies ist besonders mit dem Widerstand eng abzustimmen.

Jahr 3: Souveränisierung
Vollendung des Truppenabzugs, Fortführung der begonnenen Aktivitäten.

Das Projekt soll, soweit der Frieden hält, in drei Stufen ganz Afghanistan erreichen:

Stufe 1 (1. Jahr): **Pilotprovinz; Vorschlag: Kunduz** (grundsätzlich kommt jede Provinz dafür in Frage).
Stufe 2 (2. Jahr): **Zwölf weitere Provinzen,** ohne Gebietsvorgabe, jedoch wird angeregt, Gebiete mit deutscher Sicherheitsverantwortlichkeit bevorzugt einzubeziehen.
Stufe 3 (3. Jahr): **Ausweitung auf ganz Afghanistan.**

Während das Pilotprojekt selbst nur ein Jahr dauert, ergibt sich für das Gesamtprojekt eine Laufzeit von mindestens fünf Jahren, bis alle fremden Truppen vollständig abgezogen sind.

Lösungseinstieg ½ Jahr	1. Jahr Pilotprojekt	2. Jahr	3. Jahr	4. Jahr	5. Jahr
Kunduz	Befriedung	Demokratisierung	Souveränisierung		
Zwölf weitere Provinzen		Befriedung	Demokratisierung	Souveränisierung	
Ausweitung auf ganz Afghanistan			Befriedung	Demokratisierung	Souveränisierung

Eminent wichtig ist hierbei, dass das Militär in den Projektgebieten mit äußerster Zurückhaltung vorgeht, es nimmt hierbei eher eine Polizeirolle ein und könnte auch durch derartige Kräfte ersetzt werden, wenn die Ausrüstung »stimmt«.
Kommt es zu militärischen Widerstandsaktivitäten, so wird der Prozess zunächst unterbrochen – wenn sie fortgeführt werden, können sie ihn aber auch beenden. Nato-Staaten und andere Mitglieder der Antiterrorkoalition verpflichten sich, den Prozess weder direkt noch indirekt, weder offen noch verdeckt zu: beeinflussen, stören, behindern, unterminieren, bremsen, verhindern.
Der gesamte Prozess wird gestützt durch anfänglich hohe Leistungen der Entwicklungshilfe (mindestens das Dreifache der jetzigen

Ansätze), die in einem weiteren Fünfjahresplan schrittweise auf das weltweit übliche Maß herabgesetzt werden können.

Der Prozess wird begleitet durch umfangreiche Mediationsmaßnahmen, wie sie John Paul Lederach vorschlägt,[189] der als Soziologe, Mediator und Professor für »Peacebuilding«[190] international Erfahrungen mit diesem Ansatz gesammelt hat.

Der guten Ordnung halber muss gesagt werden, dass der Einsatz von Truppen oder eine gesteigerte Entwicklungshilfe im Verlauf des Prozesses nicht Lehrmeinung von Professor Lederach ist, sondern eine Adaptierung des Autors von Lederachs Konzept für die hochkomplexen afghanischen Verhältnisse darstellt. Der Einsatz von Finanzmitteln im Zusammenhang mit Mediation nach Lederach deckt sich mit der Lehrmeinung von Professor Dr. Norbert Ropers (Leiter des Berliner Berghof-Instituts).

Dem Mediationsansatz liegt die Definition von Professor Jacob Bercovitch[191] zugrunde, wonach Mediation

> »ein Prozess des Konfliktmanagements [ist], bezogen auf, aber unterschieden von den Verhandlungen der Parteien selbst, bei dem die Konfliktparteien die Unterstützung eines Außenstehenden suchen oder das Hilfsangebot eines Außenstehenden annehmen (sei er ein Einzelner, eine Organisation, eine Gruppe oder ein Staat), um ihre Wahrnehmungen oder ihr Verhalten zu verändern, ohne Zuflucht zu physischer Gewalt zu nehmen oder Justizorgane anzurufen«.

Lederach zufolge muss in Afghanistan wegen der langen zeitlichen und sachlichen Vorgeschichte der aktuellen Konflikte das Modell der Konflikttransformation herangezogen werden.

Beauftragter für den Friedensplan

Personell wird das Verfahren getragen durch einen Beauftragten für den Friedensplan, der zunächst in einer Provinz das Projekt in Gang setzt. Der Beauftragte lebt und arbeitet dauerhaft in Afghanistan. Er führt seine Arbeit von einem eigenen Standort seiner Wahl aus, unter Umständen und mit Mitarbeitern, die er frei bestimmt. Ihm zur Verfügung stehen unter anderem für jeden der sieben Distrikte der Provinz Kunduz ein Beauftragter für den Distrikt, der verantwortlich die Tagesarbeit leistet und seinerseits zwei Assistenten erhält. Für die meisten anfallenden Projektarbeiten können zusätzliche Arbeitskräfte zugezogen werden. Zusätzlich gibt es zwei feste Projektgruppen mit Standort in der Stadt Kunduz, je eine für politische und eine für interethnische Fragen. Drogenboss Fahim zum Beispiel rangiert hier als politische Fragestellung.

Das System Lederach

In der Personalpyramide nach Lederach sind an der Durchführung des Projekts in Kunduz beteiligt:

Akteure	Wege zum Frieden
Level 1: Führungsspitze militärische/politische/religiöse Führer mit hoher Sichtbarkeit	Verhandlungen auf höchster Ebene Zielsetzung Waffenstillstand geführt von einem einzelnen, hoch sichtbaren Vermittler
Level 2: mittlere Führungsebene in Teilbereichen respektierte Führer ethnische/religiöse Führer Akademiker/Intellektuelle humanitäre Führer (NGOs)	Workshops zur Problemlösung Ausbildung in Konfliktlösung Friedenskommissionen teilweise mit Insidern besetzte Teams
Level 3: Basisebene lokale Führer Führer einheimischer NGOs Förderer der Gemeinde Mitarbeiter lokaler Gesundheitsdienste Leiter von Flüchtlingslagern	lokale Friedenskommissionen Ausbildung der Basis Abbau von Vorurteilen psychosoziale Arbeit mit Kriegstraumata

betroffene Bevölkerung

1. im Spitzensegment mindestens folgende Ansprechpartner: Nato, Bundesrepublik Deutschland, Zentralregierung in Kabul, Taliban, HIA, Fahim,
2. im Mittelsegment: deutsche Stellen vor Ort, Provinzregierung, regionale NGO-Chefs und weitere Notabeln, letztere jedoch nur teilweise im Rahmen der offiziellen Ratssitzung (Shura), PRT-Chefs,
3. im unteren Segment: Distriktchefs, lokale Stammesgrößen, NGO-Projektleiter, PRT-Zugführung.

Strukturelle Ebene

Ausgehend von Dugans *Konflikttheorie*[192] entwickelt Lederach sein Modell in Bezug auf den Aufbau eines Mediationsansatzes weiter. Dabei unterscheidet er die vier Ebenen Konfliktgegenstand, Beziehung, Subsystem und System. Unter dem Konfliktgegenstand (»issue«) versteht Lederach den unmittelbaren Streitpunkt, an dem sich der Konflikt entzündet hat. Das könnte zum Beispiel ein ungeklärtes Grundstücksproblem in der Stadt Kunduz sein, bei dem ein paschtunischer Interessent auf einen Konkurrenten tadschiki-

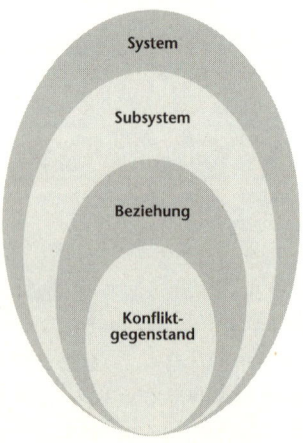

scher Herkunft trifft, der das Haus in Besitz genommen hat. Der ständige Streit vor dem Haus hat schon zu Ausschreitungen der örtlichen Paschtunen-Mehrheit gegen tadschikische Einrichtungen geführt. Ein auf dieser Ebene ansetzender Vermittlungsversuch würde vielleicht ein Moratorium vereinbaren, das beide Rechtspositionen zunächst nicht antastet und Zeit für eine sachgerechte Klärung schafft.

Auf der Beziehungsebene (»relationship«) würde die generelle Beziehung zwischen Paschtunen und Tadschiken analysiert und das Projektteam angesetzt, das mit geeigneten Maßnahmen Vorurteile vermindern und gegenseitige Aufklärung erarbeiten kann, um den Konflikt zu entschärfen.

Auf Systemebene (»system«) werden strukturelle Ursachen untersucht, die das Verhältnis zwischen Paschtunen und Tadschiken belasten können, zum Beispiel eine subtile wirtschaftliche oder politische Bevorteilung der einen Gruppe durch das bestehende System. Ein Ansatz auf dieser Ebene würde versuchen, diese Widersprüche aufzulösen, könnte den unmittelbaren Konfliktgegenstand und das daraus erwachsende Gewaltpotenzial aber nicht entschärfen.

Zu diesem Zweck führt Dugan die Ebene des Subsystems ein, das systemische Ursachen und den unmittelbaren Konfliktgegenstand gleichermaßen angeht. In unserem Beispiel könnte dies eine Begegnungswoche der Volksgruppen sein, in der Akteure von Begegnungsprojekten mit Arbeitsplätzen in gemeinsamen interethnischen Projekten belohnt werden. Abgerundet wird das Programm mit ethnisch interaktiven Begegnungen, bei denen Akteure vor Publikum in die Rolle der jeweils anderen Ethnie schlüpfen.

Wie im Abschnitt zu den Akteuren wird auch im Hinblick auf den strukturellen Aspekt die Wichtigkeit aller Ebenen betont, doch identifiziert Lederach auch hier die besondere Bedeutung des Ansatzes am Mittelbau, also der Beziehungs- und Subsystemebene, die in ihrer Brückenfunktion den größten Beitrag zu einer friedenserhaltenden Infrastruktur leisten kann.

Ohne allzu tief in die Mediationstheorie einsteigen zu wollen, muss doch auch aus der Sicht von Lederach die Langwierigkeit der Konflikttransformation in Betracht gezogen werden; nicht nur der Leser, sondern am Ende auch der Steuerzahler verlangt nach ehrlicher Information (Zeitachse nach Curle).[193]

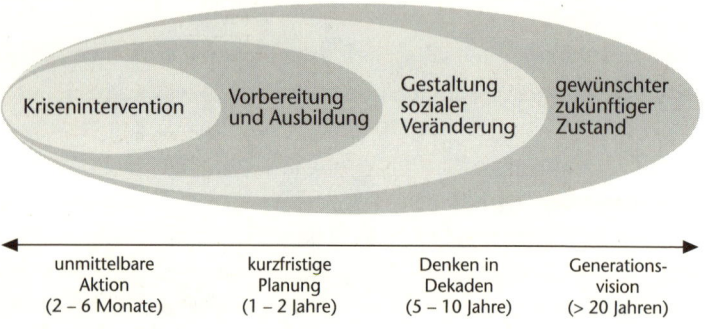

| unmittelbare Aktion (2 – 6 Monate) | kurzfristige Planung (1 – 2 Jahre) | Denken in Dekaden (5 – 10 Jahre) | Generations- vision (> 20 Jahren) |

- **Kriseninterventio**n: *6 Monate:* Pilotprojekt in Kunduz.
- **Vorbereitung und Ausbildung:** *1 bis 2 Jahre* für intervenieren- de Akteure.
- **Aktionsrahmen:** *5 bis 10 Jahre:* Akteure mit persönlicher Er- innerung an die Krise erarbeiten Grundlagen und Mechanismen für Konflikttransformation.
- **Gewünschter Zustand:** *20 Jahre:* visionäres Programm für tiefgreifende Veränderungen auf struktureller und systemischer Ebene, erreichbar durch neue Generation.

Die Grafik auf S. 211 zeigt, auf welchen Ebenen die verschiedenen Aktivitäten greifen, wobei der Kreis den Wirkungsbereich des Pi- lotprojekts für den Frieden im System Lederach markiert. Im End- effekt umfasst der Wirkungsbereich des Friedensplans schließlich das komplette System Lederach.

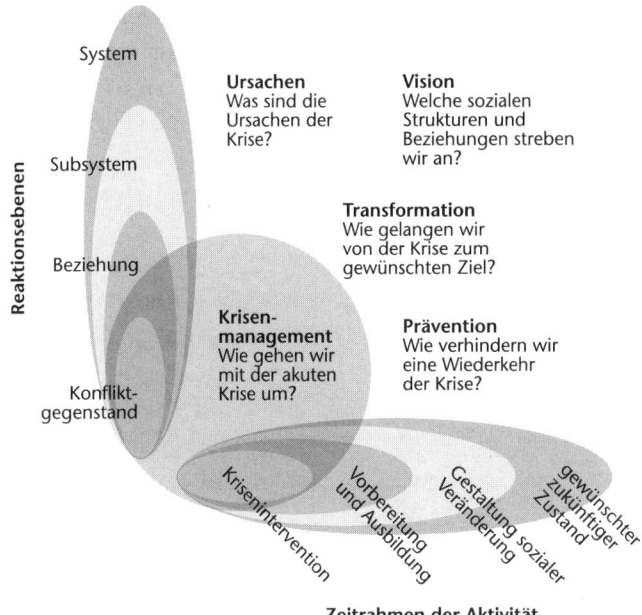

System

Ursachen
Was sind die
Ursachen der
Krise?

Vision
Welche sozialen
Strukturen und
Beziehungen streben
wir an?

Subsystem

Transformation
Wie gelangen wir
von der Krise zum
gewünschten Ziel?

Beziehung

**Krisen-
management**
Wie gehen wir
mit der akuten
Krise um?

Prävention
Wie verhindern wir
eine Wiederkehr
der Krise?

**Konflikt-
gegenstand**

Reaktionsebenen

Kriseninterventon
Vorbereitung und Ausbildung
Gestaltung Veränderung
gewünschter zukünftiger Zustand sozialer

Zeitrahmen der Aktivität

Selbstverständlich kann diese Kurzvorstellung eines Mediations-
systems nicht ein ausformuliertes Konzept ersetzen, das vor allem
die detaillierte Anwendung auf den Fall »Kunduz – 12 weitere Provinzen – Afghanistan« enthalten müsste. Für den Moment ist nur
wichtig: Es gibt genügend Erfahrungen, Personal und guten Willen
auf der Welt, um unter Beachtung afghanischer Eigenheiten eine
brauchbare Mediationslösung mit einer begeisternden Aufbauleistung der Pilotprovinz zu verbinden.

Diese Aufbauleistung gliedert sich in vier Stufen:

1. Die Provinzregierung legt in demokratischer Weise strategische
   Ziele für die Entwicklung der Provinz fest und benennt die passenden Projekte. Dabei orientiert sich die beteiligte Provinz-

regierung an den geltenden internationalen Konzepten und Strategien zur Entwicklung Afghanistans. Das gelang zum Beispiel 2002 in der Provinz Nangarhar unter Gouverneur Haji Din Mohammad in sehr erfreulicher Weise und brachte sofort Finanzspritzen aus dem Ausland.

2. Die vorgeschlagenen Projekte werden mit höchster Priorität mit der Zentralregierung abgestimmt und die notwendigen Finanzmittel zur Verfügung gestellt.

3. Die Zustimmung der lokalen Bevölkerung wird in eigens abzuhaltenden Shuras (= Ratssitzungen) eingeholt. Um die Akzeptanz möglichst hoch zu halten, empfiehlt sich ein vertrauens- und verständnisbildendes Vorgehen mit allen Beteiligten im Vorfeld der Ratsversammlung. Auf diese Art und Weise gelang es 2003 sogar, von der ansonsten höchst konservativen Dorfbevölkerung im Distrikt Zeruk (Provinz Paktika) die Zusage für einen fünfzigprozentigen Mädchenanteil unter den Schülern einer zu bauenden Dorfschule zu bekommen und somit Interessen von Geber- und Nehmerseite gleichermaßen zu berücksichtigen.

4. Der Beschluss der lokalen Shura wird an Provinz- und Zentralregierung weitergeleitet, und dort, wo ein Übereinkommen zustande gekommen ist, wird das Projekt durch die üblichen Implementierungspartner umgesetzt.

Möglicherweise empfinden viele Menschen diesen Friedensplan als zu simpel, jedenfalls ist die erste Reaktion darauf häufig durch Zweifel und Unglauben bestimmt. Anschließend werden meist Fragen laut, zum Beispiel folgende:

1. Kann man den Taliban trauen?
Wenn man der islamischen Bewegung nicht trauen könnte, wäre der Autor längst tot – und mit ihm manche stille Aufbauhelfer aus verschiedensten Ländern, die mit den Taliban gut auskommen.

2. Halten sich alle Widerständler an die Abmachungen?

Die größte Widerstandsgruppe sind die Taliban. Sie denken und handeln nicht einheitlich, aber der »großen Linie« wird gefolgt. Taliban sind sehr verlässlich.

Diese »große Linie« gibt Mullah Omar nach Vorstandsshura vor. Wenn die Taliban offiziell beschlossen haben, sich an einer Sache zu beteiligen, werden sie ihr großes Gewicht einsetzen, dass auch andere dies tun. Darin sind sie sehr diszipliniert. Das ergibt eine sehr gute Chance für den Erfolg.

3. Ist Kunduz nicht zu groß und vielfältig für ein Probeprojekt?

Wenn man am Anfang nicht mit Kunduz klarkommt, braucht man den Rest gar nicht erst zu versuchen, der ist noch viel komplizierter. Kleinere Einheiten sind kein aussagefähiger Test.

Natürlich sind auch Einwände zu vernehmen:

1. Ich wehre mich gegen den Anspruch eines »Königsweges«.

Wer redet von »Königsweg«? Es ist einfach nur der einzige bisher mit dem Widerstand abgestimmte Plan, den es gibt – konzipiert von einem, der seit zweiundzwanzig Jahren mit genau den Afghanen redet, auf die wir heute schießen.

2. Ich bin gegen regionale Friedensschlüsse.

Jeder Dorfchor übt erst in den einzelnen Stimmen, bevor das ganze Ensemble antritt. Das Risiko, dass bei einer nationalen Einigung etwas schiefgeht, ist doch viel zu groß (siehe oben, Frage 3). Wir brauchen beiderseits vertrauensbildende Maßnahmen. Und die USA würden eine nationale Lösung heute ebenso torpedieren, wie sie den Musa-Qala-Vertrag weggebombt haben. Wenn wir aber nicht vor der US-Präsidentschaftswahl 2008 schon beweisen, dass das Pilotprojekt klappt, haben wir auch mit der nächsten Regierung in Washington keine Chance.

3. Herr Hörstel bringt sich selbst ins Spiel, er verdient Geld damit.

Jede Putzfrau verdient ihr Geld ehrlich, und niemand neidet es ihr. Wenn das örtliche Kraftwerk ausfällt: Gehen Sie hin und fummeln daran herum? Nein, das machen Spezialisten; sie erhalten einen Auftrag – und bezahlt werden sie selbstverständlich auch.

Nur in Afghanistan, wo seit zweiundzwanzig Jahren in menschenverachtender Weise herumgestümpert wird, da darf nicht plötzlich einer aufstehen und sagen: »Ich bin der Spezialist – hier ist der Weg aus dem Schlamassel? Seht her, ich habe mit dem Widerstand gesprochen, die machen mit!« Und er darf dann nicht Geld verlangen – für das in über zwanzig Jahren kostenfreier Vorarbeit erarbeitete Wissen und die Erfahrung und das persönliche Risiko?

Vielleicht gibt es ja einen anderen, der das Pilotprojekt vor Ort mit den Taliban in täglicher Arbeit umsetzen kann. Bitte schön, kein Problem. Dies ist eine freie Marktwirtschaft.

Schwächen des Vorschlags müssen korrekterweise auch benannt werden:

1. Der Projektbeginn in einer Provinz ist verloren, wenn nicht rasch weitere Fortschritte erzielt werden können.
2. Der Wille zur Transformation wird hier vorausgesetzt, ist jedoch tatsächlich zur Zeit nur bei den nationalen Akteuren vorhanden, nicht bei den internationalen.
3. »Zahllose Probleme auf vielen Gebieten, vertrackt miteinander verwoben« – so buchstabieren Insider Afghanistan.

Reaktionen auf den Friedensplan

Mein pakistanischer Geheimdienstfreund Abdul zieht beim Thema Friedensplan nur spitzbübisch die Augenbrauen hoch. (Natürlich rede ich mit ihm darüber, schließlich kennt er die Lage an der
Grenze und die Politik seines Landes bestens – und ohne Pakistans
positives Zutun wird es schwerfallen, in Afghanistan Fortschritte
zu erzielen.) Ich sage ihm dann, dass auch Pakistan in der Vergangenheit Fehler gemacht und bestimmt noch die eine oder andere
Lektion zu lernen habe. Schließlich wollten wir doch beide Souveränität und Freiheit von Korruption für beide Länder, Afghanistan
und Pakistan. Dann seufzt er und schaut den Deckenpropeller an,
um mir nicht in die Augen blicken zu müssen.

Wichtig waren für meine Arbeit am Pilotprojekt für den Frieden
und den darauf aufbauenden »Disengagement-Plan« die Begegnungen mit Ministerialassistenten und anderen Chargen in folgenden
Kabuler Ministerien: Äußeres, Verteidigung, Finanzen und Land-
wirtschaft (letzteres wegen des hohen Bauernanteils in der Bevölkerung und der Notwendigkeit, eine strategisch neu ausgerichtete
Entwicklungshilfe hier einzusetzen). Im Präsidialamt sprach ich
im Büro der Persönlichen Referenten mit einem recht begeistert er-
scheinenden Mitarbeiter, der ebenso präzise wie konstruktive Fragen stellte. Am wenigsten erbaulich – aber immer noch »im grünen
Bereich« – verlief das Treffen mit dem stellvertretenden Finanz-
minister Shahrani. Kaum dass ich den Namen Hekmatyar erwähnt
hatte, erklärte er, der Mann gehöre zweifellos umgebracht – und
so werde es kommen. »Ohne Insh'Allah wird das wohl nichts«,
ging es mir durch den Kopf. Die grundsätzlich positive Haltung
Hekmatyars zu meinen Planungen, wie Ende 2006 schriftlich und
videoabgesichert übermittelt, markiert einen Wendepunkt.

Ganz anders in Deutschland. Nach gefährlich nichtssagenden Reaktionen aus dem Kanzleramt sagte mir meine gute alte Journalistennase, dass man dort versuchen würde, den Plan so ruhig wie

möglich zu beerdigen. Deshalb beschloss ich, ihn dem ganzen Bundestag und den Medien zuzusenden. Ich meldete mich auch bei den vier Ministerien der »Afghanistan-Koordinationsgruppe«. Reaktion in der Sache: null. Dafür wurde ich zur Persona non grata erklärt, stillschweigend und ohne Begründung. Das funktioniert so: Telefonate werden von den Sekretariaten mehr oder weniger freundlich abgewimmelt, Briefe und E-Mails nicht beantwortet. Nur vom Kanzleramt hieß es am Telefon immerhin: »Na, dann ist der Plan tot.«

Kann Öffentlichkeit einen Friedensplan töten?

Der Plan ist tot, wenn niemand ihn will. Und da unsere »politische Kaste« nun wirklich augenfällig bewiesen hat, dass sie weder eine strategische Planung noch einen Plan hat und, wie weiland die Sowjetunion, nur die Sprache der Gewehrläufe und der leeren Staatskasse zu verstehen scheint, bleibt mir nur, auch wenn mich das erschüttert, wütend und traurig macht, ganz ruhig abzuwarten, bis die Taliban so weit sind.

Als am 19. Mai 2007 drei Bundeswehrsoldaten in Kunduz einem Selbstmordanschlag zum Opfer fielen,[194] ist plötzlich vielen bewusst geworden, dass die Zeit der schönen Erklärungen und bedeutungsarmen Dienstreisen vorbei ist. Sollte aus dem Tod der drei Soldaten eine echte Friedensinitiative entstehen, wäre das ja vielleicht ein gewisser Trost für alle Leidtragenden dieses größten Opfers, das Menschen bringen können.

Besonders gespannt bin ich, wann die christlichen Parteien auf ihre Gauweilers und Wimmers zu hören beginnen. Ob die Unionsfraktion weiß, dass der beste Freundschaftsdienst für Amerika der ist, auf den Amerika auch in Zukunft bauen kann? Und nicht einer, der momentane Lücken schließt?

Die SPD trägt, wie so oft, ihre innerparteiliche Meinungsbildung öffentlich aus. Fraktionschef Peter Struck möchte das Engagement verstärken, darin ist er sich mit Außenminister Frank-Walter Steinmeier einig. Andere, wie der verteidigungspolitische Fraktionssprecher Rainer Arnold, möchten zumindest das OEF-Engagement in Afghanistan kippen. Nur wie ernst es ihm damit ist, weiß man nicht, seit es ja auch die Möglichkeit eines schlichten »Etikettenwechsels« gibt: Wo ISAF draufsteht, finden sich dann plötzlich auch OEF und Tornados wieder …

Von einem aktiven Friedensplan für Afghanistan, mit dem die Partei auch ihre schwindende Wählerschaft überzeugen könnte, ist man noch ein gutes Stück entfernt. Da wird lieber zugewartet, bis es womöglich zu spät ist, weil die Taliban keinen Sinn mehr darin sehen, über etwas zu verhandeln, das sie sich auch allein mit ihren Kalaschnikows holen können. Deshalb müssen jetzt diejenigen Abgeordneten, die schon im März 2007 gegen die Tornados gestimmt hatten, bei ihren zögernden Kollegen Überzeugungsarbeit leisten. Und vielleicht hört ja auch einmal jemand auf den guten alten Egon Bahr.

Über die Linkspartei gibt es nicht viel zu sagen, sie leistet bei diesem Thema wirklich gute Arbeit – abgesehen von einer Kleinigkeit vielleicht: alte Freundschaften zum Bereich der früheren Sowjet-Statthalter. Vielleicht hilft da der Gedanke, dass auch manche alten US-Günstlinge eingesehen haben, dass es besser ist, seinem eigenen Land und seiner eigenen Sache zu dienen als sach- und wesensfremden Finanziers.

Pilotprojekt und Disengagement-Plan haben Ende Juli 2007 bereits vierunddreißig Kreisverbände und drei Mitglieder der Bundestagsfraktion von Bündnis 90/Die Grünen als Erstunterzeichner gewonnen: für einen Antrag auf dem Parteitag am 15. September 2007. Ob dieser Weg gelingt? Ob die alte Fischer-Riege das zulässt? Kann die Basis wieder die Kraft aufbringen, die einmal die Grünen erfolgreich bis in die Regierung getragen hat?

FDP-Mann Werner Hoyer[195] darf die Afghanistanpolitik seiner Par-

tei formulieren. Er glaubt offenbar, er könne den Krieg am Hindukusch militärisch gewinnen, jedenfalls hat einer seiner Mitarbeiter
mich am Telefon in diesem Tenor informiert. Auch nachdem andere Parteifreunde aus Hoyers engster Umgebung eine persönliche
Begegnung vermitteln wollten, war er nicht zu sprechen. Das ist
umso bedauerlicher, als in meiner Journalistenzeit mit ihm immer
gut arbeiten war. Auch hier müssen die Tornado-Gegner ran!

Der Sonderbeauftragte für Afghanistan

Eine wichtige organisatorische Personalie wird im Sommer 2007
hinter verschlossenen Türen behandelt: der Sonderbeauftragte. Es
wird ein Staatssekretärsposten werden, angesiedelt im Kanzleramt, darf man vermuten, obwohl das gar nicht einmal zwingend
wäre. Aber er sollte auch dem Auswärtigen Amt berichtspflichtig
sein, denke ich, und das Kabinett sollte alle Beschlüsse gemeinsam
tragen. Vielleicht hört das Kabinett ihm ja auch einmal zu? Und
wenn es je einen deutschen Beauftragten für Friedenspläne geben
sollte (denn der Staatssekretär darf das auf keinen Fall hauptamt-
lich selbst tun), der Afghanistan allein bereisen kann, dann müsste er diesem Staatssekretär direkt unterstellt sein, was bestimmt
für alle nicht einfach wird. Aber ohne einen solchen Zugang nach
oben wird es nichts.

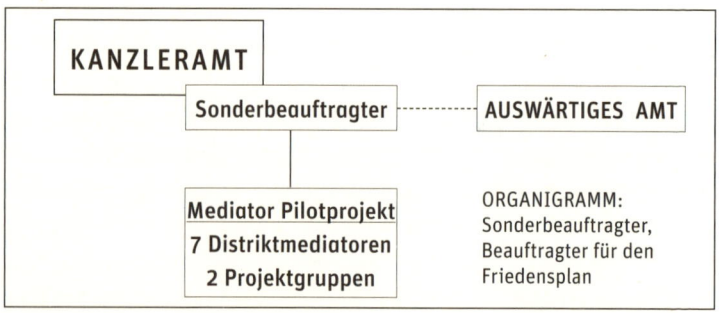

Grundsätzlich jedoch ist die viel debattierte Ausgestaltung eines neuen Regierungspöstchens kein Ersatz für ernsthafte und grundlegend neue Schritte zur Bereinigung des von der Nato und unter Führung der USA angerichteten Desasters am Hindukusch.

* * *

»Es ist schwer, einen Mann dazu zu bringen,
etwas zu verstehen, wenn sein Gehalt davon abhängt,
dass er es nicht versteht.«
Upton Sinclair

KAPITEL 6

Was zu tun ist

Die Vereinigten Staaten sind bestrebt, in Afghanistan einen Brückenkopf zu errichten. Dieser Brückenkopf ließe sich nicht mehr rechtfertigen, weder innenpolitisch noch außenpolitisch, wenn die Krise in Afghanistan endet. Der ehemalige US-Außenminister Powell wird mit den Worten (aus seiner Amtszeit und in Bezug auf Afghanistan gesprochen) zitiert: »I hope we don't run out of monsters in Afghanistan! – Ich hoffe, die Monster in Afghanistan gehen uns nicht aus!« (Mit dem Ausdruck »Monster« hat Powell eine übliche US-Vokabel für den Widerstand in Afghanistan gewählt – und offen zugegeben, dass das agile Wirken des Widerstands eine strategische Notwendigkeit ist.) Dass das Treiben der Widerständler im Nachbarland Pakistan zwar weitgehend beaufsichtigt wird, aber unbehelligt bleibt, dafür gibt es jede Menge Zeugen und Berichte.[196] Aus demselben Grund, weshalb die Widerständler hier an der langen Leine gelassen werden, wird auf jeden Verbündeten wie auch auf jeden anderen Staat Druck ausgeübt, weiterhin strikt konfrontativ zu arbeiten.

Bisher konnte Deutschland sich im Norden weitgehend heraushalten, doch mit dem Einsatz der Aufklärungsjäger (»Recce-Tornado«) ist das vorbei. Und weitere Schritte wie die Entsendung von »Beratern« in den Süden, die die ANA (= Afghan National Army)

»trainieren« sollen,[197] sind schon geplant. Das sind die üblichen Schritte, wenn man aus Gründen der innenpolitischen »Verträglichkeit« in einer Art Salamitaktik in einen Konflikt hineinwill, weil man meint zu müssen. Da Deutschland und die EU strategische Interessen, die eine solche Beteiligung erfordern würden, nicht haben, geht man allein auf Wunsch der US-Regierung dorthin – diese jedoch hat inzwischen knapp 70 Prozent der eigenen Bevölkerung gegen sich – und über 80 Prozent der deutschen ...

Wie es nicht geht

Der im vertraulichen Spitzengespräch mit Deutschen immer wieder angebrachte Gedankengang, der mächtige Drogenwarlord Fahim schütze die Bundeswehr vor den Taliban – »Weitere Überfälle kann er sich nicht leisten« –, ist lächerlich. Jeder Kneipenbesitzer weiß: Wer sich von der Drogenmafia schützen lässt, gehört bald selbst dazu und geht mit ihr unter. Unsere Westentaschen-Machiavellis gefährden mit solchen kurzsichtigen Spielchen unser Land.
Schließlich wird jedem Fragesteller gebetsmühlenartig entgegnet, man könne ja keine Alleingänge machen (ISAF-Truppen verringern) und auch nicht auf eigene Faust einen Friedensplan in einer Provinz durchführen.
Dass dieses »man kann nicht« eine sehr relative Angelegenheit ist, lässt sich schon daran erkennen, dass die SPD im Sommer 2007 öffentlich und intern darüber nachdenkt, ob sie sich bei der Abstimmung über die Mandatsverlängerung im Herbst 2007 zumindest von einer Beteiligung an der Operation Enduring Freedom (OEF) in Afghanistan verabschieden soll. Vielleicht aber ist das auch nur eine strategische Auffangposition, weil man hofft, dadurch zumindest das ISAF-Mandat in der Fraktion »sicher durchzubekommen«. Und möglicherweise geht es, wie wir (in Kapitel 5) gesehen haben, um eine Mogelpackung, auf der nicht steht, was drinsteckt.

Auf Misserfolg programmiert

Kein Zweifel: Es gibt großartige Einsätze engagierter Entwicklungshelfer/innen, die in den unterschiedlichsten Positionen und an den unterschiedlichsten Orten sehr wertvolle Arbeit leisten. Eine vernünftige Gesamtstrategie in regionale Programme und Strukturen zu überführen, das hat die Entwicklungshilfe der wichtigsten Industrienationen der Welt allerdings bis heute nicht geschafft. Konsequenz: Das Ungleichgewicht der Hilfe zwischen Nord- und Südafghanistan besteht zum krassen Nachteil des Südens fort. Schlimmer noch, diese unheilvolle Politik wird inzwischen sogar offiziell als beabsichtigt dargestellt.[198] Dies alles geschieht, obwohl die Paschtunen nun wirklich phantastische Gastgeber und höchst bemühte und begeisterungsfähige Zuarbeiter sind. Der gerechte Regionenausgleich, in Deutschland als »Aufbau Ost« oder »Länderfinanzausgleich« heiß umkämpft, aber grundsätzlich anerkannt, muss Bestandteil eines (übrigens kostengünstigen) Reparaturprogramms werden, das nicht daran scheitern darf, dass die Halbherzigen, die Halbexperten und die Halbopportunisten sich weigern, ihren Anteil am Gesamtfehler endlich zuzugeben. Schließlich geht es doch, wie in allen Kriegen und schwierigen Lagen, um die Frage nach den Selbstheilungskräften einer Gesellschaft: Können wir umkehren – oder sind wir aus Schwäche auf Misserfolg programmiert?

Die Sowjetunion zerbrach am Afghanistankonflikt, der zum Auslöser einer erstaunlichen Implosion wurde. Für die USA markieren die Engagements in Irak und Afghanistan einen Wendepunkt in ihrem Auftreten als Weltmacht Nr. 1, vielleicht sogar den Beginn ihres Abstiegs. Das jedoch können sich nicht einmal Amerikas Feinde wünschen.

Abhängig davon, wie viele Fehler die deutsche Außenpolitik in Afghanistan und an anderen Brennpunkten der Auseinandersetzung mit der weltweiten islamischen Bewegung noch begeht, kann es künftig noch einige oder sehr viele Tote zu beklagen geben, je nachdem, ob der Kampf deutsches Territorium erreicht oder beispielsweise am Hindukusch steckenbleibt.

Überzogenes Sicherheitsdenken in der deutschen Innenpolitik wird jedoch mit Sicherheit zerstören, was diese Politik vorgibt, schützen zu wollen: Demokratie, gerecht verteilter Wohlstand, Sicherheit, Frieden. Die Hinterzimmertheoretiker im Bundesinnenministerium, die Vorlagen erarbeiten, mit denen unser Land in den Überwachungsstaat abgleitet, die in Rostock mit Käfighaltung für Demonstranten Klein-Guantànamo proben – und mit Tornados den Bundeswehreinsatz gegen die mit Recht und Augenmaß aufbegehrende Bevölkerung –, diese Phantasten des Zusammenbruchs unserer mühsam erkämpften Demokratie sollten nicht glauben, dass die Konsequenzen weiterer Fehler am Hindukusch nicht auch sie treffen könnten.[199] Keine Sicherheitsmaßnahme der Welt kann es wettmachen, wenn es an Verantwortung fehlt.

Wie es auch nicht geht

Stattdessen beschäftigen unsere Politiker so wichtige Fragen wie:

Soll man zur Lösung des Drogenproblems eine ganze Jahresproduktion Rohopium aufkaufen? (Überlegung, angestellt von einem prominenten Oppositionsabgeordneten und von Journalisten.)[200]
Dazu ist lediglich zu sagen: auf gar keinen Fall.

1. In dieser Größenordnung sind noch niemals weltweit derartige Programme umgesetzt worden.
   * Es gibt also keine brauchbaren Erfahrungen.
   * Die finanzielle Dimension eines solchen Aufkaufplans verbietet die Erprobung dieser Idee ausgerechnet am hochkomplizierten und gefährlichen Hindukusch, wo schon aus blanker

Armut komplexe Bargeldgeschäfte ein Hochrisikogeschäft darstellen.

2. Wir sollten nicht versuchen, für Probleme Lösungsansätze zu suchen und zu finden, die ohne funktionierende Verwaltung und Institutionen (Innenministerium, Polizei, Gerichtsbarkeit) nicht oder nur schlecht lösbar erscheinen.

3. Nach Ansicht der führenden Experten sind die drei vorgenannten Institutionen völlig korrumpiert. Die notwendige Bereinigung kann jedoch nicht stattfinden, weil Drogenwarlords hochgerüstete und bestens motivierte Kampftruppen unterhalten, denen regional (siehe Nordafghanistan) nicht einmal die ISAF gewachsen wäre. Insofern ist die Drogenkatastrophe Afghanistan engstens verwoben mit der grundsätzlichen politischen und militärischen Misere.

4. Da sowohl US-Freunde (Karzai, Fahim, Hazerat Ali und so weiter) als auch US-Feinde sich entweder mit oder ohne CIA-Lizenz[201] in diesem Geschäft tummeln, können und sollten wir Deutsche und die »Anti-Terror-Allianz« uns schlicht heraushalten.

5. Unter den gegenwärtigen Umständen würde der geregelte Ankauf (mit anschließender Vernichtung der Drogen oder ihrer Zuführung ins Pharmageschäft) in kürzester Zeit zu einer Explosion des Anbaus und ins Chaos führen, denn:

   • wir können die Erweiterung der Anbaufläche ja heute schon nicht kontrollieren, und die Lage wird sich künftig grundsätzlich verschlechtern – und damit auch unsere Kontrollfähigkeit in diesem sehr speziellen Sektor,

   • wir können nicht einmal die Struktur eines Ankaufsystems vernünftig aufbauen, Geldboten würden überfallen, Karzais Bruder und jeder andere mit CIA-Lizenz würde sich noch einmal mehr die Taschen füllen,

   • wir würden den raffiniertesten Korruptionsmethoden begegnen: Drogen »fälschen«, die Aufkäufer korrumpieren, Mengen doppelt verkaufen und so weiter. Die Phantasie reicht nicht hin, um alle Tricks vorwegzunehmen,

- wir würden mit den ersten Misserfolgen (einmal mehr) zum Gespött der Afghanen, die das »Sonderangebot« mit all seinen Implikationen sofort wittern,
- wir würden die (kläglichen) Reste unseres Rufs möglicherweise nachhaltig beschädigen, sobald wir die »offizielle Ankauf-Idee« in Afghanistan auch nur ventilieren,
- die Ankauf-Idee würde am Herstellermarkt wie eine Stützungsmaßnahme für den um 80 Prozent gesunkenen Straßenpreis wirken.

Wir dürfen und müssen die Erfahrung der Taliban in das Kalkül zur Lösung des Drogenproblems mit einbeziehen, denn sie waren bisher die einzige Macht dieser Welt, die den Drogenanbau zurückdrehen konnte. Die Methoden, deren sie sich zur Stabilisierung ihrer Herrschaft bedienten, waren jedoch mehr als fragwürdig und sind von Angehörigen unseres Kulturkreises derzeit nicht (und, wie ich hoffe: niemals) nachzuahmen. Deshalb jedoch seine Zuflucht zu einem undurchführbaren und kontraproduktiven Plan zu nehmen, macht nichts besser.

Ich wage deshalb folgende These: Wer den geregelten Ankauf als Marktabschöpfung erfolgreich durchführen will, muss institutionell und logistisch so gut »aufgestellt« sein, dass er den Markt auch gleich durch Erntevernichtung mit Polizeikräften und koordinierte Razzien unterdrücken und den künftigen Anbau kontrollieren und beliebig einschränken kann. Dann aber braucht man das Ankaufverfahren nicht mehr.

Von einer solchen Maßnahme ist also unbedingt abzuraten.

Wichtig bleibt – und das ist auch bundesdeutscher Konsens: Wem immer die Ordnungskräfte den Anbau von Drogenpflanzen entziehen, dem muss die Verwaltung Ersatzverdienste ermöglichen, die die lückenlose Versorgung der Menschen gewährleisten. Andernfalls organisieren wir lediglich Fluchtwellen, Hungerkatastrophen oder lokale Aufstände.

Kann man die Taliban spalten?
Auch hier ist dringend abzuraten. Aus folgenden Gründen:

1. Sicherlich wird kein Versuch dazu den Taliban verborgen bleiben.
2. Täuschungsmanöver werden innerhalb kürzester Zeit jeden weiteren Anlauf zu einer friedlichen Lösung des wachsenden Konflikts sehr erschweren.
3. Wir sind es, die sich absichern sollten, um von den Taliban nicht hintergangen zu werden. Die Taliban haben Zeit und Gegebenheiten auf ihrer Seite, um uns auflaufen zu lassen.
4. Afghanistan verfügt über dreißigjährige Erfahrung im politischen Tricksen unter Lebensgefahr. Damit wollen und können wir nicht konkurrieren.

Es wäre also ratsam, offen und ohne Hintergedanken auf den Gegner zuzugehen und ihm zu zeigen, dass die Einbindung in eine nationale Lösung der Weg in die Zukunft ist, von dem alle profitieren können, nicht zuletzt die Taliban, die wahrscheinlich blutig und bitter gelernt haben, dass Regierungsverantwortung mehr bedeutet als ideologischer Machtkampf und Druckausübung.

Wie es gehen könnte

Was wir zunächst dringend überwinden müssen, ist unser bisheriges »Inside-out«–Denken:[202] Eine Drei-Jahres-Frist für die Wahlbeteiligung der Taliban bis 2010 beispielsweise wird in dieser Form sicherlich abgelehnt werden. Es ist sinnlos, das in Hinterzimmerverhandlungen zu probieren. Zumindest in den Provinzen des Disengagement-Plans muss ohne Druck von außen in enger Abstimmung mit der (bewaffneten) Opposition die wahre Demokratie geübt werden. Da werden alle Beteiligten voneinander und miteinander lernen müssen. Das allerdings sicherlich mit großem beiderseitigem Gewinn.

Interkulturelle Kompetenz bei uns muss sich endlich auch auf die Protagonisten der weltweiten islamischen Bewegung erstrecken. Nur mit Sympathisanten unserer Kultur im islamischen Raum zu verkehren bringt nicht mehr die nötige politische Bodenhaftung.

Gerade außenpolitisch erscheint es höchst geraten, umgehend mit der Umsetzung des Pilotprogramms für den Frieden am Hindukusch zu beginnen: damit 2008/2009, wenn die US-Wahlen Amerika und die Welt von der Bush-Regierung befreien und die neue US-Regierung gebildet wird, die ersten Erfolge sichtbar und beweisbar sind. Im Klartext: Wenn wir bis dahin keine Fakten geschaffen haben, könnte auch die nächste Washingtoner Administration Opfer von Machtambitionen werden, die uns jetzt Krieg und Terror eingetragen haben, so dass am Ende womöglich die politische Kraft fehlt, den Krieg auch wieder zu beenden. Die mögliche Konsequenz: Intrigen gegen das Gelingen des Pilotprojekts und damit unter Umständen die Zerstörung einer der letzten friedlichen und konstruktiven Lösungschancen.

Ein Erfolg dagegen würde diesseits und jenseits des Atlantik eine politisch breite Sogwirkung entfalten. Hilfreich ist dabei, dass im August 2007 namhafte US-Wissenschaftler sich mit dem vorliegenden Disengagement-Plan befassen werden.

Auch der innerafghanische Zeitplan gebietet höchste Eile: Anfang 2009 müssen die Vorbereitungen für Afghanistans zweite Wahlen in die entscheidende Phase gehen. Wie soll das klappen, wenn wir nicht 2008 den friedlichen Ausgleich mit den Taliban geprobt und erprobt haben? Glauben wir allen Ernstes, die Taliban ließen sich eine zweite Wahlfälschung gefallen?

Und irgendwann endet auch in Deutschland die Geduld der Wähler mit den ohnmächtigen und erfolglosen Bemühungen unserer Ministerien.

Die 6 + 2-Gruppe (bestehend aus Iran, Pakistan, China, Usbekistan, Tadschikistan, Turkmenistan sowie USA und Russland) ist zu erweitern auf »6 + 3«, einschließlich Saudi-Arabien. An diesen Verhandlungstisch gehören die Taliban. Und zwar nicht die gemäßigten oder weichgeklopften, sondern die Kämpfer, die die tatsächlichen Machtträger der islamischen Bewegung am Hindukusch sind. Nur so sind belastbare Ergebnisse zu erzielen.

Die Erfahrungen der »Track-two«-Gespräche mit hochrangigen Expolitikern und -verantwortlichen aller Seiten könnten genutzt werden, das Instrument ist empfehlenswert. Mit der Einschränkung, dass Drohgebärden auch auf diesem Parkett ihre Untauglichkeit deutlich bewiesen haben.

Ein gewichtiges Argument gegen den von mir vorgelegten Disengagement-Plan betrifft die berühmt-berüchtigte außenpolitische Rücksichtnahme. Deutlicher: unsere US-Verbündeten und die Tatsache, dass alle anderen ja auch bei der Stange bleiben. Immerhin: Es wird nicht mehr geleugnet, dass es einen Interessengegensatz gibt. Die USA wollen Hegemonie am Hindukusch, wir nicht.

Briten und Amerikaner haben, wie in Kapitel 5 dargestellt, lokale Friedensschlüsse ausprobiert, die a priori so nicht funktionieren konnten. Jetzt sind wir Deutschen aufgerufen, mit unserem Plan, mit unserer außenpolitischen Tradition der interkulturellen Kompetenz, des Ausgleichs und der Verständigung einen neuen Weg zu erproben. Außenpolitische Verantwortung kann und darf nicht nur heißen: Truppenentsendung, Feuerbefehl, Durchhalteparolen.

Eine Überlegung mag deshalb am Schluss stehen, weil sie jenseits von Ethik, komplizierten politischen Betrachtungen und tiefgreifenden Konfliktbearbeitungsstrategien ganz schlicht den Geldbeutel anspricht: Den Frieden in Afghanistan nicht wenigstens ehrlich zu versuchen wird unendlich viel teurer als jedes denkbare gescheiterte Friedensprojekt.

Vorgehen

Natürlich gibt es im Auswärtigen Amt eine Menge kluger und erfahrener Mitarbeiter/innen, die möglicherweise berufener sind, Vorschläge zum weiteren Vorgehen zu machen. Deshalb will ich nur wenige Grundgedanken skizzieren, die einen denkbaren Weg priorisieren. Voraussetzung aller Signale nach außen bleibt: Deutschland nimmt sich – eng abgestimmt – das Recht, in seinem afghanischen Verantwortungsbereich einen neuen Weg zu probieren.

Dabei muss allen Beteiligten klar sein: Es geht lediglich um den politischen, militärischen und finanziellen Spielraum, der für das erste Jahr, also die Durchführung des Pilotprojekts, vonnöten ist. Denn wenn dieses Projekt einigermaßen gelingt, werden die Freunde und Verbündeten von sich aus bereit sein, die in Stufe 2 vorgesehene Erweiterung auf zwölf Provinzen Afghanistans mitzutragen und zu gestalten. Die folgenden Schritte erscheinen notwendig:

Bildung von Arbeitsgruppen mit
1. den vier/fünf deutschen Ministerien der Afghanistan-Kontaktgruppe und einem künftigen Sonderbeauftragten für Afghanistan,
2. der afghanischen Regierung in Kabul (zu beteiligende Bereiche siehe unten),
3. den Taliban (Bereiche: Außen-, Entwicklungs-, Sicherheits- und Innenpolitik),
4. Frankreich,
5. den USA unter diskretem Einschluss und besonderer Berücksichtigung der Oppositionspolitik und ihrer Wahlkampffavoriten,
6. der EU,
7. den restlichen 6 + 3-Staaten.

Arbeitsschritte
Alle außenpolitischen Gesprächspartner auf Regierungsebene werden dazu angeregt, ebenfalls Sonderbeauftragte für Afghanistan zu

ernennen. Die oben vorgeschlagenen Gremien müssen Arbeitsschritte, Erfolgsmerkmale, Sanktionsmöglichkeiten und Risikoabschätzungen koordinieren. Es sind denkbare Szenarien vorzubereiten.

Wichtigstes Augenmerk neben den Sicherheitsfragen kommt den finanziellen Aspekten des strategischen Wiederaufbaus zu. Außenpolitisch muss Deutschland sich darauf einstellen, auch fremde Rechnungen zum Teil mitzutragen, wenn das der Politik hilft. Schließlich sind wir ja auch die ersten (finanziellen) Nutznießer des Projekts.

Innenpolitisch wird besonders der »Budget-Swap« zwischen den Ressorts Verteidigung und Entwicklung/Zusammenarbeit Kopfschmerzen bereiten, denn das ist ein Novum. Nicht nur in dieser Frage wird die Moderationsfähigkeit der Kanzlerin gefragt sein.

Die notwendigen Arbeitsschritte im Landesinnern Afghanistans wurden in Kapitel 5 dargelegt.

Es ist zu bedenken, ob und inwieweit Mediationsspezialisten in die Gremien und die Umsetzungsarbeit einbezogen werden. Neue Wege stehen unter keinem guten Stern, wenn wieder nur »die üblichen Verdächtigen« aus unserer »politischen Szene« beisammensitzen. Das gilt auch für die internationalen Arbeitsgruppen. Wenn Mediationsspezialisten hinzugezogen werden, sollten sie das Vertrauen eines möglichst großen Teils der jeweiligen Runde besitzen. Prozesskontrolle kann auch vor Zeitverlust und Geldverschwendung schützen, nicht nur vor dem Wiederaufflammen der militärischen Auseinandersetzung.

Die militärische Auseinandersetzung zu beenden muss das wichtigste Thema sein, wenn Deutsche und Amerikaner sich das nächste Mal wieder in freundschaftlicher Runde treffen.

Das ist die Grundlage. Dann kommt die Arbeit.

* * *

Auf ein Nachwort

US-Vizepräsident Cheney macht sich für den Angriff auf den Iran stark.[203] Gleichzeitig nehmen die Planspiele für ein amerikanisches Eingreifen in Pakistan offenbar so ernsthafte Formen an, dass die *Washington Post*[204] sich genötigt sieht, in einem außergewöhnlichen Leitartikel alle praktischen Schritte dazu mit einer Blankounterschrift zu versehen, wie sie in der Politik nicht häufig vorkommt, besonders nicht in einer weltweit so brandgefährlichen Situation, wie wir sie gegenwärtig erleben. Diese Situation wird nicht verbessert durch US-Pläne, weitere Militärausrüstung im Wert von insgesamt 50 bis 60 Milliarden Dollar nach Nahost zu liefern.[205]

Seit zwei Jahren warne ich davor, die Kriegsbereitschaft der US-Demokraten in Iran und Pakistan zu unterschätzen, solange die Sicherheitsargumente gut genug orchestriert werden. Es hilft nichts, wenn sich erst hinterher herausstellt, dass das Orchester ein ganz anderes Stück gespielt hat, als auf dem Programm stand, und dass die ausführende Truppe dabei alles andere als gut ausgesehen hat. Die beiden großen Parteien in den USA stehen einander in der Substanz sehr nahe. Sie müssen sich gegenseitig Wähler abjagen. Und sie meinen, ohne die üblichen Hunderte von Millionen Dollar für den Wahlkampf nicht auskommen zu können, die stets aus der gleichen Ecke kommen. 2004 erhielt der demokratische Kandidat John Kerry 70 Prozent seiner Gelder von der gleichen Klientel wie der Republikaner George W. Bush.

Im Herbst 2007 stehen in Deutschland Entscheidungen des Deutschen Bundestages über unser Engagement am Hindukusch an. Hier nur drei Punkte:

1. Es führen viele Wege nach Rom, sagt der Volksmund so richtig – aber es führt nur ein ziemlich schmaler auf vernünftige Weise wieder weg vom Hindukusch. Und dieser Ausweg hat auch noch eine eingebaute Zeitklausel: Wer zu spät kommt, den bestraft die Geschichte – und er zahlt womöglich mit seinem Leben.

2. Wer jetzt die drei Mandate für ISAF, OEF und Tornado einfach verlängert, leistet den beiden möglichen neuen Kriegen, gegen Iran und in Pakistan, zumindest Vorschub. Szenarien, denen zufolge Deutschland sich plötzlich genötigt, verpflichtet oder versucht sehen könnte, die Tornados auch ein wenig über die Grenzen Afghanistans hinausblicken zu lassen, sind keineswegs von der Hand zu weisen. Selbst wenn dann, wie bei den G8-Demonstrationen in Rostock, der Bundesverteidigungsminister hinterher womöglich erklärt, einige der Tornado-Missionen seien ja ohne Erlaubnis erfolgt: Wir wären mit diesen kleinen »Ausrutschern« völkerrechtlich gesehen plötzlich Kombattanten. Iran und Pakistan hätten das Recht, uns zu ihrer Selbstverteidigung anzugreifen. Wer also alle drei Mandate jetzt verlängert, könnte und wird dann, wenn etwas schiefgeht, den deutschen Wählern ebenso wie den Angehörigen unserer Bundeswehrsoldaten einiges erklären müssen.

- Die Aufklärungstornados sind im Lichte der möglichen Kriegsausweitungen die gefährlichsten unserer Waffen in Afghanistan. Sie sind, anders als offiziell gern dargestellt, fester Bestandteil einer Kriegführung, die in Afghanistan schon mit Beginn der Bombardements im Oktober 2001 falsch war und seitdem ein großes Problem heraufbeschworen hat, das uns hier in Deutschlands sonnigen Innenstädten heimsuchen kann. Argumente, wonach wir nur mitreden könnten, wenn wir auch mitmachen, greifen ins Leere: Wenn Deutschland sich entscheidet, hier nicht mehr mitzumachen, haben wir allein schon mit dieser Entscheidung besser mitgeredet als in allen sechs Jahren zuvor.

Der Widerstand jedenfalls hat, anders als manche Experten sagen, die Entsendung der Tornados registriert – und mit eindeutig verändertem Verhalten quittiert. Wie viele Deutsche (und Afghanen) sollen noch sterben, bevor Berlin kapiert? *Die Aufklärungstornados sollten bald heimfliegen.*

- Unser OEF-Engagement in Afghanistan beeinträchtigt alle guten Vorhaben, die wir mit unseren ISAF-Truppen sichern helfen wollen. Mit kleinen Spezialeinheiten Gegner »abzuknallen« beschädigt die Glaubwürdigkeit unseres politischen Willens und Vorgehens. Das OEF-Engagement ist ganz offensichtlich Bestandteil einer Konfrontationsstrategie, die erdacht wurde, um andere Ziele zu erreichen als die, die im UN-Mandat, im Völkerrecht, im Nato-Vertrag und in den Sonntags- oder Bundestagsreden unserer Politiker stehen.

  Argumente, wir müssten hier unsere Bündnisverpflichtungen einhalten, treffen nicht, weil unser Bündnis ein Verteidigungsbündnis ist. Unser Weg am Hindukusch dagegen wird immer aggressiver, es wachsen Mohnblumen und der Krieg, nicht der Frieden. Es gibt keine sinnvollere außenpolitische Verpflichtung als die, den Frieden weltweit zu sichern – und dies mit möglichst friedlichen Mitteln. Die blutige Unterdrückung von zumindest teilweise berechtigten Aufständen in der Dritten Welt gehört auf keinen Fall dazu. *Weg mit dieser Truppe aus Afghanistan.*

- Das ISAF-Kontingent hat unter den beiden anderen Elementen unseres Engagements stark gelitten. Wir sollten die ISAF-Mission nur dann verlängern, wenn es auch substanziell etwas nachhaltig und augenfällig Friedensförderndes zu sichern gibt. Dazu gehören einerseits ein Friedensplan wie der hier vorgestellte – und andererseits eine radikale Erhöhung unserer Entwicklungshilfe, die dann allerdings auch endlich strategisch geordnet und ausgerichtet werden muss. Wir haben keine Angst vor den Taliban – aber wir wollen jetzt endlich überzeugend und massiv sicherstellen, dass wir auf der friedlichen und positiven Seite unseres Engagements ebenso starke Argumente haben wie im Kampf zur Selbstverteidigung. Die Politik ist hier aufgerufen, eine Bringschuld zu erfüllen und den Soldaten im Einsatz einen guten Rahmen zu schaffen. Das schuldet man jungen Leuten, die man losschickt, damit sie ihr Leben riskieren. Nennenswerte Hilfe, die die Verhältnisse tatsächlich ändern kann, ist die beste Grundlage für solch einen guten politischen Rahmen. Und genauso viel wert – jedoch bedeutend billiger und preiswerter – ist es, einen echten und sinnvollen Versuch zu starten, sich mit dem Gegner friedlich zu einigen. Nach fünf Jahren Krieg erscheint das wohl angemessen.

Ein dafür leicht veränderter Dienstauftrag wird den Soldaten wieder das Gefühl geben, eine rundum gute Sache zu vertreten – und dem Wähler auch.

Also: Klotzen, nicht kleckern beim Aufbau für die Ärmsten und vernünftige Schritte auf beiden Seiten angehen – und dann *ein klares Ja zur starken und zurückhaltend auftretenden ISAF.*

3. Es darf im Bundestag in Sachen Afghanistan keine Entscheidung in Kriegsfragen mehr geben, ohne dass die Bundesregierung ein schlüssiges Gesamtkonzept mit Exit-Strategie vorlegt, zum Beispiel im Rahmen eines tragfähigen, realistischen weltweiten Konzepts zum Umgang mit der islamischen Bewegung.

Und ab jetzt werden nicht mehr Sprechblasen budgetiert, sondern die Rechnungen mit dem Wirt gemacht. Denn die Zeche zahlen wir schließlich alle.

Anhang

Dokumente

Länderinfo Islamische Republik Afghanistan

Lage	Zentralasien, grenzend an Turkmenistan, Tadschikistan, Usbekistan (im Norden), China und Pakistan (im Osten und Süden), Iran (im Westen)
Fläche	652 000 qkm
Hauptstadt	Kabul (3,5 Millionen Einwohner, geschätzt)
Bevölkerung	30 Millionen Einwohner (geschätzt 2005). Genaue Angaben zur ethnischen Aufteilung der Bevölkerung sind nicht verfügbar, grobe Schätzungen sprechen von: Paschtunen ca. 42 %, Tadschiken ca. 27 %, Hazara und Usbeken je ca. 9 %, zahlreiche kleinere ethnische Gruppen (Aimak, Turkmenen, Baluchi, Nuristani und andere).
Landessprachen	Dari, Paschtu, zahlreiche weitere Sprachen
Religionen	Muslime (99 %, davon 84 % Sunniten und 15 % Schiiten), sonstige weniger als 1 %
Nationaltag	19. August (Unabhängigkeitstag)
Unabhängigkeit	8. 8. 1919 (von Großbritannien; Vertrag von Rawalpindi)
Regierungsform	Republik, Präsidialsystem mit 2 Vizepräsidenten
Staatsoberhaupt und Regierungschef	Hamid Karzai
Außenminister	Dr. Rangin Dadfar Spanta
Parlament	Das Parlament (»Nationalversammlung«) besteht aus zwei Kammern: Volksvertretung (»Wolesi Jirga«) mit 249 Abgeordneten (für 5 Jahre gewählt) und Ältestenrat (»Meshrano Jirga«) mit 102 Abgeordneten

Stand: Juli 2007; *Quelle:* Auswärtiges Amt

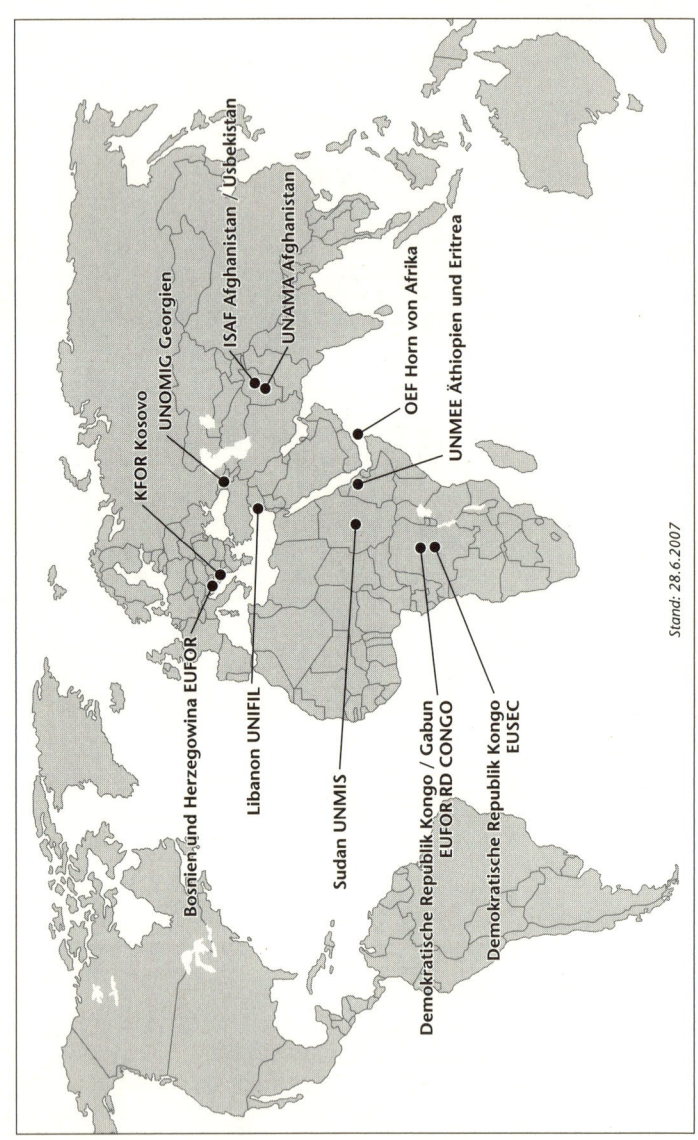

ISAF Afghanistan / Usbekistan

UNAMA Afghanistan

UNOMIG Georgien

OEF Horn von Afrika

UNMEE Äthiopien und Eritrea

KFOR Kosovo

Stand: 28.6.2007

Bosnien und Herzegowina EUFOR

Libanon UNIFIL

Sudan UNMIS

Demokratische Republik Kongo / Gabun
EUFOR RD CONGO

Demokratische Republik Kongo
EUSEC

Einsätze der Bundeswehr weltweit

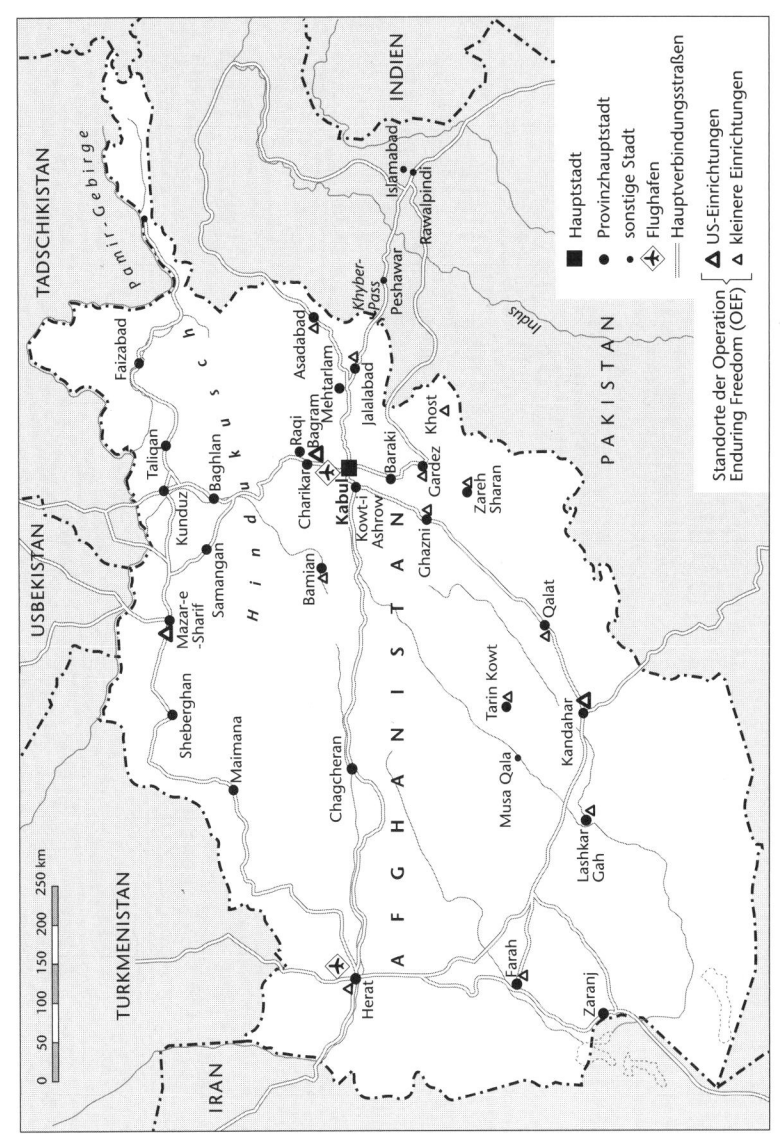

Afghanistan: Standorte der Operation Enduring Freedom

٢

٢٧. الف: ستا د سولې په پلان کې ډېر مثبت نقاطه شته، له ډېرو برخو سره ښې موني توافق کولی شو، خو دا په هغه
صورت کې چې اشغالګر ځواکونه له افغانستان نه بلاقید او شرط وتل ومني او دې ته تیار شي چې افغانانو ته د
خپلي خوښي حکومت جوړولو واک او اختیار ورکړي شي.

ب: تاسو ته معلومه ده چې حزب اسلامي پر ستر او افغانستان شمول حزب دی، په ټولو ولایاتو او ټولو قومونو او
اقشارو کې پراخ نفوذ لري؛ د جهاد په کلونو کې د هېواد په شمال کې هومره نفوذ درلود لکه په جنوب کې، کندز،
بغلان، پروان، بادغیس، کاپیسا، لغمان، کنر، نورستان، ننګرهار، پکتیا، خوست، پکتیکا، لوګر او وردګ
میدان زمونږ مهم او مضبوط مرکزونه وو، د دې ولایاتو اکثریت خلک پرون هم له حزب سره وو او نن هم، که نن په
افغانستان کې واقعي او عادلانه انتخابات ترسره شي نو په دغو ولایاتو کې نږدې اویا په سلو کې رایې مونږ ترلاسه
کړو، تاسو ته ښایی دا هم معلومه وي چې په تېرو امریکایي انتخاباتو کې سره له دې چې حزب هغه تحریم کړل او
برخه ښې په کې وانه خیسته، او سره له دې چې جعلي انتخابات ول او ډېری لاسوهني په کې وشوې، خو د ولس لوی
شمېر خلکو هغو کسانو ته رایه ورکړه چې په حزب پورې مربوط وو، هېڅ ډلې د حزب په اندازه رایې نه دی ترلاسه
کړې. مونږ کولی شو د هېواد په ډېرو ولایاتو کې هم بشپر امنیت تأمین کړو، هم مضبوطه اداره جوړه کړو، او هم د
مخدره مواد و د کرکښت مخنیوی وکړو، په دې شرط چې پرېکړه ښې د پارلمان لخوا وشي.

په درناوي

حکمتیار
افغانستان
١٣٨٥-٨-١٥

Die Erklärung von Gulbuddin Hekmatyar zum Pilotprojekt für den Frieden,
6. November 2006

Gulbuddin Hekmatyar, Vorsitzender der Hezb-i Islami Afghanistan (HIA), Pilotprojekt für den Frieden (Übersetzung aus dem Paschtunischen)

Frage: Was halten Sie von meinem Ihnen vorgelegten Friedensplan?

Antwort Gulbuddin Hekmatyar

a) In Ihrem Friedensplan gibt es viele positive Punkte. In vielen Punkten können wir uns einverstanden erklären. Dies aber nur dann, wenn die Besatzungstruppen ohne jegliche Bedingung abziehen und akzeptieren, dass Afghanen eine Regierung nach eigener Wahl wählen.
(Es wird auf die Abfolge und das »Timing« ankommen. Es ist auch GH klar, dass erst einmal in einer ausgewählten Provinz der Frieden ein Jahr durchgehalten werden muss, bevor die »Anti-Terror-Allianz« zu irgendwelchen Truppenreduzierungen kommen wird. Interessant ist dabei der folgende Absatz, der so etwas wie eine »Marketing-Strategie« ist, um sich für internationale Gesprächspartner als wertvoll darzustellen. Tatsächlich wird der HIA-Einfluss m. E. in der NATO weit unterschätzt. Anm. Hörstel)

240

b) Sie wissen, dass HIA eine große und landesweite Partei ist und in allen Provinzen, in allen Ethnien und in allen Schichten großen Einfluss besitzt. Im Laufe der vielen Jahre des Dschihad hat die HIA im Norden genauso viel Einfluss wie im Süden des Landes. Kunduz, Baghlan, Parwan, Badghis, Karpisa, Laghman, Kunar, Nuristan, Nangarhar, Paktia, Khost, Paktika, Logar und Wardak und Maidan waren unsere wichtigen Zentren. Die überwiegende Mehrheit dieser Provinzen waren gestern mit uns – und sind heute mit uns. Wenn heute in Afghanistan eine gerechte Wahl stattfinden würde, würden wir 70 % der Stimmen gewinnen. Ihnen wird auch vielleicht bekannt sein, dass auch HIA die vergangenen »amerikanischen« Wahlen boykottiert und sich nicht daran beteiligt hat – und obwohl dort zahlreiche Fälschungen geschehen sind, hat die Bevölkerung diejenigen gewählt, die zur HIA Verbindungen hatten. Keine Gruppe hat so viele Stimmen gewonnen wie die HIA-nahestehenden Personen. Wir können in vielen Provinzen des Landes vollständige Sicherheit garantieren, eine starke Verwaltung aufbauen und den Mohnanbau eindämmen, vorausgesetzt, dass das Parlament das so entscheidet.

Hochachtungsvoll, Gulbuddin Hekmatyar
Afghanistan, 15. 8. 1385 (6. November 2006)
Unterschrift

Gulbuddin Hekmatyar, indirektes Interview, 6. November 2006

Lieber Freund Christoph Hörstel, nimm bitte meine Verehrung an.

Leider sind die Verhältnisse nicht günstig für ein Treffen.
Auf Deine Fragen möchte ich kurz wie folgt antworten.

1. Wo sind Sie jetzt?
Ich lebe unter dem Himmel und über der Erde, mein Aufenthaltsort ist nicht bestimmt. Von Zeit zu Zeit wechsle ich ihn.

2. Wie sieht ein normaler Tag in Ihrem jetzigen Leben aus?
Meine tägliche Beschäftigung ist wie folgt: Mit den Mujaheddin Kontakt halten, die Lage verfolgen, die für die Einwohner nötigen Ratschläge geben, Aufsätze schreiben und Studien treiben.
Mein Zustand unterscheidet sich insofern von der Vergangenheit, dass ich mit dem Westen keine direkten Begegnungen habe. Briefe beantwor-

ten, Studien treiben, mit den Mujaheddin korrespondieren, dafür habe ich Zeit.

In den vergangenen fünf Jahren habe ich ca. 5000 Briefe geschrieben, zehn Bücher mit insgesamt mehr als 3000 Seiten und Dutzende Aufsätze geschrieben und veröffentlicht. In den vergangenen 38 Jahren meines Kampfes habe ich noch nie so ideale Bedingungen gehabt für meine Studien und Schriften. Für diesen Schritt habe ich den Computer sehr gut nutzen können. Ein kleiner Computer mit zwei, drei CDs reicht aus, um die wesentlichen Bücher der Welt um sich zu haben. Auf der Spitze eines Berges habe ich das Gefühl, in einer sehr großen Bibliothek zu sitzen.

3. Wo ist Ihre Familie, wie geht es ihr – und können Sie sie, jedenfalls von Zeit zu Zeit, sehen?

Die Mitglieder meiner Familie leben in unterschiedlichen Ländern. In den vergangenen fünf Jahren waren die Verhältnisse niemals sicher genug, um meine Familie zu treffen. Unter der Herrschaft der Kommunisten habe ich meine Familie erst nach sieben Jahren wiedergesehen. Ich weiß heute nicht, wann und wo ich diesmal wieder die Gelegenheit erhalten werde, meine Familie zu treffen.

4. Als ich Sie 1985 interviewt habe, waren 20 Ihrer Familienmitglieder von den Sowjets getötet worden. Wie viele wurden im Zuge der US-geführten Invasion getötet, gefoltert, inhaftiert?

In der Zeit der russischen Herrschaft habe ich meinen Vater, zwei Brüder und weitere Mitglieder meiner Familie verloren. Aus meiner näheren Verwandtschaft sind von Siebzigjährigen bis zu kleinen Kindern alle verhaftet worden. Aber unter den Amerikanern sind von meiner näheren Familie drei Personen verhaftet worden, zwei in Afghanistan und einer in Pakistan. Einer ist mein Schwiegersohn, Dr. Ghairat Baheer (er war zwischenzeitlich afghanischer Botschafter in Pakistan), und zwei sind meine Neffen (Söhne meiner Brüder). Aber sehr viele Mitglieder der HIA sind in Pakistan und Afghanistan verhaftet worden, einige sind in Guantànamo, einige in US-Gefängnissen – und wieder andere sind ohne jede Spur verschwunden. Meine Partei ist für die Freiheit zu weiteren Opfern bereit.

5. Können Sie zur Vision Ihrer Partei für Afghanistan etwas sagen?

Gott sei Dank wächst der Widerstand, die Besatzungsmächte sind nicht in der Lage, ihn einzudämmen. Die USA haben es weder vermocht, ihre Ziele zu erreichen, noch, den Widerstand zu brechen, die Verhältnisse unter Kontrolle zu halten, die Sicherheit aufrechtzuerhalten, noch eine

Regierung zu schaffen, die in der Lage wäre, die Verhältnisse zu kontrollieren. Sie haben es nicht vermocht, aus Afghanistan heraus auf Zentralasien Einfluss auszuüben. Sie können Anbau und Vermarktung von Drogen nicht eindämmen. Mir erscheinen die Verhältnisse vergleichbar mit der Zeit, als die Sowjetunion sich entschloss, Afghanistan zu verlassen – und die dafür nötigen Maßnahmen treffen wollte.

Damals konnte man vermuten, dass das Kabuler Regime anschließend sehr schnell von den Mudschaheddin gestürzt würde. Doch kamen Washington und Moskau in einer gemeinsamen internationalen Verschwörung gegen die Mudschaheddin überein, diesen Sturz zu verzögern und damit die Machtübernahme der Mudschaheddin zu verhindern. Sie haben manche Koalitionen mit den Kommunisten gefördert, um so den Mudschaheddin entgegenzutreten. Manche unserer Nachbarstaaten haben an diesen Machenschaften teilgenommen. Dadurch konnte das Regime Najibullahs länger an der Macht bleiben. Doch jetzt scheint es mir, dass unmittelbar mit dem Abzug fremder Truppen das derzeitige Militärregime stürzen würde.

6. Wie sind Ihre Beziehungen zu anderen Kräften in Afghanistan, z. B. Taliban und Al-Qaeda?

Wir haben ständig die Einheit der Mudschaheddin betont und ihnen gesagt, dass sie in ihren Gebieten jedem beistehen sollen, der gegen die Besatzer kämpft und in einem freien Afghanistan einen islamischen Staat errichten möchte. Mit Taliban und Al-Qaeda haben wir weder organisatorisch noch planerisch eine Beziehung.

7. Die US-geführte Invasion in Afghanistan wird weithin als gescheitert betrachtet, sowohl politisch als auch militärisch. Wo liegen die Gründe dafür?

Das Scheitern der Amerikaner hat mehrere wesentliche Gründe:
– Sie haben nur fehlerhafte Kenntnisse über die Afghanen: Sie meinten, die Afghanen seien durch die vergangenen Kriege ermüdet – und deshalb nicht in der Lage, sich zu einem Dschihad gegen Amerika zusammenzuschließen.
– Sie haben Kabul besetzt durch Gruppen (der Nordallianz, Anm. d. Übersetzers), die sie wie eigene Bodentruppen einsetzen, und haben denen die Macht übertragen, die in Wahrheit mit Moskau und deren regionalen Satrapen verbunden sind. Sie haben in Wirklichkeit Afghanistan für Moskau und Iran erobern lassen. Sie haben durch diese Gruppierungen das erreicht, was diese Länder auch unter hohen Verlusten nicht hätten schaffen können.

– Den Amerikanern ist es nicht gelungen, eine stabile und friedliche (afghanische, AdÜ) Regierung einzusetzen. Sie haben die Macht schwachen Gruppierungen, von der Bevölkerung verstoßenen Personen und Dieben, Drogenbaronen und unfriedlichen Persönlichkeiten der Nordallianz übertragen.

8. Wie denken Sie über den angeblichen interkulturellen Krieg, in dem Muslime gegen Christen stehen?

Der arrogante George Bush und seine Militärjunta haben ein gefährliches Spiel begonnen, das der Welt und Amerika schwere Steine in den Weg legt. Sie haben den Krieg in Afghanistan und Irak als Kreuzzug bezeichnet, obwohl es doch eher nicht Kriege Amerikas, sondern Eroberungszüge von Ölbaronen sind. Diese wollen die Ölreserven des Irak und Zentralasiens beherrschen. Sämtliche Kriege Amerikas werden nach Waffenindustrie, Öl- und Gasinteressen geplant. Sämtliche Machthaber Amerikas bezeichnen diese Kriege als Kreuzzüge, während sie weder an das Christentum glauben noch eine andere Religion vertreten. Sie verstehen nicht, welche weltweiten Folgen dieses gefährliche Spiel haben kann. Mit nahezu eineinhalb Milliarden Muslimen, die bereit sind, ihr Leben dem Islam zu opfern, ist das kein einfaches Spiel. Wenn sie einige umbringen, erwachsen daraus viele andere, die den Kampf fortsetzen. Amerika beansprucht die Führung der Welt und die Stärkung der Demokratie für sich und wird deshalb als Weltpolizist bezeichnet, während in Wahrheit jedoch diese bedauerliche Lüge als Grundlage dafür dient, in der Welt Unfrieden zu stiften und Kriege anzuzetteln. George Bush und sein Knecht Tony Blair bezeichnen diese Kriege nicht nur als Kreuzzüge, sie wollen auch, dass sich Sunniten und Schiiten gegenseitig bekämpfen, in Afghanistan und Irak unterstützen sie Schiiten in Armee und Polizei, die ihrerseits die Sunniten bekämpfen. Sogar die Verurteilung Saddam Husseins ist auf der Grundlage erfolgt, dass er 128 Schiiten umgebracht hat, nicht etwa wegen der Morde an Sunniten und Kurden. Die Attentate auf die Moscheen der Sunniten und Heiligtümer der Schiiten sind auch Taten der CIA, die damit interkonfessionelle Kriege fördern will.

9. Ist wahre Freundschaft möglich zwischen Muslimen, Juden und Christen?

Wir sind der Meinung, dass Gottesreligionen Brüderlichkeit und Frieden garantieren. Der Glaube an Gott und das Jenseits garantiert, dass der Mensch von Despotie und Verletzung der Rechte anderer Abstand nimmt und dass in der Welt Frieden und Gerechtigkeit herrschen. Wir glauben an den friedlichen Dialog der Religionen. Muslime haben in der Tat bewiesen, dass sie Menschen und Anhänger anderer Religionen mit Respekt behandeln. Der Islam lehrt nicht, dass Menschen gewaltsam zur Religion bekehrt werden sollen. Der Islam verbietet die Zerstörung der Gebetsstätten von Christen und Juden. Der Islam rechtfertigt den Krieg nur, wenn dadurch das Recht verteidigt und Unterdrückung abgewendet wird. Und dies ist auch nur so lange gestattet, bis die Kampfhandlungen beendet sind und die Kriegsparteien die Waffen niederlegen.

10. Die Bush-Regierung hat jüngst einen neuen Propaganda-Ausdruck gegen die Islamische Bewegung gefunden und nennt sie jetzt »Islamo-Faschismus«. Können Sie dazu etwas sagen?
Bush versteht nicht, was Faschismus bedeutet. Faschismus fußt auf Rassismus unter den Völkern, der ein Volk über das andere erhebt. Diejenigen, die dies heute in der Welt tun, sind Bush und seine Militärjunta. Die Muslime führen in Europa und Amerika keinen Krieg, diese aber führen seit einiger Zeit Kriege gegen Muslime in islamischen Ländern.

11. Wie denken Sie über:
11a. Israel, Libanon-Krieg und den geplanten Krieg gegen Iran?
Der Libanon-Krieg war der vierte Krieg der Amerikaner und Briten, die den alten Traum Groß-Israels verwirklichen wollen. Israel ist in der Tat dazu da, die Araber ständig in Schach zu halten. Israel ist ein militärischer Brückenkopf der Amerikaner. Die Kriege in Afghanistan, Irak und Palästina sind wie der Libanon-Feldzug Kriege der Amerikaner und Briten. Die Israelis haben sich klug verhalten und sind schnell aus dem Libanon abgezogen.
Wir glauben nicht, dass Amerika ernsthaft den Krieg gegen Iran wünscht. Die Propaganda gegen Iran war und ist eine politische Notwendigkeit für Bush. Iran hat die Amerikaner bei der Eroberung von Bagdad und Kabul so stark unterstützt, dass dies ohne diese Hilfe nicht möglich gewesen wäre. Das meinen iranische Politiker vom Range Chatamis.

11b. die Demokratie im Vergleich zum afghanischen System der Shuras (Ratssitzungen, u. a. der Stammesältesten)
Wenn die Demokratie das ist, was die Amerikaner in Afghanistan, Irak, Pakistan, Usbekistan und Tadschikistan bewirkt haben und was die britischen Vorfahren in den arabischen Ländern angerichtet haben, durch Könige, Generäle und bewaffnete Verbände, dann wird jeder rechtschaffene, friedliche und freiheitsliebende Mensch davon Abstand nehmen.

Wenn Demokratie bedeutet,
- die Reichen zu stützen und ihnen die Freiheit zu geben,
- die Armen und Schwachen auszubeuten, außerdem Zinsen, Glücksspiele, Preistreiberei und Desinformation als legitim zu betrachten,
- Vermögen in wenigen Händen zu konzentrieren und die Mehrheit der Gesellschaft in deren Abhängigkeit zu bringen,
- Armee, Polizei und andere gesellschaftliche Institutionen in den Dienst der Reichen zu stellen, nimmt jeder rechtschaffene Mensch von einer solchen Demokratie Abstand.

Diese Demokratie fördert die Macht der Reichen durch Radio und Fernsehen, Tageszeitungen und Magazine sowie weitere öffentliche Medien.

11c. die Behandlung der Hamas, der Muslimbruderschaft in Ägypten etc.

Amerika und manche europäische Länder wollen, dass Diktatoren islamischer Länder Hamas, Muslimbrüderschaften und weitere islamische Bewegungen bekämpfen. Gegen sie wird jede Misshandlung und Unterdrückung gutgeheißen und unterstützt. Sogar mehrheitlich gewählte Regierungen werden an der Amtsausübung gehindert.

11d. Drogen in Afghanistan

Wir sind gegen Produktion und Vermarktung von Drogen. Ich sage, dass mit Sicherheit nur HIA in der Lage ist, die Drogenszene erfolgreich zu bekämpfen.

11e. Mullah Omar

Ich habe Mullah Omar bisher weder getroffen noch irgendeine andere Verbindung mit ihm gehabt – aber wir respektieren jeden Afghanen, der gegen die Besatzung kämpft.

11f. Exkönig Zaher

Die Familie des afghanischen Exkönigs Zaher Shah wurde früher von den Briten in Afghanistan an der Macht gehalten. Heute auch.

11g. Präsident Karzai

Karzai hat während des (antisowjetischen, AdÜ) Krieges mit einer ganz kleinen Partei (Djabha-e Nedjat-e Melli Afghanistan, Nationale Befreiungsfront Afghanistans, unter Sibghatullah Mojaddedi, jetzt Präsident des Oberhauses) gearbeitet. Er hat sich mit den Taliban verbündet und hat den großen Fehler begangen, dass er sich von Pakistan aus mit einem US-Helikopter nach Kabul hat fliegen lassen und den Vorsitz jener Regierung führt, die die Amerikaner in Kabul installiert haben.

11h. die neue deutsche Kanzlerin, Frau Merkel

Von der deutschen Bundeskanzlerin haben wir erwartet, dass sie deutsche Söhne nicht für amerikanische Interessen opfert und dass sie deutsche Truppen aus Afghanistan abzieht. Leider hat sie das nicht getan. Wir verstehen nicht, dass sie die Amerikaner gegen die unterdrückten Afghanen unterstützt.

12. Wie wollen Sie Ihre politische Vision für Afghanistan verwirklichen?

Um den Abzug der fremden Truppen zu erwirken, bleibt uns kein anderes Mittel als der Widerstand. Sämtliche anderen Möglichkeiten haben die Amerikaner unterbunden. Für die Lösung des Problems schlagen wir Folgendes vor:

– Abzug aller fremden Truppen aus Afghanistan
– Bildung einer provisorischen Regierung ohne Beteiligung derjenigen Gruppen, die in Bonn (Petersberger Konferenz 2001) das Dokument der Unterwerfung unterzeichnet haben
– Einstellung aller Rundfunk- und TV-Stationen sowie aller Printmedien, die mit ausländischem Geld betrieben, geführt und kontrolliert werden
– anschließend Einberufung der wirklichen Vertreter des Volkes zur Entscheidung über Verfassung, Parlament, Regierung und Nationalarmee. Als Resultat dieser Versammlung soll auf Basis der Verfassung die Regierung gebildet werden.

Wenn diese Punkte akzeptiert werden, sind die Mudschaheddin bei Waffenstillstand und Wiederherstellung der öffentlichen Sicherheit zu jeder Unterstützung bereit.

13. Sind afghanische Frauen Teil Ihres Plans – und wo liegt ihre Rolle?

Wir geben Frauen in allen Bereichen sämtliche Rechte, die ihnen bisher gesetzlich gewährt worden sind. Die Rechte, die der Islam den Frauen einräumt, hat bisher keine andere Religion oder irgendein anderes politisches System den Frauen gewährt. Glauben Sie mir, dass im Islam die Pflichten der Frauen im Vergleich zu denen der Männer geringer sind – und die Rechte zahlreicher. Das Recht auf Bildung ist dem der Männer gleichrangig. Frauen haben das Recht auf Arbeit, am Dschihad können sie teilnehmen, sind dazu jedoch nicht verpflichtet. Sie dürfen zum Gebet die

Moschee betreten, sind dazu jedoch nicht verpflichtet. Bei Gebeten und Verhandlungen sind sie nicht nur nicht benachteiligt, sondern sogar erheblich im Vorteil.

14. Wie stehen Sie zu Bukra (Vollverschleierung), Schleier und Schal etc.?

Der Islam hat für Männer eine Bekleidung empfohlen, die passt und gut aussieht – und für Frauen eine Bekleidung, die ihnen ebenfalls passt und gut aussieht. Wie wir Vögel betrachten, gibt es beim Federkleid einen großen Unterschied zwischen den Geschlechtern. Häufig sind männliche äußerlich schöner als weibliche – und die Kleider der weiblichen Tiere sind zurückhaltender in der Farbgebung. Auch jetzt gibt es in der ganzen Welt einen Unterschied in den Bekleidungen der Geschlechter. Was der Islam als Bekleidung für Frauen empfiehlt, empfehlen auch Bibel und Tora. *(GH weicht der Frage aus. Die Ausdrucksweise »im Islam« spielt auf den Koran und die Hadithe an, also die »verbindliche« Literatur, die diese Vollverschleierung nicht vorschreibt. Da sie aber, vor 200 Jahren aus Indien kommend und als »fein« empfunden, im Volke weit verbreitet ist, möchte er sich offenbar nicht stärker als auf diese Weise dagegen aussprechen. – AdÜ)*

15. Können Sie einmal »Terrorismus« definieren?

Terrorismus ist das, was die Amerikaner in Afghanistan und Irak tun – und Israel in Palästina. Wenn einer das wahre Gesicht des Terrorismus sehen will, soll er die Verhafteten in den US-Gefängnissen Guantànamo, Abu Ghraib (Bagdad, AdÜ), Baghram (ehemalige große SU- und jetzt US-Luftwaffenbasis in Afghanistan, nordwestlich von Kabul, AdÜ) und Kandahar (Gefängnisse, die sich einen Ruf als US-Folterstätten erworben haben, AdÜ) betrachten. Die Antworten auf Aktionen der USA und Israels kann ich nicht als Terrorismus bezeichnen. Und das ist nicht gerecht und ein sehr unfaires Urteil.

Jede Vernunft und Gerechtigkeit erlauben eine adäquate Antwort. Es sind Amerika und Israel, die Menschen durch ihr Verhalten dazu bringen, Bomben am Körper zu tragen, damit zu den Feinden zu gehen, dann die Bomben explodieren zu lassen und sich auf diese Weise zu rächen. Diese Unterdrückten haben keine andere Wahl, um Vergeltung zu üben. Welche andere Möglichkeit haben diese Unterdrückten, für die Freiheit ihres Landes zu kämpfen? Wie anders können sie gegen die modernste Luftwaffe und Panzer der Feinde ankämpfen? Wer andere Möglichkeiten hat, tötet sich nicht selbst.

16. Was ist Ihrer Ansicht nach ein Rechtsstaat?

Nach meinem Verständnis ist ein Staat nur dann ein Rechtsstaat, wenn die Regierung gewählt wurde, die Gesetze achtet, auf das Volk hört und das Vermögen des Volkes gesetzmäßig und mit Zustimmung des Volkes verwendet.

17. Was raten Sie deutschen Bürgern, die versuchen, mit der gegenwärtigen Weltlage klarzukommen? Müssen sie Angst haben vor Ihrer Lesart des Islam, vor Terror – oder vor Ihrer Rache?

Mein Rat für das deutsche Volk ist: Es soll

- seine Streitkräfte aus Afghanistan zurückziehen und seine Söhne nicht in Kriege schicken und nicht für die Interessen der Amerikaner opfern
- eigene Interessen nicht mit denen der Amerikaner verbinden
- die amerikanische Definition für Terrorismus nicht übernehmen
- nicht nach amerikanischem Muster Islam und Muslime als Gefahr ansehen und die Muslime nicht bedrohen
- sich von den Amerikanern distanzieren und gute Beziehungen eingehen

Das halte ich für den besten Weg.

Ein weiterer Punkt: Deutschland war früher ein geteiltes Land, war auf die Freundschaft der Amerikaner angewiesen und hat ihnen gehorcht, weil es keine andere Möglichkeit hatte. Aber jetzt ist Deutschland wieder vereint und ein starkes Land geworden. Warum sollte es sich jetzt mit geschlossenen Augen hinter die Amerikaner stellen und eigene Interessen den US-Interessen unterordnen und opfern? Und warum für die Amerikaner gegen Afghanen kämpfen?

18. Und wie steht es mit afghanischen Bürgern in Bezug auf die vorangegangene Frage (17)?

Alle Afghanen stellen diese Frage: Afghanen hatten von allen anderen europäischen Staaten erwartet, dass sie mit den Amerikanern gegen die Afghanen kämpfen, nur nicht von Deutschland. Nachdem die Afghanen sich im Zweiten Weltkrieg nicht mit anderen gegen Deutschland verbündet haben, ist das jetzt die Antwort, die die deutsche Regierung den Afghanen gibt?

19. Welche Religion ist nach Ihrer Ansicht brutaler:
Islam oder Christentum?

Zwischen Islam und ursprünglichen christlichen Religionen gibt es keinen Unterschied. Beide sind Religionen des Friedens und der Gerechtigkeit, beide haben den gleichen Ursprung und enthalten ähnliche Anweisungen. Der Islam verbietet Kriege, die nur im Dienste eines einzigen Volkes oder einer einzigen Ethnie stehen – und in denen viele unschuldige Menschen getötet werden.

20. Was würde passieren, wenn alle fremden Truppen Afghanistan sofort verliess?

Das Abkommen von Musa Qala (Provinz Helmand im September: Stammesälteste vermittelten auf britischen Wunsch zwischen Briten und Taliban freies Geleit beim britischen Rückzug, AdÜ) hat bewiesen, dass die Anwesenheit der fremden Truppen in einer Region die Ursache für die Kriege und auch für die Verlängerung der Kriege ist – und wenn sie das Gebiet verlassen, ist der Krieg beendet. Wir sind davon überzeugt, dass der Krieg in Afghanistan ein Ergebnis der Einmischung und Anwesenheit Fremder im Lande ist – und mit dem Ende der Einmischung endet auch der Krieg. Diejenigen, die behaupten, dass für die Sicherheit die Anwesenheit der fremden Truppen notwendig sei, lügen. Das sind diejenigen, die sich an der Spitze fremder Truppen den Afghanen aufzwingen. Der Truppenabzug schadet folglich nur denen, die solche Behauptungen aufstellen. Sie benötigen für Errichtung und Stabilisierung eigener Macht fremde Truppen.

21. Und was würden Sie in diesem Fall als Erstes tun?

Wir werden alle Afghanen zur Einigung einladen und ihnen empfehlen, gegenseitig auf Rache zu verzichten. Wir werden uns für den Wiederaufbau eines starken Afghanistan einsetzen, in dem alle Afghanen wie Geschwister vertrauensvoll und in Sicherheit zusammenleben und Leib und Ehre eines jeden vor jeglichem Übergriff geschützt sind. Und wir werden unser Volk dazu aufrufen, jede Einmischung der Fremden, insbesondere der Nachbarn, zurückzuweisen.

22. Was sagen Sie zu Deutschland und dessen Engagement in Afghanistan?

Ich wiederhole, dass die gegenwärtige deutsche Politik in Bezug auf Afghanistan weder den Afghanen noch den Deutschen nützt. Wir sagen den europäischen Staaten, dass diese ihre Söhne nicht für die Vorteile und Interessen Amerikas in den Krieg schicken sollen – und dem amerikanischen Krieg nicht ein neues Gesicht eines Kreuzzuges als Krieg zwischen Islam und dem Westen geben sollen. Ziehen Sie Ihre Soldaten aus Afghanistan ab! Die islamische Welt erträgt die Sklaverei nicht mehr. Die Zeit der Unterdrückung und Sklaverei ist abgelaufen. Akzeptieren Sie diese Wahrheit! Lassen Sie die Muslime in Freiheit leben! Ihr habt drei Jahrhunderte Asien und Afrika ausgebeutet. Ihr habt ihnen tyrannische Könige, Herrscher und Generäle aufgezwungen. Lassen Sie sie politische Systeme und Regierungen frei wählen!

23. Es gibt eine Menge Gerüchte über Sie in der westlichen Welt: Haben Sie jemals einem Mädchen in Kabul Säure ins Gesicht geschüttet, das Sie nach Ihrer Ansicht ungenügend verschleiert angetroffen haben?
Das war eine kommunistische Propaganda-Behauptung, die auch manche in der westlichen Welt glaubten. Glauben Sie mir, dass in meinen 58 Jahren meine Hand keine Frau weder innerhalb der eigenen Familie und Verwandtschaft noch außerhalb weder geschlagen noch sonst irgendwie verletzt hat.

24. Wie denken Sie über solche Taten?
Ein solches Verhalten ist für mich absolut verboten. Ich bin überzeugt davon, dass nur ein sehr tyrannischer Mensch, eine Bestie, ein solches Verhalten an den Tag legt. Frauen aggressiv anzugaffen und sie zu beleidigen oder ohne Gerichtsbeschluss Menschen zu verhaften, Beleidigung und Folter sind nach meiner Ansicht absolut verboten (GH benutzt das Wort »haram«, hier mit »absolut verboten« wiedergegeben, das im Islam die größte Sünde beschreibt – AdÜ). Das Betreten einer fremden Wohnung ohne gerichtlichen Beschluss zähle ich auch zu den absoluten Verboten.

25. Warum haben es die Mudschaheddin 1989 (nach dem Abzug der Sowjets) nicht geschafft, eine stabile Regierung zu bilden?
Beim Abzug der sowjetischen Truppen aus Afghanistan hatten wir es mit einer sehr gefährlichen internationalen Mauschelei zu tun. Moskau und Washington waren übereingekommen, in Afghanistan die Herstellung einer islamischen Regierung durch die Mudschaheddin unter allen Umständen gemeinsam zu verhindern. Dabei haben auch andere Staaten, insbesondere unsere Nachbarn, geholfen. Auf Initiative des Iran wurde in Jabal Seraj (südl. vom Salang-Pass, AdÜ) eine kommunistische Koalition zusammengebracht. Diese Koalition wurde beauftragt, die Beendigung der Kämpfe in Afghanistan nicht zuzulassen. Einige haben einerseits Geld und Waffen zur Verfügung gestellt, um gegen die Mudschaheddin zu kämpfen – und einige der anderen Seite. Und jede Seite suchte im Laufe der Kämpfe eigene Vorteile.

Für Washington war der Kampf gegen den Islam ein satanisches Ziel. Moskau und Freunde wollten Öl und sonstige Bodenschätze und Reserven in Zentralasien weiterhin kontrollieren sowie verhindern, dass die Erdöl- und Gasvorkommen über Afghanistan durch amerikanische Firmen nach Indien geliefert würden. Iran wollte die zentralasiatischen Märkte beherrschen. Für die pakistanischen Generäle war die Durand-Linie (Grenze zwischen Afghanistan und Pakistan, AdÜ) ein Problem. Und sie wollten keine starke Regierung in Afghanistan. Deswegen wurde Rabbani anderen Gruppen zweimal als Präsident aufgezwungen. Dies und ähnliche Vorkommnisse wurden die Ursache dafür, dass das größte Ziel des afghanischen Volkes, für das mehr als einenhalb Millionen Menschen zu Märtyrern geworden waren, nicht erfüllt wurde (Freiheit und Unabhängigkeit, AdÜ).

26. Was sagen Sie zum ausländischen Einfluss in Afghanistan?
Die Probleme der Afghanen resultieren aus den Einmischungen anderer in die inneren Angelegenheiten Afghanistans.

Gulbuddin Hekmatyar, indirektes Interview, 8. Januar 2007

Lieber Christoph Hörstel, bitte nimm meine besten Wünsche entgegen. Bezüglich der neuen Fragen versuche ich, wie folgt kurz zu antworten.

1. Frage: Ich weiß aus meinen vielen Kontakten, dass deutsche Ministerien und Parlamentarier wenig oder nichts über die Islamische Bewegung Afghanistans wissen. Trotzdem versuchen sie, eine Lösung des Afghanistan-Problems zu schaffen, ohne überhaupt Kontakt mit der Islamischen Bewegung aufzunehmen, geschweige denn sie einzubinden. Was denken Sie dazu?
Hekmatyar: Das Afghanistan-Problem kann erst gelöst werden, wenn alle Beteiligten die Realitäten akzeptieren. Die Afghanen müssen das Recht haben, frei und ohne internationalen Druck ihren Weg zu gehen. Den Afghanen sollen keine fremden internationalen Forderungen, Sichtweisen und Bedingungen auferlegt werden. Religion, Kultur und nationale Souveränität der Afghanen sind zu respektieren, und niemand sollte versuchen, diejenigen Bevölkerungsteile zu ignorieren, die die Mehrheit des Volkes ausmachen. Außerdem sollen diejenigen Teile der afghanischen Bevölkerung, die vom Ausland abhängig sind, nicht bevorzugt behandelt werden. Die Amerikaner haben diese Punkte nicht akzeptiert, sie

haben solche Teile der Bevölkerung bevorzugt, die von Moskau und Teheran abhängig waren, haben diese Bevölkerungsteile an den Kämpfen beteiligt, die schon die Sowjets angefangen hatten, um ihr (der Sowjets) eigenes Dasein zu sichern. Heute ist Amerika in Afghanistan und Irak in Kriege verwickelt, deren Verluste das amerikanische Volk trägt – und deren Gewinn Moskau und Teheran einstreichen.

2. Frage: *Einige Ihrer Unterführer haben in der Vergangenheit schwere Menschenrechtsverletzungen begangen. Das ist eine tiefere Wurzel des Misstrauens in unseren Ländern gegen Sie persönlich und die Bewegung insgesamt.*
– *Ihr Kommentar?*
– *Welche Vorsorge haben Sie getroffen, um Derartiges in Zukunft zu vermeiden?*
– *Wie wollen Sie nationales und internationales Vertrauen in HIA wiedergewinnen?*

Hekmatyar: Ich kann Ihnen mit voller Sicherheit sagen, dass in Afghanistan keine politische Richtung ideologisch, organisatorisch oder im Umgang mit der Bevölkerung mit der Islampartei (von Hekmatyar geführte Hezb-i Islami) oder ihren Mitgliedern zu vergleichen ist. Das Beste, was Afghanistan zu bieten hat, ist in HIA zusammengekommen. Ich fordere alle auf, mir auch nur einen Kommandeur der HIA zu nennen, der gemordet hat oder die Bevölkerung terrorisiert, der gestohlen hat oder wertvolles staatliches Eigentum geplündert. Die verlogene Propaganda mancher, die mit HIA rivalisieren, ist eine Seite – und die Realität auf dem Boden der Tatsachen ist eine andere. Ich werde als Erster demjenigen den Prozess machen und ihn dem Gericht ausliefern, der die Regeln von HIA verletzt hat und Taten begangen hat, die im Islam verboten sind. Wir distanzieren uns von jedem Verbrecher und gewähren ihm keinen Schutz.

3. Frage: *Einige Ihrer Politiker würden gern eine gerechte Lösung für das Afghanistan-Problem und sich selbst finden – aber sie haben Angst vor den USA. Was schlagen Sie vor?*

Hekmatyar: Ich stimme Ihnen zu, dass die meisten Afghanen die Zustände unter der amerikanisch dominierten Regierung im heutigen Kabul missbilligen und für die Zukunft nichts Gutes erwarten. Sie können jedoch aus Furcht vor den Amerikanern nicht offen darüber sprechen. Amerika ist die Mutter sämtlicher Probleme dieser Welt. Solange sich Amerika als eine Macht in Afghanistan und in der zentralasiatischen Region präsentiert, so lange wird es dort auch Kriege geben.

4. Frage: *Mir kommen die Afghanen wie ein farbenprächtiger Blumenstrauß vor. Sie unterscheiden sich stark in Konfession, Glaubenseifer, politischen Ideen, Ethnien, sogar sprachlich. Ein Führer muss hier besonders stark und auch großzügig sein. Westliche Länder glauben nicht, dass Sie auch nur eine dieser Eigenschaften besitzen, geschweige denn beide. Was ist Ihr Kommentar?*

Hekmatyar: Wenn man Amerika zuhört – oder den amerikanisch beeinflussten Medien –, dann bin ich, der ich einfach nur ein freiheitsliebender islamischer Kämpfer bin, ein Terrorist. In der Zeit des Widerstandes gegen die Russen war ich denselben Medien zufolge der beliebteste Parteiführer und meine Partei die am besten organisierte und schlagkräftigste. Diese Medien sollten es dabei belassen, wie mein eigenes Volk über mich und meine Partei urteilt. Ich akzeptiere das Urteil meines Volkes. Ich sollte Ihnen auch noch sagen, dass die Afghanen Probleme hinsichtlich Religion, Sprache und Stammeszugehörigkeit früher nicht hatten. Aber jetzt wollen diejenigen unter unseren Nachbarn, die uns hassen, und unsere alten Feinde diese Art Probleme bei uns schüren. Bezüglich der nationalen Einheit ist die Lage der Afghanen wenn nicht besser als bei anderen Völkern in der Region, so doch auf keinen Fall schlechter.

5. Frage: *Gerade heute (Mitte Dezember) lese ich in der pakistanischen Presse, dass die USA noch zehn Jahre in Afghanistan bleiben wollen. Schaffen die das?*

Hekmatyar: Mit Sicherheit sage ich Ihnen, dass Amerika es nicht schafft, auf Dauer in Afghanistan zu bleiben; dazu hat es keine Chance – und wird diese Chance auch in Zukunft nicht bekommen.

6. Frage: *Wenn die USA den Irak aufgeben, wie wird das den afghanischen Kampf beeinflussen?*

Hekmatyar: Mir scheint, dass Amerika gleichzeitig aus Irak und Afghanistan abziehen wird – und diese beiden Rückzüge könnten noch im Laufe dieses Jahres erfolgen.

7. Frage: *Iran war für einige Jahre Ihr Gastgeber – und verfolgte gleichzeitig bei seiner Einmischung in afghanische Angelegenheiten eigene Interessen. Würden Sie US-Aktionen gegen Iran unterstützen?*

Hekmatyar: Wir wünschen, dass die andauernden Kämpfe in dieser Region endlich aufhören. Wir wollen keine weiteren Kämpfe. Und wir meinen nicht, dass die Umstände es Amerika gestatten, den Iran anzugreifen. Ich vermute, dass zwischen Teheran und Washington hinter den Kulissen

Gespräche und Verhandlungen stattgefunden haben könnten, die möglicherweise mit Vereinbarungen endeten. Bei der Einnahme von Bagdad und Kabul könnten die Hilfeleistungen Teherans ein Teil der evtl. erzielten Vereinbarung gewesen sein. Bezüglich der Uran-Anreicherung wurden m. E. ebenfalls hinter den Kulissen Vereinbarungen getroffen. Bezüglich Iran folgt die amerikanische Propaganda speziellen Notwendigkeiten und Beweggründen. Sollte möglicherweise Iran von Amerika angegriffen werden, so werden wir entschiedene Gegner dieser Angelegenheit sein. Sollten führende iranische Persönlichkeiten (im Kriegsfalle – Anm. d. Übersetzers) bei uns Zuflucht suchen, so werden wir mit ihnen nicht das machen, was sie mit mir gemacht haben: Sie wollten mich den Amerikanern ausliefern – aber die Afghanen tun so etwas nicht. Ich widersetze mich andererseits aber auch nicht denjenigen Afghanen, die sagen, wir sollten mit Iran das tun, was sie mit uns gemacht haben.

8. Frage: Westliche Länder, die sich am Krieg in Afghanistan beteiligen, haben eine neue Strategie ausgegeben: Etwas mehr Truppen und viel mehr Entwicklungshilfe. Wird das helfen?
Hekmatyar: Für die Besatzungstruppen war weder der alte noch der neue Weg erfolgreich. Die einzig erfolgreiche Vorgehensweise ist die, dass sie Afghanistan so schnell wie möglich verlassen.

9. Frage: Es gibt ein regionales Ungleichgewicht bei der westlichen Entwicklungshilfe in Afghanistan. Können Sie das kommentieren? (Hat er bereits in seiner Antwort auf Frage 2 getan – Anm. Hörstel)
Hekmatyar: Für Afghanen ist die erfolgreichste Hilfe die, die heute Einmischung, Besatzung und Krieg beendet. Die Amerikaner wollten Europa am Krieg in Afghanistan und Irak beteiligen und so eigene Verluste und Kosten senken.

10. Frage: Westliche Länder machen ziemlich viel Wind um den Unterschied zwischen ISAF- und OEF-Truppen. Jüngst haben die USA es geschafft, den Unterschied stark zu verringern. Hat das für den Widerstand irgendeine Bedeutung?
Hekmatyar: Die Amerikaner haben es geschafft, die Nato zum Einsatz in Afghanistan zu bewegen – aber ob sie es schaffen, diese hier eingesetzten Truppen für lange Zeit unter einem Oberkommando zu halten, da bin ich skeptisch. Meine Vermutung ist, dass zwischen den Nato-Führungskräften ein Riss entstanden ist, der täglich wächst. Mehrere europäische Staaten haben unter Druck der Amerikaner beschlossen, Truppen nach Afgha-

nistan zu entsenden. Die Niederlage der Militärjunta von George Bush bei
den amerikanischen Wahlen hinterlässt Spuren. Ich erwarte, dass Frankreich aus der Gefolgschaft Amerikas als erstes Land ausscheren und seine
Truppen aus Afghanistan abziehen wird und anschließend Deutschland
dies nachahmen wird.

Gulbuddin Hekmatyar
Afghanistan, 18. 10. 1385
(8. Januar 2007)

Mullah Dadullah, Mitglied im Führungsgremium der Taliban,
Kommandeur im Bereich Südost: indirektes Interview,
26. März 2007

1. Frage: Unsere Medien sagen unserer Bevölkerung eine Menge Dinge
über den afghanischen Widerstand. Viele davon sind nicht ganz korrekt,
sind Propaganda o. Ä. Deshalb schlage ich vor, wir fangen von vorn an.
Die Medien bezeichnen Sie als Talib und Ihre Organisation als Taliban.
Ist dies aus Ihrer Sicht korrekt?
Diese Fragen stammen von Christoph Hörstel aus Deutschland, das Interview ist sein Eigentum. Zur Frage, ob ich ein Talib und Mitglied der
Taliban bin, das haben wir niemals bestritten. (0:57) Wir sind Taliban, ich
selbst bin Talib, ich bin ein Kommandeur der Taliban, wir haben noch vie-
le weitere Taliban-Kommandeure wie mich. Und ich hätte gern gewusst,
was sie (die westlichen Medien) unter Taliban verstehen.
Nach unserer Auffassung verstehen wir unter »Talib« denjenigen, der re-
ligiöses Wissen erworben hat und bereit ist, für die Verteidigung und den
Schutz seines Landes sein Blut zu geben. Das ist unser Verständnis von
Taliban – aber ich weiß nicht, was die anderen darunter verstehen. (1:24)

2. Frage: Um das Verständnis zu verbessern: Ist dies eine politische Par-
tei, eine Bewegung oder beides? Was ist Ihre offizielle Funktion in dieser
Bewegung – und was ist Ihre Position darin?
Wir sind keine politische Partei, wir sind eine Organisation wie zum Beispiel eine Armee, die für die Verteidigung des Landes steht und gegen
fremde Eindringlinge und gegen »Mushrikin« (spielt an auf Christen, wegen der Dreiteilung in Vater, Sohn, Heiliger Geist, Anm. d. Übersetzers),
die unser Land überfallen haben – und denen sie (die Taliban) sich entge-
genstellen und sie aus dem Land vertreiben – und damit dem eigenen Volk

ein islamisches Ambiente geben und einer göttlichen Ordnung Geltung verschaffen. (1:56)

In Bezug auf meine Position: Gott sei Dank habe ich und haben wir, die Taliban, große Achtung und Vertrauen, auch mir gegenüber. Wir gehen achtungs- und vertrauensvoll miteinander um, dies ist in meiner Person sichergestellt, das schadet dem Islam nicht. (2:18)

3. Frage: *Ist Mullah Omar, einer der beiden von den USA Meistgesuchten, Ihr Führer?*

Auf alle Fälle war und ist er mein Anführer (Amir) und wird es künftig sein – wie für alle anderen Taliban auch. (2:30) Er wird sogar von vielen in der gesamten islamischen Welt als Führungspersönlichkeit anerkannt. Es wäre eine Schande, wenn ich ihn nicht als Führer betrachtete. (2:38)

4. Frage: *Mr. Jalaluddin Haqqani wurde als militärischer Führer der Taliban beschrieben, ist das in Ihren Augen korrekt? Was ist er für Sie?*

Jalaluddin ist eine der hervorragendsten Persönlichkeiten in Afghanistan, er war unser Lehrer in der Zeit der sowjetischen Besatzung, er ist eine so große Persönlichkeit, dass er zugelassen hat, dass ein wesentlich jüngerer Mann in die Führungsposition aufgerückt ist. Er hat in der Führung eine wichtige Position und ist dort zuständig für militärische Angelegenheiten. Gleichzeitig ist er auch zuständig für Südost-Afghanistan, wie Khost. (3:17)

5. Frage: *Wie sieht ein ganz normaler Tag in Ihrem Leben aus?*

Wir haben natürlich auch unsere Pläne – aber wir sitzen auf diesem oder jenem Stein oder Hügel – aber diese Pläne sind nicht vergleichbar den Terminplänen an einem Schreibtisch im Büro. Telefonieren oder im Auto sitzen, solche Möglichkeiten haben wir nicht. (3:47)

6. Frage: *Wo ist Ihre Familie, und wie geht es ihr – und können Sie sie sehen, jedenfalls von Zeit zu Zeit?*

Ja, ich sehe meine Familie häufig, meine Familie ist hier in Afghanistan, es kann auch sein, dass Schwierigkeiten auftauchen und sie ihren Wohnsitz verlegen. Aber meistens sind sie hier, und wir treffen uns häufig: Welche Unmenschen können verhindern, dass wir uns sehen? (4:14)

7. Frage: *Können Sie etwas zu der politischen Vision Ihrer Partei für Afghanistan sagen – und wie Sie diese erreichen wollen?*

Die Vision der Taliban ist diese:

- Ob Sie das nun islamisch oder politisch nennen: die Herstellung eines solchen Ambientes, in dem die Herrschaft der göttlichen islamischen Ordnung gelten soll (meint: Scharia) (4:35)
- Unser Ziel ist, sowohl in Afghanistan als auch in der islamischen Welt, dass wir die Muslime dazu auffordern, die Vorgaben des Propheten und die göttlichen Gebote einzuhalten. (4:55)
- Alle fremden westlichen Sitten, Bräuche, Ausdrucksweisen, die sich hier im Lande bei den Muslimen verbreitet haben, aus dem Lande zu entfernen und das Volk auf eigene Kultur und Sitten zurückzubringen. (5:03)

8. Frage: *Sind afghanische Frauen Teil Ihres Plans – und worin besteht ihre Rolle?*
Die afghanische Frau hat die Aufgabe, mit großer Ehre und Würde zu Hause zu bleiben und dort ihre Aufgaben zu erfüllen. Wenn sie das Haus verlassen, dann müssen sie sich islamisch kleiden und islamisch verhalten – das ist ein göttliches Gebot für alle afghanischen und muslimischen Frauen in aller Welt. (5:36)

9. Frage: *Wie sind Ihre Beziehungen zu anderen Kräften in Afghanistan, z. B. Hezb-i Islami Afghanistan, »Al-Qaeda«?*
Zu Al-Qaeda haben wir sehr gute Beziehungen, Hezb-i Islami ist eine Organisation, die mit jedem Freundschaft eingegangen ist, mal mit diesem, mal mit jenem, wir haben nicht so viele Beziehungen zu Hezb-i Islami. (5:58)

10. Frage: *Die US-geführte Invasion in Afghanistan wird weithin als gescheitert betrachtet, sowohl politisch als auch militärisch. Was sind die Gründe?*
Der eine Grund liegt darin, dass Gott den Muslimen den Erfolg gewährt hat, auch wenn die Ungläubigen sehr in der Übermacht sind. Gott gewährt den Muslimen den Erfolg. Vergegenwärtigen Sie sich einmal, dass 38 Nationen nach Afghanistan gekommen sind, und sämtliche ihrer Aktionen blieben erfolglos, eine Handvoll Taliban schlagen sie und bleiben Sieger. Der zweite Grund ist, dass sie das Volk am Anfang belogen, betrogen und eingeschüchtert haben und versprochen haben, vom Himmel Milch und Honig fließen zu lassen. Aber im Nachhinein hat das Volk erfahren und begriffen, dass sie uns vom Islam abbringen wollen, für die Entwicklung gar nichts tun können: Das Volk lehnt sie ab. Das Volk hat sich wieder den Taliban zugewandt. Damit ist ihre Niederlage begründet, die Taliban bleiben Sieger. (7:00)

11. Frage: Was sagen Sie zum ausländischen Einfluss in Afghanistan?
Was meinst du damit?
Dass Nicht-Muslime hergekommen sind und versuchen, hier ihre Sitten und Gebräuche zu verbreiten.
Ein Muslim kann niemals einen Nicht-Muslim dulden. Gott sei Dank haben wir hier in Afghanistan bei den Muslimen eine Sitte, dass unsere Ehre und Würde (Paschtunwali: Nang, Namos – Anm. d. Übers.) nicht zulässt, dass ein Fremder in das Haus eines anderen unbefugt eindringt. Muslime erlauben es genauso wenig, dass Ausländer (nach Belieben) in ein Haus eindringen und es dann wieder verlassen. Das hat den Afghanen verdeutlicht, dass Ausländer, die nach Afghanistan gekommen sind, sich (eben genau – Zusatz d. Übers.) so verhalten, dass sie unerlaubt in geschützte Häuser und Räume eindringen. Das ist auf Ablehnung bei den Afghanen gestoßen, auch bei denen, die an der Regierung beteiligt sind. Hinzu kommt, dass die Ausländer Ehre und Würde der Menschen und die Grundsätze des Volkes nicht achten. Daraus ist eine große Abneigung entstanden. (8:05)

12. Frage: Glauben Sie, dass hier ein Kampf der Kulturen stattfindet, in dem Muslime gegen Christen stehen?
Das ist jedem klar: Bush hat vor dem Beginn den Krieg als Religionskrieg bezeichnet und nach dem Beginn auch so geführt. Wenn es so ist, dass sich alle Ungläubigen geeinigt haben, gegen Muslime zu kämpfen, dann sehen wir das genau wie Bush auch so: als Krieg zwischen Muslimen und Christen. (8:45)

13. Frage: Ist echte Freundschaft zwischen Muslimen, Juden und Christen möglich?
Ich habe das bisher nicht feststellen können, also scheint mir eine Freundschaft zwischen Christen und Muslimen nicht möglich zu sein. (9:00)

14. Frage: Wie denken Sie über:
a) Demokratie
Demokratie heißt Volksherrschaft. Und wenn Demokratie bedeutet, dass man den Islam hintanstellt und seine Ge- und Verbote missachtet und stattdessen ein neues System aufstellt, so ist das im Islam nicht vorgesehen. Wenn damit gemeint ist, dass die göttlichen Ge- und Verbote weiterhin gelten, die Führung des Volkes gewählt werden kann und die Sorgen des Volkes berücksichtigt werden, so kann das im Islam akzeptiert werden. (9:37)

b) das afghanische System der Shura oder Loyah Jirgah (Ratssitzung der Ältesten)

Die Loyah Jirgah ist einerseits eine wichtige traditionelle Versammlung, im Islam ist das auch eine Shura (Versammlung) der wissenden, gebildeten und erfahrenen Persönlichkeiten – aber die jetzigen Loyah Jirgahs sind nur Show-Veranstaltungen und -Versammlungen. Solche Schauspiele haben im islamischen Staat (Schariat, Anm. d. Übers.) keinen Platz. (10:00)

c) Drogen in Afghanistan

In Bezug auf Drogen ist unser Standpunkt sehr klar: Die Ungläubigen sind aus aller Welt gekommen und haben den Drogenanbau nicht verhindert – das weiß die ganze Welt. Unser Anführer hat in ganz Afghanistan mit einem Machtwort den Mohnanbau verboten, nirgendwo wurde dagegen Widerstand geleistet – und nirgendwo wurde Unmut darüber laut oder dagegen demonstriert. Das Volk wurde überzeugt und hat es einfach hingenommen, künftig nicht mehr Mohn anzubauen. Das Volk hat seinerzeit zugestimmt. In den letzten Tagen sind in Jallalabad, Helmand und Kandahar wegen Mohn und Drogen einige Menschen ums Leben gekommen. Mohnanbau ist nicht nur nicht verhindert worden, er hat noch wesentlich zugenommen: Damit wird viel Geld verdient. Der größte Drogenhändler ist der Bruder von Karzai, der zweitgrößte ist Sherma (Sher Mohammad – Anm. d. Übers.), die Nummer drei ist Janma (Jan Mohammad – Anm. d. Übers.). Alle sind in höheren Positionen Mitarbeiter der Regierung – und dort (in Kabul – Zusatz d. Übers.) sagen sie: »Wir werden den Drogenanbau und -handel verhindern.« Aber wenn sie herkommen, machen sie denen, die sich die Bestechungsgelder nicht leisten können, Schwierigkeiten, wer jedoch zahlen kann, dem werden sogar Straßen und Brücken für leichteren Transport gebaut. Unser Standpunkt ist der ganzen Welt klar: Diese Regierung ist ein Drogenring, deswegen wird auch der Drogenanbau und -handel nicht verhindert. (11:37)

d) Gulbuddin Hekmatyar

Engineer Gulbuddin ist jemand, dessen Standpunkt mir nicht klar ist. Er vertritt mal diese, mal jene Ansicht. Ich kann über ihn nichts sagen. (11:51)

e) Exkönig Zaher Shah

Zaher Shah war 40 Jahre lang König und weilt als Gast in Rom, jetzt jedoch ist er von denjenigen symbolisch hereingeholt, die er als Söhne

260

(Anspielung auf Karzai – Anm. d. Übers.) bezeichnet hat. Jetzt haben die Söhne sich vorgedrängt und ihn wieder hinausgeworfen. (12:19)

f) Präsident Karzai
Karzai ist ein Lautsprecher der Amerikaner. Wie die da hineinblasen, so gibt er den gleichen Ton. Was soll ich weiterhin über ihn sagen. (12:34)

g) Deutschlands neue Kanzlerin, Frau Merkel
Merkel und Bush stehen allein. Merkel muss ihre Geschichte studieren und an ihre Vorfahren denken: Niemals haben die Deutschen gegen Muslime Kriege geführt, auch nicht während des osmanischen Kalifats. Ich sage Frau Merkel: Sie soll diese Freundschaft mit Bush beenden und nicht gegen Muslime kämpfen. Was ist mit Frau Merkel passiert, dass sie jetzt nach Afghanistan einmarschiert und kämpft gegen Muslime? Sie soll die Truppen abziehen und nicht gegen Muslime kämpfen. Eigentlich gibt es doch zwischen Merkel und Bush einen großen Unterschied. (13:11)

h) US-Präsident Bush
Bush ist der große Imperialist, der seine Herrschaft über Ost und West ausdehnt. Er herrscht überall, will König der ganzen Welt sein, das ist wahrscheinlich ein Wunschtraum von ihm. Aber er kann nicht über den Westen und den Osten herrschen: Er scheint mir sehr dumm zu sein. (13:38)

i) Frankreichs Präsident Jacques Chirac
Chirac ist auch eine Person, die zu Bush tendiert. Die Geschichte Frankreichs ist eine lange Geschichte der Kolonisation in der arabischen Welt, und das Land war dort immer in Kriege verwickelt. Diese Geschichte ist ihnen bewusst. Frankreich besaß große Kolonien und kennt die Folgen des Kolonialismus. Man müsste festgestellt haben, dass der Kolonialismus nichts gebracht hat. Meine Empfehlung an Chirac lautet: Er möge einmal die Folgen der französischen Kolonialgeschichte betrachten und ein Resümee ziehen. Wenn dieses für ihn positiv ist, dann möge er weiterkämpfen, wenn nicht, wird er feststellen, dass eine Kolonialisierung nichts Gutes bringt. (14:32)

j) den britischen Premier Blair
Tony Blair ist ein guter Freund von Bush, Großbritannien war eine große Kolonialmacht in der Geschichte, hatte viele Besitzungen, noch immer haben sie die Allüren einer Kolonialmacht. Es ist beschämend für ihn, wenn der Vater, Großvater oder die Vorfahren irgendwo in ein Land eingedrungen sind und dort bei der Flucht ihre Schuhe und Sandalen zurücklas-

sen mussten – da macht der Sohn das nicht noch einmal. Sie wissen, dass Großbritannien schon mehrmals Afghanistan angegriffen hat und dabei hohe Verluste hinnehmen musste. Einmal ist sogar nur ein einziger Mann freigelassen worden, um die Nachricht zu überbringen (in der berühmten Schlacht bei Gandamak, Januar 1842 – jedes afghanische Kind lernt dies mit Stolz, AdÜ). Ich frage, welche Wunschträume Blair dazu bewogen haben, noch einmal in Afghanistan einzufallen. Vielleicht hat er gedacht, dass Großbritannien damals allein war – und jetzt, mit 50 anderen, könne das gelingen. Aber ich sage ihm, dass alle diese 50 unterliegen werden und sich in Schimpf und Schande zurückziehen müssen. (15:35)

k) Italiens Premier Prodi
Prodi ist auch einer von denen. Ich will ihn daran erinnern, dass die Amerikaner nicht bereit waren, im Austausch gegen einen Italiener (der »Journalist« Mastrogiacomo, Anm. d. Übersetzers), der ein Spion war, afghanische Häftlinge auszutauschen. Der Tod eines Italieners war ihnen völlig gleichgültig. Dabei wollten wir gar keine Araber oder andere Ausländer austauschen, sondern nur Afghanen. Daran kann man die Liebe und die Freundschaft dieser beiden Länder untereinander ermessen. Ich sage Prodi, dass die Amerikaner nicht bereit waren, Italien nur diesen kleinen Gefallen zu tun. Warum müssen die Italiener zugunsten amerikanischer Interessen ihre eigenen aufgeben? (16:26)

15. Frage: *Welchen Rat geben Sie westlichen Bürgern, die mit der gegenwärtigen Weltlage klarkommen wollen? Müssen die vor Ihrer Ausrichtung des Islam Angst haben, vor Terror, vor Ihrer Rache?*
Mein Ratschlag ist, dass westliche Bürger nicht gegen Muslime Krieg führen, sich zurückziehen. Muslime sind nicht eine so hilflose Masse, dass jeder darauf kommt, ihre Länder anzugreifen, zu besetzen, die Häuser der Muslime zu zerstören und sie zur Flucht zu treiben, während die Muslime einfach nur zuschauen, so dass niemand vor ihrer Rache Angst haben müsste. Wenn irgendjemand die Muslime mit Abscheu betrachtet und nicht eigene Schuld anerkennt, wird, wenn Gott will, das bei allen gerächt. Diese Rache wurde auch bei den Russen genommen, bei Bush wird sie genommen und bei den Briten – und auch bei allen anderen. Wer seine Schuld eingesteht und bereut, mit dem können wir reden. (17:26)

16. Frage: *Was ist Ihr Rat, besonders an amerikanische, britische, deutsche, französische und italienische Bürger?*
Wir sagen diesen Völkern, das ist doch eine sehr beschämende Angele-

genheit: Ihr bezeichnet euch als Herrscher der Welt und große Mächte. Alle gemeinsam seid ihr zusammengekommen, um gegen eine Organisation wie die Taliban zu kämpfen, die ihr nicht einmal anerkennt und ständig in Medien und Propaganda als bedeutungslos darstellt – und das also mit 38 der besten Armeen, wo sie (die Taliban) doch kaum vorhanden sind und ständig von euch verbreitet wird, welche Erfolge ihr hattet und wie viele Taliban ihr getötet habt. Ein Krieg ist doch nur dann ein richtiger Krieg, wenn gleich starke Kräfte mit gleicher Bewaffnung und Ausrüstung gegeneinander antreten, warum verbreitet ihr die ganze Zeit Lügen über eure Erfolge und wie viel Taliban ihr getötet habt? Bis jetzt habt ihr eure Niederlage noch nicht zugegeben und behauptet, Sieger zu sein. Wir sagen, dass wir die Sieger sind, ihr habt keinen Erfolg in Afghanistan, wir haben euch schon besiegt. Und auch wenn das noch lange dauert: Ihr werdet gedemütigt abziehen müssen. Und dann wird es eine Zeit geben, da werdet ihr zugeben müssen, dass die Taliban stärker waren als ihr. (18:46)

17. Frage: *Wenn alle ausländischen Truppen sich sofort aus Afghanistan zurückzögen, was würde geschehen?*
Wenn die Fremden abziehen, wisst ihr ja bereits, dass das Volk sich an die Taliban wendet. Alle wissen, was die Afghanen wollen:
– eine Regierung der Taliban
– einen islamischen Staat
– eine Taliban-Gesetzgebung
Alle werden sich an die Taliban wenden und ihre Probleme und Streitigkeiten von den Taliban lösen und schlichten lassen. Die Menschen wollen ihre Angelegenheit nicht von Westlern regeln lassen. Bereits jetzt kommen immer Menschen zu uns, z. B. aus Kandahar, Lashkargar und vielen anderen Orten und tragen uns ihre Anliegen vor. Diese Menschen nehmen die westlichen Gesetze und Formen nicht an und richten sich auch nicht danach. (19:18)

18. Frage: *Es gibt eine Menge Gerüchte über Sie in der westlichen Welt: Sie werden zum Beispiel als brutaler Mörder beschrieben.*
Als Tyrann und Killer bezeichnen mich einige, die mit mir Umgang hatten und behaupten, diese Erfahrung mit mir gemacht zu haben. Ich bezeichne mich als einen sehr gerechten Muslim. Solche Personen behaupten immer alles Mögliche – und das ist falsch. Ich bin eine sehr beliebte Persönlichkeiten bei den Afghanen und in der ganzen islamischen Welt. Wenn ich ein Tyrann wäre, hätten die Muslime mich nicht gemocht. (19:53)

19. Frage: *Wie definieren Sie Terrorismus?*

Terrorismus heißt: Angst machen, und Terrorist heißt: Angstmacher. Wenn gemeint ist, dass wir unserem Volk Angst machen, dann ist das nicht zutreffend. In diesem Fall sind wir nicht Terroristen. Wenn gemeint ist, dass wir dem Feind Angst machen, dann trifft das zu. Wir machen den Feinden Angst, wir nehmen sie gefangen, wir verhaften sie, wir töten sie. Wir gehen mit den Feinden genauso grausam um wie die mit uns. (20:23)

20. Frage: *Lassen Sie uns über den jüngsten Fall sprechen, betreffend Herrn Mastrogiacomo aus Italien. Glauben Sie, er kam als Spion, als Journalist – oder beides?*

Er war Journalist, er war auch Spion. Der Begleiter, Said Agha, war von der gleichen Sorte. Er hat im Gefängnis unsere führenden Kommandanten als Vernehmungsbeamter vernommen. Er hat außerdem für den italienischen Militärgeheimdienst gearbeitet. Ajmal war ein Mitarbeiter des Kabuler Geheimdienstes, gleichzeitig arbeitete er als Agent für das italienische Militär und hat für das Militär spioniert. Man hat ihm die Berufsbezeichnung »Journalist« gegeben. Vielleicht war er auch noch Journalist. Aber er stand im Dienst des italienischen Militärgeheimdienstes. (20:56)

21. Frage: *Wie denken Sie über Journalisten, die zu den Menschen gehen und Interviews machen, so wie ich das jetzt mit Ihnen tue?*

Es gibt muslimische Journalisten und nichtmuslimische Journalisten. Das ist der eine Unterschied. Diejenigen Journalisten, die aus den nichtmuslimischen Staaten kommen, die müssen unsere Erlaubnis haben. Wir werden denen die Möglichkeiten bereitstellen, und wir werden sie überall hinbringen. Bei ihrer Behandlung werden wir ihre Nichtzugehörigkeit zum Islam nicht als Maßstab für unser Verhalten ihnen gegenüber nehmen. Und dann gibt es natürlich muslimische Journalisten. Die gibt es in zwei Sorten. Einmal gibt es den Lautsprecher von Karzai; was Karzai sagt, gibt der wieder. Den töten wir, den lassen wir nicht leben. Die übrigen sind diejenigen (Muslime), die in freien Medien die Wahrheit berichten, so einer braucht keine Erlaubnis, er kann frei umherlaufen und berichten und Informationen sammeln. Ausländischen Journalisten erlauben wir nicht, in unserem Land ohne Erlaubnis herumzulaufen. Aber afghanische Journalisten sind auch in zwei Kategorien einzuteilen: Einige sind Spione, die anderen Journalisten, und wieder andere sind Propagandisten (siehe oben). Spione und Propagandisten lassen wir nicht leben, aber die Journalisten sind frei und können überall hingehen und Informationen sammeln. Ausländische Journalisten können zu uns kommen, Erlaubnis einholen, wir können sie mit unseren Autos zu den Orten der Geschehnisse hinfahren, diese betrachten wir als Journalisten, nicht als Feinde.

Die folgenden Fragen waren in meinem Original-Katalog vorhanden, wurden jedoch nicht beantwortet, sei es, weil sie
– nicht korrekt übertragen wurden (E-Mail)
– nicht übersetzt wurden
– nicht vorgetragen wurden
– von Dadullah nicht beantwortet wurden

– *Welche Religion ist nach Ihrer Ansicht brutaler: Islam oder Christentum?*
– *Sie haben verlogenen Journalismus kritisiert. Wie ist Ihre Ansicht über Medienlügen: Können Sie einige nennen – und nach Ihrer Meinung korrigieren?*
– *Mastrogiacomo (der italienische »Journalist«, der bei den Taliban einige Wochen in Haft saß und anschließend ausgetauscht wurde) sagte, sein afghanischer Fahrer sei von Ihren Leuten getötet worden. Warum wurde er getötet? Haben Sie das angeordnet?*

Dr. Citha D. Maaß, Stiftung Wissenschaft und Politik (SWP)

Afghanistan-Beratung für
Bundestagsausschüsse für Wirtschaftliche Zusammenarbeit (AWZ)
und Verteidigung

Konzeptvorschlag – Stand: 3. 4. 2007

1. Politisches Ziel

Im Hinblick auf die Bundestagsabstimmung über die Verlängerung des ISAF-Mandats (Mandatsende: 13. Oktober 2007) wird empfohlen, Abgeordneten der beiden Ausschüsse AWZ und Verteidigung die Notwendigkeit einer Mandatsverlängerung möglichst bald zu erläutern. Eine Beratung der beiden Ausschüsse gewährleistet einen fraktionsübergreifenden Ansatz, denn die Problematik der Mandatsverlängerung wird in den einzelnen Fraktionen unterschiedlich gesehen, und die Abgeordneten sind mit unterschiedlichen Vorbehalten seitens ihrer jeweiligen politischen Klientel in den Wahlkreisen konfrontiert.

Empfohlen wird, dies in glaubwürdiger und transparenter Form zu tun, da die Kritik an dem DEU-Engagement aus unterschiedlichen Gründen in der deutschen Öffentlichkeit wächst. Auch ist zu erwarten, dass im Sommer 2007 der Druck der Nato-Bündnispartner auf eine militärisch robustere DEU-Beteiligung (inkl. Beitrag zum Kampfeinsatz) sowie eine geographische Ausweitung auf den Süden wachsen könnte. Damit dürfte sich die Debatte im Bundestag und in der Öffentlichkeit weiter zuspitzen. Dem sollte präventiv entgegengewirkt werden unter dem Motto: *Eine nachhaltige Stabilisierung erfordert einen langen Atem.*

2. Formatvorlage

Der Afghanistan-Workshop der SPD am 22. 3. 2007 von 10–16 h wurde von allen Beteiligten als positiv bewertet. Deshalb dient das Format dieser Veranstaltung als Vorlage: *Breites Spektrum von Teilnehmern:* zusätzlich zu den anwesenden MdBs beteiligten sich Vertreter/innen verschiedener NGOs und GOs, wissenschaftliche AFG-Experten, politische Stiftung (FES) und vier Ministerien (AA, BMZ, BMVg, BMI) an den lebhaften Diskussionen. Deshalb wird empfohlen:

- Pro Ausschuss einen AFG-Workshop zu organisieren.
- Ein vergleichsweise breites Spektrum an Teilnehmern/innen sicherzustellen.
- Die Veranstaltungszeit auf 3 Stunden zu begrenzen (länger ist wünschenswert, doch sollte das der jeweilige Ausschuss entscheiden).

3. Drei Szenarien als Ausgangspunkt für Diskussion in den Workshops

Im Hinblick auf die Lageentwicklung in den Sommermonaten vor der Bundestagsabstimmung sind drei verschiedene Szenarien denkbar:

- *Szenarium I Teilverschlechterung:* Lage im Norden kann auf derzeitigem Stand stabilisiert werden mit relativ wenigen Anschlägen (auch auf Deutsche). Dagegen steigt die militärische Eskalation im Süden weiter an, so dass der Vorwurf gegen ISAF als »Besatzungstruppen« in immer breiteren Teilen der afghanischen Bevölkerung erhoben wird.
- *Szenarium II Umfassende Verschlechterung:* Anschläge mit tödlichem Ausgang im Norden nehmen zu (inkl. deutscher Todesfälle). Lage im Süden verschlechtert sich ebenfalls. Kritik in der deutschen Bevölkerung am Sinn des DEU-Einsatzes wächst angesichts des »Chaos« in Afghanistan.
- *Szenarium III Nato-Forderung nach DEU-Kampfbeitrag (über KSK hinaus) im Süden:* Heftige Kontroverse innerhalb der Großen Koalition. Massive Kritik in deutscher Bevölkerung bei Infragestellung des weiteren *militärischen* DEU-Engagements (ISAF-Mandatsverlängerung, Aufkündigung des OEF-Mandats im November 2007). Fraglich, ob zivil-ökonomisches DEU-Engagement noch gerechtfertigt werden

kann oder der Ruf nach einem beginnenden *Exit* immer breitere öffentliche Unterstützung gewinnt.

Vor dem Hintergrund dieser Szenarien die Ausschussmitglieder *vorab* fragen, welche Themen sie im Workshop diskutieren wollen und zu welchen Aspekten sie Informationen benötigen.

4. Workshop-Agenda

Aufgrund dieses Beratungsbedarfs die jeweilige Agenda für den betreffenden Workshop ausarbeiten und Impulsreferate (10 Minuten) festlegen.

»Experten« im »Anti-Terror-Krieg«: Liste der Ausschlusskriterien

Als Experte kann nicht empfohlen werden, wer:

- bei Reisen in Kampfgebiete oder in anderen Gebieten, die von Aufständischen/Widerständlern kontrolliert werden, eine offizielle Leibwache benötigt, denn er ist offenbar mit den Gegebenheiten und *allen* Machthabern im Lande nicht vertraut und also bestenfalls ein guter Theoretiker;
- Akademiker mit geringer eigener »Feld-Erfahrung« vor Ort ist (s. o.: »Bodyguard-Kriterium«);
- erst seit 2001 im Fach steht, denn er hat kein eigenes Erleben aus dem notwendig vorauszusetzenden historischen Vorlauf, der in die jetzige Situation überhaupt erst geführt hat. Es ist anzumerken, dass die Teilnehmer-Nationen der sogenannten »Anti-Terror-Koalition« frühzeitig mitgeplant haben, den Medien sogenannte »Experten« vorzusetzen, von denen wenig oder gar kein Widerspruch zur offiziellen Politik zu erwarten ist. Merke: Auch Deutschland ist Kriegspartei …;
- kein Dialog-Verhältnis oder keinen persönlichen Zugang zu Widerstands- oder Terror-Kreisen in deren eigenen Bewegungsräumen hat. Auch Zugang zu gefangenen Widerständlern/Terroristen ist kein glaubwürdiger Zugang, denn Gefangene werden vielfach gefoltert oder sind von Folter und allen möglichen anderen Pressionen bedroht – und deshalb keine glaubwürdigen Vertreter ihrer Sache oder ihrer Gruppe;
- den Erfolg der von ihm vorgeschlagenen Maßnahmen deshalb nicht garantieren kann, weil er sie nicht allseitig (also auch mit der Gegenseite) abgesprochen hat.

▷▷▷ *S. 268–271:* SPD-Bundestagsfraktion:
Arbeitspapier der Task Force Afghanistan vom 29. Juni 2007

Auszug aus dem Arbeitspapier der Task Force Afghanistan

SPD – Bundestagsfraktion
Task Force Afghanistan
Stand: 29.06.07

Detlef Dzembritzki, Angelika Graf, Karin Kortmann, Andreas Weigel, Christel Riemann-Hanewinckel, Gert Weisskirchen, Johannes Pflug, Jörn Thießen, Klaus Uwe Benneter, Michael Hartmann, Petra Hess, Rainer Arnold, Rolf Kramer, Uta Zapf, Wolfgang Gunkel

Afghanistan – 6 Jahre nach dem Beginn des Wiederaufbaus

Mit den Terroranschlägen vom 11.09.2001 sind uns neue Dimensionen terroristischer Gefahren vor Augen geführt worden. Möglich wurden diese Anschläge auch, weil sich Afghanistan nach 22-jährigem Krieg und Bürgerkrieg insbesondere unter der Herrschaft der Taliban zu einem Rückzugsraum für Terroristen entwickelt hatte. Der Kampf gegen und der Sturz des Taliban-Regimes waren notwendig, um dafür zu sorgen, dass Terrorgruppen Afghanistan nicht erneut als Rückzugsbereich und Ausgangspunkt für ihre Aktionen nutzen.

Nunmehr ist es nötig, Stabilität in Afghanistan herzustellen und eine politische Entwicklung voranzutreiben, die den Menschen in Afghanistan Sicherheit und Frieden bringt, und einen Rückfall in den früheren Zustand verhindert. Schon zu Beginn des Afghanistanengagements war der deutsche Ansatz getragen vom Prinzip der zivil-militärischen Zusammenarbeit.

Die Grundlage der von den USA geführten „Operation Enduring Freedom" sind die Resolutionen 1368 (2001) und 1373 (2001) des UN-Sicherheitsrates, mit denen die Anschläge vom 11. September verurteilt und die Staatengemeinschaft zum Kampf gegen den Terrorismus aufgerufen wurden, der Artikel 51 der UN-Charta, der das Recht auf Selbstverteidigung postuliert und Artikel 5 des NATO-Vertrages zu gegenseitigem Beistand. Die Rolle der OEF in Afghanistan würdigte der UN-Sicherheitsrat ausdrücklich in seiner Resolution 1623 aus dem Jahre 2005. In anderen Resolutionen werden die internationalen Anstrengungen zur Bekämpfung des Terrorismus, die im Einklang mit der Charta der Vereinten Nationen stehen, unterstützt. Insgesamt beteiligen sich 20 Nationen mit Beiträgen zur OEF, davon 17 in Afghanistan. Der Deutsche Bundestag hat die Beteiligung an OEF erstmals am 16. November 2001 beschlossen. Das Mandat umfasst zurzeit die Bereithaltung von 25 Sanitätskräften (Airbus A310 MEDEVAC) zur luftgestützten medizinischen Notfallversorgung und Evakuierung, 100 KSK-Soldaten auf Abruf sowie Seestreitkräfte im Einsatz am Horn von Afrika (ca. 250 Soldaten).

Grundlage für die Schaffung der International Security Assistance Force (ISAF) war die Bonner Vereinbarung über den Wiederaufbau Afghanistans vom Dezember 2001. Der UN-Sicherheitsrat beschloss deren Aufstellung am 20. Dezember 2001. Am 22. Dezember 2001 hat der Bundestag erstmals die Beteiligung deutscher Streitkräfte an dieser ISAF-Mission beschlossen. ISAF soll im Auftrag der Vereinten Nationen die mittlerweile demokratisch legitimierte afghanische Regierung bei der Herstellung und

1

Wahrung der inneren Sicherheit des Landes unterstützen. Darüber hinaus hilft ISAF bei der Auslieferung humanitärer Hilfsgüter und der geregelten Rückkehr von Flüchtlingen. Die 37 teilnehmenden Staaten wurden von der UN ermächtigt, „alle zur Erfüllung ihres Mandats notwendigen Maßnahmen zu ergreifen". Damit sind auch Kampfeinsätze gegen militante Gegner der ISAF-Schutztruppe gemeint.

In der Wahrnehmung der Öffentlichkeit stehen die militärischen Beiträge oft im Vordergrund und zivile Maßnahmen werden als nachrangig empfunden. Eine der Ursachen für diese Wahrnehmung ist die Notwendigkeit, dass Militäreinsätze ein Mandat des Parlaments benötigen, das zivile Engagement dagegen nicht. Trotz zahlreicher Konferenzen, regelmäßiger hochrangiger Besuche in Afghanistan und der konkreten Projekterfolge wurde dem zivilen Wiederaufbau in der Öffentlichkeit vergleichsweise weniger Aufmerksamkeit geschenkt. Hier besteht Handlungsbedarf durch regelmäßige Information des Parlamentes auch über den zivilen und politischen Aufbau und eine Verstärkung der Öffentlichkeitsarbeit. [1]

Das Konzept der zivil-militärischen Zusammenarbeit hat sich schnell durchgesetzt, wurde zum Teil von anderen Nationen mitentwickelt, übernommen und stellt für uns den Kern unseres Konzeptes für den Wiederaufbau in Afghanistan dar. Hier gilt der Grundsatz: keine Sicherheit ohne Entwicklung und zugleich keine Entwicklung ohne Sicherheit.

Seit Ende 2001 hat Deutschland dazu drei internationale Afghanistan-Konferenzen organisiert (2001, 2002 und 2004). Deutschland trägt zum Wiederaufbau Afghanistans in bedeutender Weise bei. Mit finanziellen Leistungen und Zusagen in Höhe von bisher ca. 900 Millionen Euro bis zum Jahre 2010 ist Deutschland das viertgrößte Geberland. Die Bundeswehr leistet seit Beginn des internationalen Engagements im Rahmen eines VN-Mandates und der jährlichen Mandate des Bundestages einen unverzichtbaren Beitrag zur notwendigen militärischen Absicherung des Stabilisierungs- und Wiederaufbauprozesses in Afghanistan.

Deutschland hatte und hat ein Interesse an der Stabilisierung Afghanistans. Zur Stabilisierung gehören Sicherheit, Rechtsstaatlichkeit, die Wahrung der Menschenrechte, eine unabhängige Justiz, Meinungs- und Pressefreiheit, eine funktionierende Verwaltung, Bildung und eine funktionsfähige Wirtschaft. Auch wenn auf allen diesen Feldern Beachtliches geleistet wurde, steht die internationale Gemeinschaft und die afghanische Gesellschaft noch vor großen Herausforderungen. Die Tatsache, dass sich die Sicherheitslage in einigen Landesteilen nicht nur nicht verbessert, sondern sogar verschlechtert hat, ändert nichts an diesem Ziel. Im Gegenteil: Deutschland hat ein erstrangiges Interesse daran, dass Afghanistan nicht erneut zum Trainingslager und sicheren Hafen für terroristische Akte wird. Dass dies nötig ist, haben Anschläge in Madrid, London und anderswo vor Augen geführt. Unser Engagement in Afghanien soll dazu beitragen, dass derartige terroristische Akte verhindert werden. Deutschland hat sich im Rahmen des Afghanistan Compact[2] verpflichtet, Voraussetzungen für nachhaltiges Wirtschaftswachstum und Entwicklung zu schaffen, staatliche Institutionen und die Zivilgesellschaft zu stärken sowie Regierungsführung, Rechtsstaatlichkeit und Menschenrechte gemeinsam mit den afghanischen Akteuren durchzusetzen. Zur Durchsetzung dieser Ziele kommt es auf eine multilaterale koordinierte

---

[1] siehe Themenkatalog in der Anlage
2 Afghanistan Pakt ist am 26.06.07 per Email verschickt worden

Vorgehensweise an; Überschneidungen müssen vermieden, unterschiedliche Ansätze stärker angeglichen und vernetzt werden. In diesem Zusammenhang ist auf dem Feld der Polizeiarbeit die europäische Koordinierung ein begrüßenswerter Schritt. Deutschland braucht für sein Engagement weiterhin die Fachkräfte für den Auf- bzw. Wiederaufbau aus dem Bereich der Entwicklungszusammenarbeit, aber auch Polizei sowie Soldatinnen und Soldaten.

Sechs Jahre nach Beginn des Afghanistan-Engagements muss festgehalten werden, dass die Erwartungen auf internationaler und afghanischer Seite sehr ambitioniert und teilweise unrealistisch waren. Eine Reihe von Annahmen und Zielen ließen sich in dem angestrebten Zeitrahmen nicht hinreichend umsetzen. Aus heutiger Sicht war der ursprüngliche Ansatz der internationalen Gemeinschaft, sich auf Kabul und Umgebung zu beschränken, nicht ausreichend. Die Wiederaufbaumaßnahmen der internationalen Gemeinschaft bzw. der afghanischen Regierung hätten schneller und konsequenter in die Regionen getragen werden sollen. Fehler wurden aber auch deshalb begangen, weil nicht alle Verbündeten ihr Personal in ausreichender Weise auf die Bedingungen, Traditionen und Eigenheiten Afghanistans vorbereitet hatten und weil gravierende Probleme nach über 20 Jahren Bürgerkrieg unterschätzt wurden.

In Zukunft müssen Ziele realistisch formuliert und ausreichende Kapazitäten zur Verfügung gestellt werden. Dies kann für einen begrenzten Zeitraum auch bedeuten, das Engagement zu erhöhen.

Die im *Afghanistan Compact* niedergelegten Grundsätze bleiben für uns wie für unsere afghanischen Partner Grundlage des gemeinsamen Handelns. Neben der Schaffung von Sicherheit nach innen wie nach außen liegt ein Schlüssel für einen friedlichen und langfristig wirkenden Wiederaufbau darin, Perspektiven für die Jugend zu geben. Eine perspektivlose und frustrierte, vor allem männliche Jugend ist besonders anfällig für Kriminalisierung sowie die Werbung und Rekrutierung durch gewaltbereite islamistische oder terroristische Gruppierungen. Deshalb sollte die junge Generation spezielle Unterstützung durch Ausbildungsprojekte und Einstiegsjobs erhalten. Hier ist Deutschland aufgrund seiner langen Tradition der Zusammenarbeit und des hohen Ansehens, das es in Afghanistan genießt, in besonderer Weise gefragt. Darüber hinaus braucht Demokratie politische Bewegungen auf allen Ebenen, auch von unten. Nur sie kann einen nachhaltigen Frieden und Demokratie in Afghanistan gewährleisten.

Auf diesen wie auf anderen Gebieten darf das Ziel des *Afghan Ownership*, also der Übergabe von Verantwortung in afghanische Hände, nicht aus den Augen verloren werden. Allzu oft wird dieses Prinzip bei Regierungen, Nichtregierungsorganisationen und internationalen Organisationen nicht beachtet.

Gemeinsam mit der afghanischen Regierung müssen die internationalen Akteure ihre Hilfe besser koordinieren, Strategien aufeinander abstimmen und einen effektiven Einsatz der bereit gestellten Mittel sicherstellen. Eine schnelle Evaluierung der bisherigen Arbeit ist notwendig, um Defizite zu beseitigen.

Das Ziel des Engagements der internationalen Gemeinschaft besteht darin, Hilfe und Unterstützung zur Selbsthilfe zu geben, damit die Menschen in Afghanistan

3

unabhängig von Dritten die Geschicke ihres Landes gestalten können. Die Entwicklung des ländlichen Raumes hat dabei eine besonders große Bedeutung.

Der von der Bundesregierung geförderte *Provincial Development Fund* wie auch die Unterstützung des *National Solidarity Program* sind dabei wichtige Instrumente.

Die Mitglieder der *Task Force Afghanistan* haben sich schwerpunktmäßig mit den Themen Sicherheit, Bildung, Demokratie und Rechtsstaat sowie Regionale Stabilität auseinandergesetzt und legen der Fraktion einen Forderungskatalog vor. Weitere ausführliche Berichte werden, auch unter Berücksichtigung der Diskussion in der Fraktion am 4. Juli, zur Klausursitzung im September folgen.

Anmerkungen

1 *Independent,* London, Chris Sands, 6. 6. 2007

2 *New York Times,* NY, Carlotta Gall & David E. Sanger, 13. 5. 2007

3 Ebda.

4 *Die Zeit,* Hamburg, Kai Hafez, 21. 6. 2007

5 Matt Groening ist Schöpfer der TV-Trickserie *Die Simpsons,* ein weltweiter Klassiker seit 20 Jahren, der Groening zum Milliardär machte. *Süddeutsche Zeitung,* München, Matt Groening im Interview mit Willi Winkler, 7./8. Juli 2007, Wochenendbeilage S. VIII

6 Mit Schreiben vom 3. 2. 2007 hatte ich dem Nato-Generalsekretär das Scheitern der Offensive angekündigt.

7 Siehe Anhang: SPD Afghanistan Task Force »Sondersitzung Fraktion zu Afghanistan am 4. 7. 2007, 17:00 Uhr«, von Detlef Dzembritzki, MdB

8 Stellvertretend für viele steht die *FAZ,* wo je ein Beitrag des Mitherausgebers Günther Nonnenmacher und des Feuilleton-Redakteurs Michael Hanfeld zum selben Thema unterschiedlicher nicht sein könnten. Vgl. Nonnenmacher, Günter: »Im deutschen Interesse«, *Frankfurter Allgemeine Zeitung,* 22. 5. 2007, (Leitartikel) S. 1 http://www.faz.net/s/Rub7FC5BF30C45B402F96E964EF8CE790E1/Doc~E FB2196A734CB4A7A914BC15C74960EEC~ATpl~Ecommon~Scontent. html; Hanfeld, Michael: »Die Rückkehr der Schreckensmänner«, *Frankfurter Allgemeine Zeitung,* 20. 6. 2006, Nr. 140, S. 45, http://www.faz.net/s/Rub117C535CDF414415 BB243B181B8B60AE/Doc~E62E31A73A3F34B24B8E826E722573ADF~ATpl ~Ecommon~Scontent.html

9 Vgl. im Anhang Maaß, Citha: »Afghanistan-Beratung für Bundestagsausschüsse AWZ und Verteidigung«, Konzeptvorschlag, Stand: 3. 4. 2007 – internes Papier

10 http://www.auswaertiges-amt.de/diplo/de/Aussenpolitik/RegionaleSchwerpunkte/ Uebersicht.html sowie: http://www.auswaertiges-amt.de/diplo/de/Aussenpolitik/ RegionaleSchwerpunkte/Afghanistan/ISAF.html

11 http://www.einsatz.bundeswehr.de/C1256F1D0022A5C2/vwContentByKeyW26-98P6Q728INFODE

12 *New York Times,* NY, David S. Cloud, 17. 1. 2007

13 T-online Nachrichten vom 28. 9. 2006. http://onnachrichten.t-online.de/c/91/94/ 04/9194048.html

14 http://www.senliscouncil.net/modules/about_us

15 The Senlis Council: »Taliban politics and Afghan legitimate grievances«, London, Juni 2007, S. 17, 18, http://www.senliscouncil.net/modules/publications/documents/taliban_politics_policy_paper

16 Roberts, Bronwen: »More foreign fighters in Afghanistan insurgency: US commander«, 9. 7. 2007, 09:35 AM ET, http://news.yahoo.com/s/afp/20070709/pl_afp/ afghanistanunrestnato_070709133521

17 Gall, Carlotta: »Pakistan link seen in Afghan suicide attacks«, *New York Times*, 14. 11. 2006. Gall beschreibt Lage und Attentäter brauchbar, die Zahlenangabe »Tausende« und den Frauenanteil daran erhielt ich aus einem pakistanischen Geheimdienst. http://travel.nytimes.com/2006/11/14/world/asia/14afghan.html

18 *Focus online:* 23. 6. 2007, 08:36, http://www.focus.de/magazin/kurzfassungen/focus-_aid_64246.html

19 *Spiegel online:* 17. 3. 2007, 17:23, http://www.spiegel.de/politik/ausland/0,1518,472292,00.html

20 Joffe, Josef: »Steine gegen Raketen«, *Die Zeit,* 26. 7. 2007, S. 8

21 IPPNW: Tornado-Umfrage durch Forsa: 6. 2. 2007. Eine bei N24 veröffentlichte Emnid-Umfrage ergab sogar 78 Prozent. http://www.ngo-online.de/ganze_nachricht.php?Nr=15280

22 Roberts, a. a. O. (Anm. 16)

23 Am 11. 4. 2007. CNN: »Gates: Army tours extended by three months«, 12. 4. 2007, http://www.cnn.com/2007/US/04/11/military.stay/index.html

24 Z. Zt. noch keine genaueren Informationen erhältlich, Recherche dauert an.

25 Elmert, Rick: »Seller beware, all military gear not right for eBay«, *Stars and Stripes,* 25. 4. 2005, http://www.estripes.com/article.asp?section=104&article=27839&archive=true

26 AP, Updated: 6:43 p.m. ET June 22, 2007, http://www.msnbc.msn.com/id/19374544/

27 Watson, Paul: »Leaks of Military Files«, *LA Times,* 25. 4. 2006, http://fairuse.100webcustomers.com/fuj/latimes27.htm

28 Bauer, Wolfgang: »Operation Folter«, *Focus* (Serie im Internet), www.focus.de/afghanistan-tagebuch

29 Roberts, a. a. O. (Anm. 16)

30 *Spiegelonline:* »US-KommandeurbrüskiertNatoundBundesregierung«, 17. 3. 2007, 17:23, http://www.spiegel.de/politik/ausland/0,1518,472292,00.html. *n-tv online:* »McNeill feuert Konflikt an – Frust über ISAF-Chef«, 18. 3. 2007, http://www.n-tv.de/780002.html

31 Editorial: »Facing al-Qaeda. With the terrorists growing stronger, their sanctuary in Pakistan must be eliminated«, *The Washington Post,* 19. 7. 2007, S. A18. http://www.washingtonpost.com/wp-dyn/content/article/2007/07/18/AR2007071802225_pf.html

32 Sengupta, Somini / Khan, Ismael: »Bombings in Pakistan leave at least 48 Dead«, *New York Times*, 20. 7. 2007, http://www.nytimes.com/2007/07/20/world/asia/20pakistan.html?_r=1&th&emc=th&oref=slogin

33 Bauer, a. a. O. (Anm. 28)

34 ai report 2007, http://thereport.amnesty.org/eng/Regions/Asia-Pacific/Afghanistan

35 Buchsteiner, Jochen: »Taliban sitzen überall und nirgendwo«, *FAZ,* 23. 4. 2007, S. 6; Buchsteiner zählt 250 Ziviltote durch Militäroperationen ausländischer Truppen seit 2006. Mellenthin, Knut: »Immer mehr Ziviltote am Hindukusch«, *junge welt,* 10. 7. 2007, S. 6; Mellenthin zitiert die UNO mit 320 Ziviltoten seit Jahresbeginn.

36 Telefonat vom 28. 7. 2007

37 Trittin, Jürgen: Rede im Deutschen Bundestag vom 16. 6. 2007, http://www.gruene-bundestag.de/cms/bundestagsreden/dok/186/186847.htm

38 AFP zitiert UN-Sprecher Adrian Edwards: »Afghanistan: 600 civils tués en 2007, plus de la moitié par les forces alliées«, Cyberpresse, Kabul, 2. 7. 2007. http://www.cyberpresse.ca/article/20070702/CPMONDE/70702045/1032/CPMONDE

39 Wikipedia zählt 55 tote Auslandssoldaten seit Jahresbeginn bis 13. 7. 2007, 191 zählt Buchsteiner (a. a. O., Anm. 35) für ganz 2006, 562 insgesamt. http://en.wikipedia.org/wiki/Coalition_casualties_in_Afghanistan

40 Rose, Jürgen in: *Freitag,* Berlin, 6. 1. 2006

41 Dipl.-Päd. Jürgen Rose, aktiver Oberstleutnant der Bundeswehr und versierter Publizist, muss nicht mehr für die Stationierung der Aufklärungstornados am Hindukusch arbeiten.

42 Telefonat vom 16. 7. 2007

43 United Nations Assistance Mission to Afghanistan, Chief of Human Rights, Richard Bennett, Ansprache eines deutsch-italienischen Seminars am 12./13. 8. 2006 im Serena-Hotel in Kabul, http://www.unama-afg.org/docs/_UN-Docs/_human%20rights/06aug13-police%20prosecutors%20speech.pdf

44 Dempsey, Judy: »Germany criticized for its training of Afghan police«, *International Herald Tribune,* 15. 11. 2006, http://www.iht.com/bin/print.php?id=3551337

45 Rubin, Barnett R.: »Saving Afghanistan«, in: *Foreign Affairs,* Januar/Februar 2007, http://www.foreignaffairs.org/20070101faessay86105/barnett-r-rubin/saving-afghanistan.html

46 *The News,* Karachi, Pakistan: »Afghanistan sets record in opium cultivation«, http://www.thenews.com.pk/daily_detail.asp?id=64985

47 United Nations Office on Drugs and Crime: *World Drug Report 2007,* S.7, http://www.unodc.org/pdf/research/wdr07/WDR_2007.pdf

48 Judd, Terri: »Addiction takes hold in the poppy fields of Afghanistan«, *The Independent,* 22. 6. 2007, S. 32

49 AP: »Unpopularity of Karzai government threatens Afghanistan war effort, Holbrooke warns«, *International Herald Tribune,* 28. 4. 2007, http://www.iht.com/articles/ap/2007/04/28/europe/EU-GEN-Nato-Afghanistan.php

50 AP: »Afghanistan: Korruptes Regime«, *junge welt,* 30. 3. 2007, http://www.jungewelt.de/2007/03-20/035.php

51 Herold, Marc W., Professor an der New Hampshire University, NH, USA: »Pseudo-Development in Afghanistan«, 7. 3. 2006. Nur im Internet, mit Hunderten von Querverweisen über Korruption, vermutlich die größte derartige Spezialsammlung mit einer unverdaulich großen Informationsmenge und -breite. http://cursor.org/stories/emptyspace2.html

52 BBC, 12. 9. 2003. Nur über Internet: http://www.rawa.org/land-un.htm Auch der Experte Dr. Andreas Rieck, Hanns-Seidel-Stiftung, München, erwähnt den daraus entstehenden Skandal, der Karzai zu sofortigen Entlassungen zwang. Monatsbericht September vom 10. 10. 2003, http://www.hss.de/downloads/Afghanistan_September_2003.PDF

53 Madsen, Wayne: »Afghanistan, the Taliban, and the Bush Oil Team«, 21. 2. 2002, http://sandiego.indymedia.org/en/2002/01/402.shtml

54 *Spiegel online,* 23. 6. 2006. Da Insidern dies schon lange zuvor bekannt war, erscheint möglich, dass der USB-Stick aus US-Besitz, auf dem sich die Information befand, »plaziert« wurde, evtl. als Warnung. http://www.spiegel.de/politik/ausland/0,1518,423134,00.html

55 Fisnik, Abrashi: »Afghan Governor fired after comments criticizing government's effectiveness«, AP, ABC news, 16. 6. 2007, http://abcnews.go.com/International/wireStory?id=3383843

56 UK Unterhaus Verschriftung Reihe 148, 20. 2. 2007, http://www.publications.parliament.uk/pa/cm200607/cmhansrd/cm070220/debtext/70220-0003.htm

57 http://www.bmz.de/de/laender/partnerlaender/afghanistan/index.html

58 Senlis greift zu hoch. Noch 2001 ging man von einer Alphabetisierungsrate von 10 bis 15 Prozent aus, heute können es höchstens 20 Prozent sein.

59 Telefongespräch mit der Leitung des Pressezentrums im Einsatzführungskommando Potsdam der Bundeswehr v. 23. 7. 2007, 16:00 Uhr

60 Parenti, Christian: »Afghan Autopsy«; nur im Internet: http://www.commondreams.org/views06/1201-23.htm

61 Kabir: »Sakhi« (= geistiger Edelstein) aus Kabir: *Der Bijak* (= »Setzling«), S. 240. Übersetzt von Linda Hess und Shukdev Singh. Kabir lebte 1440–1518. Er wurde als Kind muslimischer Eltern bei Benares geboren und wuchs auf mit der gefühlvollen Dichtung und tiefgründigen Philosophie der großen persischen Mystiker wie Jalaluddin Rumi. »Ich bin«, so sagte er, »zugleich ein Kind von Allah und Rama.« Kabir suchte die Synthese des Islam und des Hinduismus zu erlangen und bediente sich freizügig der Symbole beider Religionen. Von Beruf war er Weber, besaß nur eine einfache Bildung und verdiente seinen Lebensunterhalt am Webrahmen. In den meisterhaften Übersetzungen von Rabindranath Tagore singt er seine ergreifende Lyrik von den Dingen des täglichen Lebens und der göttlichen Liebe aus vollem Herzen. http://en.wikiquote.org/wiki/Kabir

62 http://biz.yahoo.com/t/68/4058.html

63 Aus der Partei Hezb-i Islami Afghanistan, HIA (Fraktion des Mullahs Yunis Khalis, auch HIA II benannt, im Unterschied zu HIA I unter Gulbuddin Hekmatyar)

64 Peter Tomsen war der ehemalige Sondergesandte der Regierung Bush senior für den afghanischen Widerstand.

65 Steele, Jonathan / MacAskill, Ewen / Norton-Taylor, Richard / Harriman, Ed: »Threats of US Strikes …«, *The Guardian,* 22. 9. 2001. Naik wird darin wie folgt zitiert: »The Americans indicated to us, that in case the Taliban do not behave and in case Pakistan also doesn't help us to influence the Taliban, then the United States would be left with no option but to take an overt action against Afghanistan.« – Und dies war lediglich die letzte von drei derartigen Konferenzen, die Vendrell im Lauf von neun Monaten ausrichtete.

66 Godoy, Julio: »US policy on Taliban influenced by oil–authors«, *Asia Times online,* 20. 11. 2001, zitiert den französischen Autor Jean-Charles Brisard, der gemeinsam mit seinem Kollegen Guillaume Dasquié das berühmt gewordene Buch

Verbotene Wahrheit (Zürich 2002) über die Finanzverquickung der Familie Bush mit saudischen Ölmagnaten geschrieben hatte. http://www.atimes.com/c-asia/CK20Ag01.html

67 Die Friedensforschung der Universität Kassel bietet einen gekürzten Auszug: http://www.uni-kassel.de/fb5/frieden/themen/Terrorismus/usa-taliban.html

68 »India, Iran, Pakistan closer to gas pipeline deal«, *The News,* Karachi (Pakistan), 14. 8. 07, http://www.thenews.com.pk/top_story_detail.asp?Id=8747

69 Und das, obwohl die Zentrale Dienstvorschrift (ZDV) der Bundeswehr, § 15.2, unter Verweis auf das 5. Haager Abkommen von 1907 dem entgegensteht.

70 Interview Willy Wimmer mit dem Magazin *Der Selbständige* (Zeitschrift des Bundesverbands der Selbständigen): »Wird Deutschland noch am Hindukusch verteidigt?«, *ds magazin,* März 2007, Beihefter

71 Khan, Ismail: »Deadly violence surges …«, *New York Times,* 15. 7. 2007: Die Attentate häufen sich, eine Militäraktion gegen Taliban und Verbündete im pakistanischen Stammesgebiet (FATA) steht unmittelbar bevor. http://www.nytimes.com/2007/07/15/world/asia/15attack.html?_r=1&th&emc=th&oref=slogin

72 In Deutschland sind das z. B. die Wochenzeitung *Freitag* oder *Neues Deutschland.*

73 Vgl. *Süddeutsche Zeitung,* 2. 11. 2001, S. 4; dort wird unter der Rubrik »Blick in die Presse« die französische Zeitung *L'Humanité* wie folgt zitiert: »Durch die US-Luftangriffe in Afghanistan wurden 80 Prozent der Infrastruktur des Roten Kreuzes zerstört, irrtümlich, wie die US-Regierung sagt. Doch ist der Irrtum nicht Wesenselement der amerikanischen Strategie? Am Anfang sollten die Ausbildungslager der Terrororganisation zerstört und bin Laden gefangen werden, jetzt beobachten wir eine Art ›Strategie der Angst‹ mit Bombardierungen, damit sich die Bevölkerung von den Taliban abwendet.«

74 Warden, John A. III: »Air Theory for the 21st Century« *(Hervorhebungen von mir, CRH).* Warden zitiert den deutschen Strategieguru General Clausewitz und setzt dagegen: »Contrary to Clausewitz, destruction of the enemy military is not the essence of war; the essence of war is convincing the enemy to accept our position, and fighting his military forces is at best a means to an end and at worst a total waste of time and energy.« Und weiter: »Our primary interest is […] to derive an understanding of what we might need to impose an intolerable cost or strategic or operational paralysis on an enemy.« http://www.airpower.maxwell.af.mil/airchronicles/battle/chp4.html

75 Warden, ebda.: »Understanding this concept is essential to taking a strategic rather than a tactical approach to winning wars.«

76 US-Luftwaffenstabschef General Michael E. Ryan schreibt darin: »AFDD 1 is the airman's basic doctrine.« In der Lektüreliste am Ende der Schrift steht neben Clausewitz und anderen in der Sektion »Weiterführende Liste« auch General Wardens Werk: *The Air Campaign,* New York 1989 (Presidio Press). http://www.fsu.edu/~rotc/AFDD%20Briefs/afdd1.pdf

77 Beebe, Major Kenneth: »The Air Force's missing doctrine. How the US Air Force ignores counterinsurgency«, *Air and Space Power Journal,* Frühjahr 2006, Vol.

XX, Nr. 1, AFRP 10-1, http://www.airpower.maxwell.af.mil/airchronicles/apj/apj06/spr06/beebe.html

78 Belote, Major Howard D.: »Warden and the Air Corps Tactical School. What goes around comes around«, *Aerospace Power Journal*, Vol. XIII, Nr. 3, Herbst 1999, S. 39–47, http://www.airpower.maxwell.af.mil/airchronicles/ASPJIndex.html

79 Vgl. Bittner, Jochen / Ladurner, Ulrich: »Töten, töten, töten. Nicht nur das Blutbad von Qala-i-Dschanghi wirft Fragen nach der Kriegsführung in Afghanistan auf. Die USA ignorieren das humanitäre Völkerrecht«, *Die Zeit*, 6. 12. 2001, S. 4.

80 Vgl. Rupp, Rainer: »Im Visier: Rotes Kreuz. USA bombardieren Lager in Kabul absichtlich«, *Neues Deutschland*, 3./4. 11. 2001, S. 3. Vgl. auch die Tageschronologie zum Afghanistankrieg unter dem Titel »Afghan war continues for second month«, *Air International*, Vol. 61, Nr. 6, Dezember 2001, S. 325; dort wird von zwei Luftangriffen auf einen IKRK-Komplex in Kabul am 16. 10. und 26. 10. 2001 berichtet.

81 Der Begriff »präemptiv« hat durch die Bush-Regierung weltweit eine beklemmende Bekanntheit erlangt. Das Wort beschreibt eine Vorwegnahme, die noch früher einsetzt als bei präventiven Handlungen, nämlich bereits dann, wenn die andere Seite noch gar nichts unternommen hat – jedoch etwas unternehmen *könnte* –, etwas, das, wenn es abgeschlossen ist, eine Vorbereitungshandlung darstellen könnte, nach der man anschließend erst »präventiv«, nämlich vor der tatsächlichen feindlichen Aktion, zuschlagen würde.

82 McIntyre, Jamie: »US admits mistakenly targeting Red Cross warehouse«, CNN (und viele andere), 17. 10. 2007, 07:52 (GMT), http://archives.cnn.com/2001/US/10/17/ret.pentagon.redcross/index.html

83 Al-Nasani, Ali: »Gemischte arabische Gefühle«, *ai-Journal*, Nr. 9, September 2002, S. 15.

84 Bittner / Ladurner, a. a. O. (Anm. 79)

85 Rühl, Lothar: »Die strategische Lage zum Jahreswechsel«, *Österreichische Militärische Zeitschrift*, Nr. 1/2002, S. 4.

86 Rashid, Ahmed: *Taliban. Islam, Oil and the New Great Game in Central Asia*, London, 2. Aufl. 2001

87 Dombey, Daniel: »Nato plans smaller bombs for Afghanistan«, *Financial Times*, 29. 7. 2007, letztes update: 22:02 Uhr, http://www.ft.com/cms/s/44aaa8be-3e01-11dc-8f6a-0000779fd2ac.html

88 Fröhder, Christoph Maria: »Clusterbomben alten Typs in Bagdad«, ARD-*Tagesschau* vom 10. 4. 2003, 20 Uhr, Archivnummer: xy/2003/TS 2007

89 »Taliban Chief in Pakistan accord«, *Daily Outlook Afghanistan*, 17. 10. 2006, S. 6

90 Gul, Pazir: »Waziristan accord signed«, *Dawn*, 6. 9. 2006, http://www.dawn.com/2006/09/06/top2.htm

91 Ross, Brian: »Pakistan gives Bin Laden free pass«, ABC USA, 6. 9. 2006, 6:10 AM UST, http://blogs.abcnews.com/theblotter/2006/09/pakistan_gives_.html

92 Clarke, Richard: *Against All Enemies*, New York 2004 (dt.: Hamburg 2004)

93 Loudon, Bruce: »Nato backs Pakistan deal with Taliban«, *The Australian*, 14. 10. 2006, http://www.theaustralian.news.com.au/story/0,20867,205785072703,00.html

278

94 Gall, Carlotta / Khan, Ismail: »Pakistan lets tribal chiefs keep control along border«, *New York Times,* 6. 9. 2006, Late Edition – Final, Section A, S. 8, Spalte 6, http://select.nytimes.com/gst/abstract.html?res=F20B13FA3D550C758CDDA008 94DE404482

95 Nur im Internet: Bill Roggio ist eine interessante Website, die offenbar den CIA PsyOps (Psychological Operations) zuzurechnen ist, wenn man den relativ eindeutigen Lebenslauf des Herrn Roggio betrachtet. Doch die Informationen sind gut, wenn auch permanent mit größter Vorsicht zu genießen … http://billroggio.com/ archives/2006/09/the_fall_of_wazirist.php

96 Bright, Arthur: »Pakistan signs peace deal with pro-Taliban militants«, *Christian Science Monitor,* posted 6. 9. 2006, http://www.csmonitor.com/2006/0906/daily-Update.html

97 Cloud, David S.: »U.S. reports surge in cross-border Afghan attacks«, *International Herald Tribune,* 16. 1. 2007, http://www.iht.com/articles/2007/01/16/news/gates.php

98 Loudon, Bruce: »US looks at plan to oust Musharraf«, *The Australian,* 14. 3. 2007, http://www.theaustralian.news.com.au/story/0,20867,21378237-2703,00.html

99 Porter, Gareth: »Bush shielding of Musharraf policy at risk«, IPS, 7. 7. 2007, http://www.ipsnews.net/news.asp?idnews=38459

100 Mujtaba, Haji: »Militants threaten attacks in Pakistan's Waziristan«, Reuters, 17. 7. 2007, 04:22 AM EDT, http://www.reuters.com/article/worldNews/idU-SISL746320070717

101 Lasseter, Tom: »US threatens action in Pakistan«, *McClatchy Papers,* 19. 7. 2007, http://www.mcclatchydc.com/227/story/18140.html

102 Ruttig, Thomas: »Musa-Qala-Protokoll am Ende«, *SWP-Aktuell 13,* Stiftung Wissenschaft und Politik, Berlin, Februar 2007, http://www.swp-berlin.org/de/ common/get_document.php?asset_id=3786

103 Smith, Michael: »British troops in secret truce with the Taliban«, *Sunday Times,* 1. 10. 2006, http://www.timesonline.co.uk/tol/news/uk/article656693.ece

104 *Tagesschau* vom 23. 7. 2007, 20:00 Uhr: »Isaf-Kommandeur hofft auf mehr Bundeswehrsoldaten«. McNeill machte klar, dass er gerne mehr deutsche Einheiten für die Isaf hätte: »Ich möchte die Deutschen bitten, zu überlegen, welch wunderbare Wirkung ihre kleine Truppe im Norden hat und wie viel wirkungsvoller sie mit ein paar Bundeswehrsoldaten mehr sein würde.« Der US-General hofft auf den Bundestag. »Wenn das deutsche Parlament zustimmen würde, dann wären ein, zwei zusätzliche Bataillone eine wunderbare Ergänzung.« Etwa 500 bis 1000 Soldaten wären das. http:// www.tagesschau.de/aktuell/meldungen/0,1185,OID7159456_NAV_REF1,00.html

105 S. Sedra, Mark: »Security sector transformation Afghanistan«, Genf, August 2004, Dokumentation des Geneva Centre for the Democratic Control of Armed Forces (DCAF), S. 8/37, http://www.dcaf.ch/_docs/WP143.pdf

106 Komitee-Bericht Nr. 037 DSC 07 E: »Afghanistan: Assessing progress and key challenges for the alliance«, Berichterstatter: Frank Cook, UK, http://www.nato-pa.int/Default.asp?SHORTCUT=1166

107 Braune, Gerd: »Wie man Kämpfe gewinnt und den Krieg verliert«, *Berliner Zeitung,* 31. 5. 2007, S. 4

108 Walsh, Declan: »Thirsty to fight, hard to wake up«, *Guardian,* 4. 5. 2007, http://www.guardian.co.uk/afghanistan/story/0,,2072029,00.html

109 Galloway, Gloria: »Prisoner transferred to Afghans vanished«, *Globe and Mail,* 15. 3. 2007, zit. nach: Afghan News Center, http://www.afghanistannewscenter.com/news/2007/march/mar152007.html

110 Walsh, a. a. O. (Anm. 108), schreibt: »The Helmand brigade commander, General Mohiyadeen Ghori, trained for four years at Moscow's Frunze Academy. He has a stout view of winning local support. ›Most of them are supporting Mullah Omar‹, he said. ›I will punch them in the face and tell them to stop fighting us. Our plan is to show them force, then clean the tears from their eyes. Then they will know who is in charge.‹«

111 Buchsteiner, Jochen: »Taliban sitzen überall und nirgendwo«, *FAZ,* 23. 4. 2007

112 McCoy, Alfred: *The Politics of Heroin. CIA Complicity in the Global Drug Trade,* Chicago (USA), 2003. Die rund 700 Seiten dieses verdienstvollen Lebenswerks stellen jeden Krimi in den Schatten.

113 Dempsey, Judy: »Germany criticized for its training of Afghan police«, *International Herald Tribune,* 15. 11. 2006, http://www.iht.com/bin/print.php?id=3551337

114 Beeston, Richard: »Nato is fighting for its future«, *Times online,* 14. 9. 2006, http://www.timesonline.co.uk/tol/news/world/article638144.ece

115 Scholl-Latour, Peter: *Russland im Zangengriff,* Berlin 2006, S. 16

116 Witte, Griff: »Afghan province's problems underline challenges for the US«, *Washington Post,* 30. 1. 2006, S. A10, http://www.washingtonpost.com/wp-dyn/content/article/2006/01/29/AR2006012901092.html

117 Ebda.: »If you made a list of provinces from one to 34, where is Uruzgan in terms of progress in the security environment? It would certainly be toward the bottom«, said Army Lt. Gen Karl W. Eikenberry, commander of U.S. forces in Afghanistan, following a recent visit here.

118 Rubin R., Barnett (Columbia University, New York; zur 1. Petersberger Konferenz in Bonn 2001 war Rubin Berater des UN-Generalsekretärs Kofi Annan): »Letzte Ausfahrt Quetta«, *Rheinischer Merkur,* 1. 2. 2007, S. 6

119 Vgl. dazu das Interview mit Mullah Dadullah im Anhang.

120 Rubin: »Saving Afghanistan«, a. a. O. (Anm. 45)

121 Elsässer, Jürgen: *Kriegslügen. Vom Kosovo-Konflikt zum Milosevic-Prozess,* Berlin, 2004. Ders.: *Wie der Dschihad nach Europa kam. Gotteskrieger und Geheimdienste auf dem Balkan,* St. Pölten 2005. Igel, Regine: *Terrorjahre. Die dunkle Seite der CIA in Italien,* München 2006

122 Ganser, Daniele: *Nato's Secret Armies: Operation Gladio and Terrorism in Western Europe,* London 2005. Dies.: »Terrorism in Western Europe. An approach to Nato's secret stay-behind armies«, *The Whitehead Journal of Diplomacy and International Relations,* South Orange, NJ, 2005, Vol. 6, 1, S. 69. Sehr lesenswerter Artikel (28 Seiten, PDF), basierend auf den Ergebnissen des Forschungsprojekts an der ETH Zürich. Juretzko, Norbert / Dietl, Wilhelm: *Bedingt dienstbereit. Im Herzen des BND – die Abrechnung eines Aussteigers,* Berlin 2004

123 Zum »Gladio-Komplex« beschloss das Europaparlament am 22. November 1990

nach eingehender Debatte einen scharfen Protest gegen die Nato und deren Geheimdienste.

124 Satter, David: *Darkness at Dawn. The rise of the Russian criminal state,* Yale 2003. Der Text befasst sich mit den sogenannten russischen Appartement-Bomben, die den zweiten Tschetschenienkrieg motivieren sollten.

125 15:59 Uhr, http://news.bbc.co.uk/2/hi/middle_east/2546863.stm

126 Hersh, Seymour: »A Strategic Shift«, *The New Yorker,* 5. 3. 2007, http://www.newyorker.com/reporting/2007/03/05/070305fa_fact_hersh

127 http://www.youtube.com/watch?v=-Ga22XxUjSU; Edwards, David / Kane, Muriel: »Bush Administration arranged support for militants attacking Lebanon«, *Global Research,* 25. 5. 2007; der Beitrag bietet eine Verschriftung des Interviews! http://www.globalresearch.ca/index.php?context=va&aid=5749

128 Mein lieber Josef Riedmiller, damals Auslandschef der *SZ,* schrieb dem Schlussredakteur zu dessen Pensionierung einen »Nachruf«, in dem dieses Thema unmissverständlich behandelt wurde. Einmalig in der deutschen Pressegeschichte.

129 Fälschlich immer wieder und weltweit als »Burka« bezeichnet; die Paschtunen, die ich traf, sagen »Bukra«.

130 Christoph Rührmair hat den Wissenschaftler Kai Hafez interviewt, der die diesbezüglichen Gewohnheiten bei ARD und ZDF untersucht hat. Mit verheerendem Ergebnis: »Islam auf Sendung«, *Die Zeit,* 21. 6. 2007, http://www.zeit.de/2007/26/FiS-Islam?from=24hNL

131 Rühl, Lothar: »In Afghanistan steht die militärische Entscheidung weiterhin aus«, *Frankfurter Allgemeine Zeitung,* 22. 6. 2007, S. 10

132 So z. B. auf der offiziellen Bundeswehr-Website: http://www.einsatz.bundeswehr.de/C1256F1D0022A5C2/CurrentBaseLink/W273CP8H987INFODE

133 Subhani, Omer: »Ignoring Civilian Deaths in Afghanistan. Our dead are not the same«, *Counterpunch,* 6. 7. 2007, http://www.counterpunch.org/subhani07062007.html

134 »›Miesepetriges Gastvolk‹ – Bassam Tibi wandert aus«, 7. 10 .2006

135 Siehe im Anhang den Konzeptvorschlag zur Afghanistanberatung der Bundestagsausschüsse.

136 Maaß, Citha: »Eskalation in Afghanistan und der Tornado-Einsatz«, *SWP-aktuell,* A14, Februar 2007, S. 3, http://www.swp-berlin.org/de/common/get_document.php?asset_id=3793

137 Gauweiler, Peter: »US-Politik auf dem Irrweg«, Deutschlandfunk-Interview, 5. 1. 2007, http://www.dradio.de/dlf/sendungen/interview_dlf/579685/

138 Maaß, Citha: »Afghanistan: Staatsaufbau ohne Staat«, *SWP-Studie/*S 04, Februar 2007, Vortext

139 Gauweiler, Peter: »Die Parole heißt: dumm sterben«, Interview mit Thorsten Denkler, *Süddeutsche Zeitung,* 19. 3. 2007, 15:36 Uhr, http://www.sueddeutsche.de/deutschland/artikel/319/106213/

140 Ruttig, Thomas: »Die Taliban nach Mullah Dadullah«, *SWP-aktuell,* A31, Juni 2007, http://www.swp-berlin.org/de/common/get_document.php?asset_id=4080

141 Meyssan, Thierry: »Angela Merkel, eine Neokonservative als Präsidentin der

Europäischen Union«, *Zeitfragen*, 15. 1. 2007, http://www.zeit-fragen.ch/ausga-ben/2007/nr2-vom-1512007/angela-merkel-eine-neokonservative-als-praesiden-tin-der-europaeischen-union/

142 Merkel, Angela: »Schröder spricht nicht für alle Deutschen«, *Washington Post,* 20. 2. 2003, übersetzt in: *Internationale Politik,* April 2003, http://www.inter nationalepolitik.de/archiv/jahrgang2003/april03/namensartikel-der-cdu-vorsitzenden--angela-merkel--erschienen-in-der----washington-post----am-20--februar-2003.html

143 Meyssan, a. a. O. (Anm. 141)

144 Musharraf, Pervez: *In the line of fire,* London 2006, S. 201–207

145 »1. Al-Qaeda-Agenten an ihren Grenzen stoppen, Waffenlieferungen durch Pakistan abfangen, jede logistische Unterstützung für bin Laden beenden.
4. Versorgen Sie die Vereinigten Staaten sofort mit Geheiminformationen, Einwanderungsunterlagen und Datensätzen und Informationen zur Inneren Sicherheit, um Terrorakten gegen die Vereinigten Staaten, ihre Freunde und Verbündeten zuvorzukommen und zu begegnen.
6. Unterbrechen Sie sämtliche Treibstofflieferungen an die Taliban und alle anderen Dinge und Zustrom von Anhängern, Freiwillige auf dem Wege nach Afghanistan eingeschlossen, die zur militärischen Offensivfähigkeit genutzt werden können oder um Terrordruck zu erzeugen.«

146 Siehe das Arbeitspapier SPD-Fraktion (Dzembritzki-Gruppe) vom 29. 6. 2007 im Anhang.

147 Jörg Thomann, *FAZ,* 17. 11. 2007

148 Später erfuhr ich, dass er mit Zustimmung von Hekmatyar soeben beschlossen hatte, ein sechsköpfiges Team der US-TV-Gesellschaft ABC sieben Wochen auf meine/unsere Rückkehr warten zu lassen – um gleich wieder den Chefeinweiser zu geben.

149 Vgl. Bettina Rühl: »Die Furcht der USA vor Terrorgruppen im Sahel. Washingtons militärisches Engagement in Westafrika«, Deutschlandfunk, 20. 7. 2006, http://www.dradio.de/dlf/sendungen/hintergrundpolitik/522569/. »Ein solcher Fall machte in der Vergangenheit international Schlagzeilen: Im Frühjahr 2003 wurden in der algerischen Sahara insgesamt 32 überwiegend deutsche Touristen entführt. Als Täter galten Mitglieder der algerischen GSPC, der ›Salafistischen Gruppe für Predigt und Kampf‹.« An der Glaubwürdigkeit dieser Eindrücke konnten auch eiligst bemühte Psychologen mit ihrem »Stockholm-Syndrom« (dem zufolge Geiseln nach einiger Zeit der Gefangenschaft aus Angst und um seelisch mit ihrer Lage klarzukommen mit ihren Geiselnehmern sympathisieren und diese glorifizieren) nichts ändern. Zu eindeutig waren die Schilderungen der Augenzeugen. Wohl deshalb wurden sie plötzlich in keine Talkshow mehr eingeladen und verschwanden einfach von der Bildfläche.

150 »Margbar emperialisme sharg o gharb!«

151 Prädestination: festgelegte Vorbestimmung des Schicksals

152 Hier ist eine Bemerkung angebracht: Dschihad heißt nicht, wie fälschlich in zahlreichen Medien dargestellt, »Heiliger Krieg«. Vielmehr lautet die korrekte Bedeutung »Weg des heiligen Bemühens«. Die Theologie unterscheidet zwei

Typen: 1. Dschihad asghar = der niedere Weg – *das* ist der Weg des bewaffneten Kampfes – und 2. Dschihad akbar = der hohe, große Weg, das ist der Kampf gegen die eigene (menschliche, charakterliche) Unzulänglichkeit. Manche afghanische Theologen unterscheiden auch fünf Stufen, die ich jedoch in der Literatur nicht gefunden habe; im Sinne Allahs: denken, sprechen, schreiben, Geld spenden, mit der Waffe kämpfen.

153 Das »Informationsbüro der Afghanischen Mudschaheddin« (IAM) in der Bonner Theaterstraße war ein wichtiger Anlaufpunkt für Journalisten, Afghanistan-Interessierte und Exil-Afghanen, die im gleichen Gebäude ihre Moschee hatten.

154 Schultergestützte Ein-Mann-Flugabwehr-Rakete des US-Herstellers General Dynamics, die mit hoher Effizienz den Afghanistan-Krieg entscheiden half. Rechte inzwischen an die US-Firma Raytheon verkauft.

155 Mojaddedi war damals Vorsitzender der Jabha-e Nejat-e Melli (Nationale Befreiungsfront), ein traditioneller Royalist, auf den sich die USA besannen, als ihnen die islamische Bewegung mit Hekmatyar politisch »aus dem Ruder lief«. 1992 wurde er für zwei Monate Präsident Afghanistans, der erste nach dem Kommunisten Nadschibullah. Mojaddedi verfügte jedoch über keine schlagkräftige Truppe, konnte deshalb nichts ausrichten und musste sich zurückziehen.

156 Siehe das Hekmatyar-Interview im Anhang, Frage 25.

157 Vgl. hierzu Warden: »Air Theory for the Twenty-first Century«, a. a. O. (Anm. 74). Außerdem: Clancy, Tom: *Fighter Wing. Eine Reise in die Welt der modernen Kampfflugzeuge,* München 1996, S. 77 f. Und: Major General Smith, Perry M., USAF, Rtd. *Marine Corps Gazette,* Quantico, VA, Nov. 1995

158 »What causes the documented high level of civilian casualties 3,767 [thru December 6, 2001] civilian deaths in eight and a half weeks – in the U.S. air war upon Afghanistan? The explanation is the apparent willingness of U.S. military strategists to fire missiles into and drop bombs upon, heavily populated areas of Afghanistan.« http://www.trianglevegsociety.org/peacecalendar/200112_Marc_Herold_civilian_deaths.pdf

159 Hekmatyars Schwiegersohn Dr. Ghairat Baheer wurde 2003 in Islamabad von einem US-geführten Spezialteam verhaftet und verschwand. In seinem Safe fand »die Polizei« 300 000 US-Dollar. Ich aktivierte Amnesty International zu einer sogenannten Dringlichkeitsaktion (urgent action) – das erleichterte immerhin die Haftbedingungen, ärgerte aber die US-Dienststellen.

160 Quelle: http://www.iraqbodycount.org/database/, http://www.iraqbodycount.org/names.php, http://www.justforeignpolicy.org/iraq/iraqdeaths.html, http://www.countercurrents.org/iraq-polya070207.htm

161 http://www.thelancet.com/webfiles/images/journals/lancet/s0140673606694919.pdf

162 http://www.alertnet.org/thefacts/reliefresources/116066724942.htm

163 Haji Abdul Qadir hatte die 1. Petersberger Konferenz (vom 27. 11. bis 5. 12. 2001) am 30. 11. unter Protest verlassen, offiziell deshalb, weil er das Mehrheitsvolk der Paschtunen in der Interimsregierung unter Karzai mit 50 Prozent der Ministerposten unterrepräsentiert fand. Tatsächlich aber wohl auch deshalb, weil Karzai im Vergleich zu ihm eher schwach aussah. Der BND heftete sich damals sofort an

Qadirs Fersen. Trotz des Vorfalls wurde er am 22. 12. 2001 Minister für Stadtentwicklung in Karzais Kabinett und gleichzeitig Gouverneur der Provinz Nangarhar. Den Gouverneursposten behielt er, als er am 19. Juni 2002 zu einem der drei Vizepräsidenten gewählt wurde.

164 Am 6. 7. 2002

165 Nach der Hinrichtung Abdul Haqs durch die Taliban hatte Din Mohammad mit Abdul Qadir auch noch seinen zweiten Bruder verloren.

166 Die Vizepräsidentschaft schlug er wohlweislich aus, schließlich wollte er ja nicht in allem in die Fußstapfen seines unglücklichen Bruders treten ...

167 Inzwischen sind alle drei nicht mehr im Amt; einer, der Deutschland sehr verbundene frühere Soziologieprofessor Hakim Taniwal, kam am 10. 9. 2006 gemeinsam mit Verwandten bei einem Bombenattentat ums Leben.

168 Schließlich habe ich dem deutschen Wirtschaftsministerium gedroht, das Thema mit US-Kontakten zu erörtern. Pakistanische Firmen wurden später zur Hannover-Messe eingeladen – und präsentieren dort inzwischen erfolgreich.

169 Amir, Ayaz: »White Elephants and the PR trade«, *Dawn*, 11. 7. 2003, http://www.dawn.com/weekly/ayaz/20030711.htm

170 Escobar, Pepe: »9-11 and the smoking gun, Part 2: A real smoking gun«, *Asia Times*, 8. 4. 2004, http://www.atimes.com/atimes/Front_Page/FD08Aa01.html

171 Chossudovsky, Michel: »Cover-up or complicity of the Bush-Administration? The role of Pakistan's military intelligence (ISI) in the September 11 attacks«. Zitat: »The US authorities sought his [Gen. Mahmood Ahmad] removal after confirming the fact that $ 100 000 were wired to WTC hijacker Mohammed Atta from Pakistan by Ahmad Umar Sheikh at the instance of Gen. Mahmood. Senior government sources have confirmed that India contributed significantly to establishing the link between the money transfer and the role played by the dismissed ISI chief. While they did not provide details, they said that Indian inputs, including Sheikh's mobile phone number, helped the FBI in tracing and establishing the link.« Sheikh ist wichtiges Mitglied von Al-Qaeda, laut Präsident Musharraf (Pakistan) auch Agent des britischen Geheimdienstes MI6 (Musharraf, a. a. O., Anm. 144) und Entführer des US-Journalisten David Pearl, damaliger Bürochef des *Wallstreet Journal* in Südostasien. Pearl starb (2002) nicht, weil er amerikanischer Jude war, sondern weil er offenbar zu viel wusste über das Beziehungsdreieck Taliban – Al-Qaeda – ISI. http://globalresearch.ca/articles/CHO111A.html

172 Mateen, Amir: »ISI Chief's parleys continue in Washington«, *The News*, Karachi, Pakistan, 10. 9. 2001. Keine URL erhältlich.

173 *The New York Times*, 13. 9. 2001

174 Chossudovsky, a. a. O. (Anm. 171): »Whether this amounts to the complicity of the Bush administration remains to be firmly established. The least one can expect at this stage is an inquiry. What is crystal clear, however, is that this war is not a ›campaign against international terrorism‹. It is a war of conquest with devastating consequences for the future of humanity. And the American people have been consciously and deliberately misled by their government.«

175 Anfang Juli 2007 wurde bekannt, dass US-Verteidigungsminister Rumsfeld höchst-

selbst Anfang 2005 eine Kommandoaktion zur Festnahme der Nr. 2 von Al-Qaeda, Aiman al-Zawahiri, im letzten Moment stoppte. Mark Mazzetti, *New York Times,* 8. 7. 2007; im Internet: http://www.nytimes.com/2007/07/08/washington/08intel. html?_r=1&th=&adxnnl=1&oref=slogin&emc=th&adxnnlx=1183971900-vqDrz4 J09N0caGl2xKnn4w&pagewanted=print

176 Scholl-Latour: *Russland im Zangengriff,* a. a. O. (Anm. 115), S. 11

177 Vgl. Woodward, Bob: *Secret Code Veil,* New York 1987. Woodward berichtet auf S. 244 f., dass CIA-Mann Robert C. Ames in den siebziger Jahren als Libanon-Resident den Sicherheits- und Geheimdienstchef der PLO, Ali Hasan Salameh, rekrutiert hatte. Salameh sei 1979 offenbar vom Mossad per Autobombe ermordet worden. Das deutet für mich darauf hin, dass er der Sache und seinem Chef, PLO-Chef Arafat, weiterhin treu diente.

178 Die Konferenz für Sicherheit und Zusammenarbeit in Europa (KSZE) war eine Folge von blockübergreifenden Konferenzen der europäischen Staaten zur Zeit des Ost-West-Konflikts. Die erste Konferenz fand vor allem auf Initiative des Warschauer Pakts ab dem 3. Juli 1973 in Helsinki statt. Teilnehmer waren 35 Staaten: die USA, Kanada, die Sowjetunion und alle europäischen Staaten mit Ausnahme von Albanien. Ziel war es, dem Ost- und Westblock in Europa zu einem geregelten Miteinander zu verhelfen (zit. nach http://de.wikipedia.org/wiki/KSZE).

179 Zit. nach Abramowitz, Michael: »Intelligence puts rationale for war on shakier ground«, *Washington Post,* 18. 7. 2007, A05, http://www.washingtonpost.com/wp-dyn/content/article/2007/07/17/AR2007071702007.html?referrer=email.Benjamin ist Terrorexperte der Clinton-Administration. Seine Aussage bezieht sich auf die Lage im Irak. Er erklärte jedoch auch: »Wir produzieren Terroristen außerhalb des Irak, die von dem, was im Irak passiert, inspiriert sind.« Ich meine: Die Kapitel 5 als Motto vorangestellte Aussage gilt genauso auch für Afghanistan.

180 Kaim, Markus: »ISAF ausbauen – OEF beenden«, *SWP-Aktuell 43,* Stiftung Wissenschaft und Politik, Berlin, Juli 2007, http://www.swp-berlin.org/de/produkte/swp_aktuell_detail.php?id=7883&PHPSESSID=035bede3939406c85d3ea7c3a9b3a9d7

181 AP: »Unpopularity of Karzai government threatens Afghanistan war effort, Holbrooke warns«, *International Herald Tribune* (IHT), 28. 4. 2007, http://www.iht.com/articles/ap/2007/04/28/europe/EU-GEN-Nato-Afghanistan.php

182 »Rest and Recreation«, Ruhe und Erholung, ein Ausdruck aus dem Vietnamkrieg, als Soldaten Kurzurlaub in der Nähe machten, zum Beispiel in Thailand, um die Reisekosten niedrig zu halten und trotzdem bald wieder einsatzfähig zu sein.

183 Sengupta, Somini / Khan, Ismael: »Bombings in Pakistan leave at least 48 dead«, *New York Times*, 20. 7. 2007, http://www.nytimes.com/2007/07/20/world/asia/20 pakistan.html?_r=1&th&emc=th&oref=slogin

184 Sengupta / Khan, ebda.

185 Perlez, Jane: »Aid to Pakistan in Tribal Areas raises concerns«, *New York Times*, 16. 7. 2007, http://www.nytimes.com/2007/07/16/world/asia/16pakistan.html?_r=1&th=&oref=slogin&emc=th&pagewanted=print

186 Al-Zawahiri, Aiman: »Die Treue und der Bruch«, *Al-Quds al-Arabi,* Dezember 2002, www.tawhed.ws, zit. nach: Kepel, Gilles: *Texte des Terrors,* München 2006,

S. 399: »... Konsens der Ulema *[= Religionsgelehrte des Islam, Anm. von mir –
CRH]* in der Frage des Heiligen Krieges gegen die Ungläubigen, welche die mus-
limischen Länder eroberten, und erwägt die Versicherung, wonach getreu dem
Glauben nichts wichtiger ist, als diese zurückzudrängen, denn darauf haben sich die
Ulema der Umma *[= Gemeinschaft aller Muslime weltweit, Anm. von mir – CRH]*
verständigt.«

187 Alter Spruch unklarer Herkunft, zitiert nach: Schetter, Conrad: »Desaster am Hindukusch«, *Rheinischer Merkur online,* http://www.merkur.de/2007_15_Desaster_
am_Hindu.19909.0.html?&no_cache=1

188 Eine solche Neuordnung habe ich im Herbst 2002 im Auftrag des Gouverneurs der
Provinz Nangarhar erstmals in Afghanistan in einer viertägigen Findungskonferenz
mit der gesamten Provinzregierung durchgeführt. Soforterfolg damals: Zusatzmittel
in Höhe von 20 Mio. US-Dollar für die Provinzentwicklung. Weitere Schritte dieser Neuordnung:
• nationale Genehmigung der notwendigen Mittel,
• lokale Verankerung der Einzelprojekte.
Mit allen Einzelschritten dieses unter schwierigen Umständen und in Hochrisiko-
gebieten in Afghanistan durchgeführten Programms konnten positive Erfahrungen
gesammelt werden.

189 Lederach, John Paul: »Building Peace – Sustainable Reconciliation in Divided So-
cieties«, Washington 1997, United States Institute of Peace Press (sämtliche Ab-
bildungen)

190 Ehemals Harvard-Universität, Cambridge, Mass., jetzt Institutsleiter der University
of Notre-Dame, Notre-Dame, Ind.

191 Bercovitch, Jacob: »Mediation in International Conflict. An overview of theory, a
review of practice«, 1997, http://www.crinfo.org/articlesummary/10043/

192 Dugan, Maire: »A Nested Theory of Conflict«, *A Leadership Journal: Women in
Leadership – Sharing the Vision,* Nr. 1 1996, S. 9–20.

193 Curle, Adam: *Making Peace,* London 1971

194 Als ich mit Offizieren darüber sprach, stand nicht das Schicksal der Kameraden
oder ihrer Familien im Vordergrund, sondern als besonders unangenehm wurde
geschildert, dass die Täter kurz vorher die arabischen Medien alarmiert hatten, so
dass die Bilder schon »liefen«, bevor die Bundesregierung ihre PR-Arbeit geregelt
hatte.

195 Außenpolitischer Sprecher der FDP-Fraktion und interner Obmann der Afghanistanpolitik der FDP.

196 *International Herald Tribune,* 16. 1. 2007, David S. Cloud, http://www.iht.com/ar-
ticles/2007/01/16/news/gates.php

197 Vgl. Knut Mellenthin in: *junge welt,* 10. 7. 2007, S. 6

198 So die ehemalige britische Außenministerin Margaret Beckett im *Spiegel-*Interview
vom 30. 10. 2006, S. 154: »Wir hatten schon früh entschieden, dass wir Afghanistan
nur stufenweise würden stabilisieren können. Helmand [südliche Unruhe-Provinz
unter britischer Aufsicht, drittgrößter Heroinproduzent der Welt] war immer erst
für die dritte oder vierte Stufe vorgesehen.«

199 Siehe Gauweiler, a. a. O. (Anm. 139)

200 *Financial Times Deutschland,* 24. 5. 2007, S. 30, Kommentar von Thomas Klau: »Mit dem Rücken zur Wand«: »Es gibt für das Problem der afghanischen Opium-produktion keine kurzfristig wirksame Lösung. Die Ansätze sollten entweder den Aufkauf der Opiumproduktion beinhalten oder die massive Subventionierung an-derer Agrarprodukte: Repression ist aussichtslos.« Woher Klau seine im Brustton der Sicherheit vorgetragenen Expertisen nimmt, ist mir schleierhaft.

201 McCoy, Alfred: *The Politics of Heroin. CIA complicity in the global drug trade,* Chicago 2003

202 Der Begriff beschreibt ein Denken, das vor allem die eigene Position wahrnimmt und von dort aus alle Gedanken entwickelt, also Einfühlungsvermögen in das Denken anderer vermissen lässt.

203 Rupp, Rainer: »Cheneys Offensive. Vizepräsident drängt zum Angriff auf Iran«, *junge welt,* 18. 7. 2007, S. 6, http://www.jungewelt.de/2007/07-18/039.php

204 Editorial: »Facing al-Qaeda. With the terrorists growing stronger, their sanctuary in Pakistan must be eliminated«, 18. 7. 2007, S. A19, http://www.washingtonpost.com/wp-dyn/content/article/2007/07/18/AR2007071802225_pf.html

205 Cloud, David S.: »U.S. Set to Offer Huge Arms Deal to Saudi Arabia«, *New York Times,* 28. 7. 2007, http://www.nytimes.com/2007/07/28/washington/28weapons.html?_r=1&th=&adxnnl=1&oref=slogin&emc=th&adxnnlx=1185977000-57ecz/dDRn0GtSjNgsRHTA